大学生职业生涯与就业指导

张 冲　黄乐佳　彭 鹏　主编

中国商业出版社

图书在版编目（CIP）数据

大学生职业生涯与就业指导 / 张冲，黄乐佳，彭鹏主编. -- 北京 : 中国商业出版社，2025. 6. -- ISBN 978-7-5208-3472-8

Ⅰ. G647.38

中国国家版本馆CIP数据核字第2025RS7506号

责任编辑：吴　倩

中国商业出版社出版发行
（www.zgsycb.com　100053　北京广安门内报国寺 1号）
总编室：010-63180647　　编辑室：010-83128926
发行部：010-83120835/8286
新华书店经销
北京七彩京通数码快印有限公司印刷
*
710毫米 ×1000毫米　16开　12.25印张　262千字
2025年6月第1版　　2025年6月第1次印刷
定价：50.00 元
* * * *
（如有印装质量问题可更换）

前　言

在当今快速变化的社会中，职业生涯规划与就业指导对大学生的重要性日益凸显。随着全球化的推进、科技进步和产业结构的不断调整，就业市场的竞争越发激烈，大学生不仅需要具备扎实的专业知识，还需具备清晰的职业目标、灵活的应变能力以及良好的综合素质。因此，帮助大学生在求学期间明确职业方向、提升就业竞争力，成为高等教育中不可或缺的一环。

本书旨在为大学生提供系统全面的职业生涯规划与就业指导，帮助他们在大学期间逐步明确个人职业目标，掌握求职技巧，提升职业素养，从而为未来的职业发展奠定坚实的基础。本书结合理论与实践，涵盖了职业生涯规划的基本理论、自我认知与探索、大学生活与生涯规划、企业期待、职业技能提升、职业生涯决策、就业心理、就业权益、就业途径和自主创业等内容，力求为大学生提供实用的指导和建议。

本书编写团队由长期从事职业生涯教育与就业指导的专家、学者以及企业人力资源管理者组成，他们结合自身丰富的经验，从多个角度为大学生提供了切实可行的建议。我们希望本书能够帮助大学生更好地认识自我、了解社会需求，制订合理的职业规划，并在求职过程中脱颖而出。

职业生涯是一个长期的过程，大学阶段是这一过程的重要起点。希望每一位大学生都能通过本书的指导，找到属于自己的职业方向，勇敢追求梦想，实现个人价值与社会价值的统一。

目　录

第一章　概　述 ………………………………………………………… 1
　第一节　职业生涯概述 ………………………………………………… 1
　第二节　职业生涯规划的指导理论 …………………………………… 9
　第三节　认识职业世界与职业环境 …………………………………… 14

第二章　大学生自我认知与探索 ………………………………………… 31
　第一节　自我意识概述 ………………………………………………… 31
　第二节　自我探索的内容和方法 ……………………………………… 34
　第三节　自我职业观的探索 …………………………………………… 40

第三章　大学生活与职业生涯规划 ……………………………………… 52
　第一节　大学生活与职业生涯发展的关系 …………………………… 52
　第二节　了解大学生的职业生涯规划 ………………………………… 53
　第三节　职业生涯规划的基本形态及成功法则 ……………………… 58
　第四节　如何进行职业生涯规划 ……………………………………… 60

第四章　大学生职业期待 ………………………………………………… 69
　第一节　就业信息认知 ………………………………………………… 69
　第二节　大学生相关就业准备 ………………………………………… 78

第五章　大学生职业技能提升 …………………………………………… 97
　第一节　团队合作 ……………………………………………………… 97
　第二节　职场沟通 ……………………………………………………… 99
　第三节　情绪管理与时间管理 ………………………………………… 101

第六章　大学生职业生涯决策 …… 104
第一节　认识职业生涯决策 …… 104
第二节　职业生涯决策理论与方法 …… 109
第三节　职业生涯决策的目标与行动 …… 114
第四节　评估、反馈与调整 …… 121

第七章　大学生就业心理 …… 125
第一节　大学生就业心理调适 …… 125
第二节　大学生就业与心理素质 …… 134
第三节　大学生初入职场的情商培养 …… 139

第八章　大学生就业权益 …… 147
第一节　就业权益 …… 147
第二节　求职陷阱 …… 153
第三节　就业协议书与劳动合同的签订 …… 156

第九章　大学生就业途径 …… 162
第一节　大学生就业途径 …… 162
第二节　大学生求职方式 …… 166

第十章　大学生自主创业 …… 169
第一节　创新创业的内涵 …… 169
第二节　大学生创业概述 …… 174
第三节　创业计划书的撰写 …… 178
第四节　大学生创业过程中常见问题及对策 …… 183

参考文献 …… 186

第一章　概　述

第一节　职业生涯概述

有关调查表明，大学生在选择职业时对职业基本知识的了解不足，出现了诸如“冲动选择”“猜测选择”的情况。因为现实与理想之间较大的差距，有的大学生甚至丧失了努力工作的动力。因此，大学生要成功选择职业，必须对职业基础知识有必要的了解。

一、职业的产生

社会分工的细化是职业产生的基础。在原始社会氏族公社初期，生产力极为低下，劳动的过程只是简单的自然分工，谈不上什么职业。随着生产力的发展，人类出现了三次具有重大意义的社会分工，即游牧业同农业的分离、手工业同农业的分离、工业和商业的产生，从而也就出现了最初的职业，如农夫、工匠、商人等。

随着科学技术的进步，生产工具的不断更新换代促使社会分工愈加细化，专业化程度越来越高，职业门类也就越来越多，例如，在中世纪初期的英国，职业达三万多种。时至今日，职业在科技突飞猛进的推动下种类愈加繁多，并且职业对人们的任职要求越来越高，并不是任何一项职业都适合每一个人。一方面，每种职业都要求从事的人员具备一定的相关知识与技能、思想品德和心理素质等；另一方面，各种不同的职业也会有各自的特殊要求与选择，于是就产生了职业对人的选择和人对职业的选择。

二、职业的概念及特征

职业由职业主体、职业客体、职业技术和职业报酬四个因素构成。职业主体与职业客体是相对而言的，如果职业主体指的是提供工作岗位的单位或组织，那么职业客体便是各个工作岗位的从业者，两者之间以职业技术为桥梁，并以职业报酬为纽带联系在一起。

（一）什么是职业

职业作为我们谋生的手段，在一定程度上体现了个体在社会分工中所处的层次，它在赋予每个人权利的同时，也要求我们承担与之相对应的社会责任和义务。我们可以从以下三个角度对职业进行理解。

1. 历史角度

随着人类社会的不断发展，人们从事不同的社会劳动，于是产生了不同的社会分工，进而形成了不同的职业。因此，从历史角度来看，职业是人类发展到一定阶段，社会出现分工后的产物。

2. 社会角度

职业活动不仅维持个人的生活，而且为社会发展提供了基本的物质基础。因此，从社会角度来看，职业活动对促进社会的稳定运行有积极的作用。

3. 个人角度

从个人角度来看，职业既是个人谋生的手段，又是实现个人价值的平台，因此，职业对个人来说有重大意义。

综上，职业是社会发展到一定阶段的产物，是人们开始参与社会分工，利用自身的知识和技能为社会创造物质和精神财富，并获取一定报酬，实现自我价值的工作过程。职业是社会的重要组成部分，上述三个角度能帮助我们更好地理解职业是什么。

（二）职业的特征

职业作为一种特殊的劳动体现，有其自身的特征。

1. 社会性

职业是社会发展到一定阶段的产物。在出现社会分工后，各种职业应运而生。可以说，没有社会分工就没有职业的产生，并且各个职业之间都是相互联系的，每个职业都处在为社会服务的一个体系中，没有任何一个职业能独立存在于社会之中。因此可以看出，职业具有十分明显的社会性。

2. 经济性

不管是对个人还是对整个社会来说，职业都需要有一定的经济效益。对于个人来说，职业能给个人带来收入，能维持日常生活的开支并积累一定的经济基础。对于社会来说，每个人各司其职能维持整个社会的有效运转，能够促进社会经济发展，同时反过来又提高人们的生活水平。所以说，职业具有经济性。

3. 稳定性

判断一种活动是不是职业，需要看它是否具有稳定性，临时、短期的活动都不能称为职业。职业必须是人们在一定时期内从事的同一种工作，具有一定的周期性。不过在当今社会，一些职业随着科技水平的发展而不断变化，甚至有些职业逐渐消失，其稳定性较从前有所降低。

4. 技术性

每种职业都有其必备的知识和技能，在社会中没有哪一种职业是不需要知识或技能就能做下去的。尤其是在 21 世纪的今天，人类步入了知识经济时代，职业对高层次人才的需求变得更加旺盛，对从业人员的知识和技能水平要求更高。这更加突出了当今社会职业的技术性这一特征。

5. 专业性

如今的社会分工朝着精细化方向发展，对专业型人才的需求和要求也更高，尤其是诸如医生、工程师等对专业知识要求较高的职业。同时，一些传统型职业，看似对知识技能的要求不高，但其实随着社会的不断发展，它们的专业性也有了一定的提高。如现在做环卫工，不仅需要从事体力劳动，而且需要掌握一定的垃圾分类的相关知识。

6. 群体性

职业具有一定的规模性，没有哪一种职业是只由个体来从事的，且同一职业的从业人员之间存在着一定的联系，从业者通过团队合作来共同完成职业任务并承担相应的社会责任。团队内部通过分工合作，明确各个从业人员的岗位职责和工作范围，大家共同朝着目标奋斗，通过团队的齐心协力来完成职业的目标。因此，职业具有群体性。

7. 规范性

每一种职业都有相应的从业规范标准和职业道德要求，即每种职业都对从业人员有专业知识、技能水平和职业能力的要求，并且规定了从业人员的责任与义务以及所需遵守的规范。

8. 时代性

任何事物都是在不断变化、发展的，新事物不断地产生，旧事物不断地消亡，职业也同样如此。每个时代都有自己的特色职业，如 20 世纪八九十年代十分热门的寻呼职业，现在已经告别历史的舞台。

9. 发展性

职业的发展体现在两个方面：第一，职业是社会化的产物，随着社会的发展而不断变化与发展，社会中每出现新技术、新知识和新变革的时候，势必会造成新职业的产生；第二，个人的发展离不开职业的平台，个人将自己的智慧与劳动奉献给职业，通过职业实现个人价值，职业在变化发展的过程中，会对个人不断提出新的要求和挑战，个人则需要提升自身能力来适应这些新的变化。

三、职业的分类

职业分类是运用一定的科学方法和手段，通过对社会全体从业人员所从事的各类经济性活动进行分析和研究，按照其活动的性质、对象、内容、形式、功用和结果进行的类型划分和归纳。在经济全球化的今天，我们需要对国内外的职业状况有所了解，从而对职业的总体概况有更清晰的认知。

（一）国外的职业分类

职业是依据社会分工来分类的，在分工体系的每个环节上，劳动对象、劳动工具以及劳动的支出形式都各有特殊性，这种特殊性便是各种职业之间的主要区别。由于世界各国的国情不同，各国划分职业的标准也有差异。结合西方学者提出的相关理论，国外一般从以下三个方面进行分类。

1. 按脑力劳动和体力劳动的性质、层次进行分类

这种分类方法把劳动者划分为白领和蓝领两类。白领称谓始于 20 世纪 20 年代，主要

指从事专业性和技术性工作的人，如行政管理人员、销售人员和办公室人员等；蓝领称谓始于20世纪40年代，主要指从事手工艺及类似工作的人，如非运输性的技工、运输装置工人和服务性行业的工人等。

2. 按心理的个别差异进行分类

这种分类方法是根据美国著名职业指导专家霍兰德创立的“人格—职业”类型匹配理论来分类的，其把职业人格类型划分为6种，即现实型、研究型、艺术型、社会型、企业型和传统型。

3. 依据各职业的主要职责或工作领域进行分类

国际劳工组织依据各职业的主要职责或工作领域对职业进行了分类，并制定了《国际标准职业分类》，为各国的职业分类提供了统一的标准。1958年《国际标准职业分类》初版发行，经1968年、1988年、2008年三次修订，形成目前的最新版本《国际标准职业分类（2008）》。它将职业分为以下十大类：①管理者；②专业人员；③技术和辅助专业人员；④办事人员；⑤服务与销售人员；⑥农业、林业和渔业技术员；⑦工艺和相关行业人员；⑧机械操作人员与装配人员；⑨非技术工人；⑩军人。

（二）我国的职业分类

经济发达国家都非常重视对职业分类问题的研究，其不仅是对产业结构概念的认知，而且是进行产业结构、产业组织和产业政策研究的前提。我国在职业分类上的研究起步较晚，但发展较快。职业分类不仅关系对职业岗位的考察，而且会影响各行业基层人员对职业方向的把握，同时其也是相关行业机构进行职业技能培训的重要根据。由于社会经济的不断发展，我国的职业构成发生了很大变化，为适应发展需要，新修订版本的职业分类如下。

1. 国家机关、党群组织、企业、事业单位负责人

该职业分类修订参照我国政治制度与管理体制现状，对具有决策和管理权的社会职业依组织类型、职责范围层次和业务相似性、工作复杂程度和所承担职责大小等进行划分与归类，包括5个中类、16个小类、25个职业。

2. 专业技术人员

该职业分类修订着重考量职业的专业化、社会化和国际化水平，包括14个中类、115个小类、379个职业。

3. 办事人员和有关人员

该职业分类修订主要依据我国公共管理与社会组织中从业者的实际状态进行分类。修订版的第三大类强化公共管理、企事业管理等领域的行政业务、行政事务属性，包括4个中类、12个小类、45个职业。

4. 商业、服务业人员

该职业分类修订主要参照国民经济行业分类和我国服务业发展现状，特别关注新兴服务业的社会职业发展，主要按照服务属性归类职业。修订版的第四大类包括8个中类、43

个小类、147 职业。

5. 农、林、牧、渔、水利业生产人员

该职业分类修订以农、林、牧、渔业生产环境、生产技术和产业结构的变化，现代农业生产领域中生产技术应用、生产分工与合作的现状为依据，参照国民经济行业进行分类。修订版的第五大类包括 6 个中类、30 个小类、121 个职业。

6. 生产、运输设备操作人员及有关人员

该职业分类修订按照国民经济行业分类和生产制造业发展状态，以工艺技术、工具设备、主要原材料、产品用途、服务和技能等级水平相似性进行分类。修订版的第六大类包括 27 个中类、195 个小类、1119 个职业。

7. 军人

该类职业包括 1 个中类、1 个小类、1 个细类。

8. 不便分类的其他从业人员

该类职业包括 1 个中类、1 个小类、1 个细类。

四、职业及生涯规划基本认识

近年来，随着经济的高速发展及科学技术的日新月异，市场竞争日趋激烈，用人单位的要求变得越来越高，相关的职能部门也在加大对市场的管理和调控，这些因素对个人职业发展方向的把握有着重大影响。因此，大学生在了解职业发展状况的同时，还要对职业环境的发展趋势和影响因素有更多的了解和认识。

（一）职业生涯规划的含义与目标定位

职业生涯规划简称生涯规划，又叫职业生涯设计，指个人结合自身条件和现实环境，确立职业目标，选择职业路线，制订相应的培训、教育和工作计划，并按照规划实施具体行动，完成职业目标的过程。

职业生涯规划的基本内容包括：设定职业生涯目标、明确职业意向、分析职业素质、决定职业选择，如图 1-1 所示。设定职业生涯目标是职业生涯规划的第一步，只有确立了明确的目标和发展方向，才能有计划地朝着目标努力。大学生因为长期处于校园中，不能真实体验到职业环境，可能目标的订立会偏理想化。因此，要特别提醒大学生，目标设定要恰到好处，保证目标明确、具体，不能因为追求“宏大”而不切实际。同时，职业目标与环境联系紧密，可能因各种因素影响而发生变化。因此，大学生在整个职业生涯规划的过程中还需要时刻关注内外环境的变化，调整步伐，不断修正职业生涯目标，使自己立于不败之地。大学生通过制订职业生涯规划，可以减少在人生道路、前途选择上的徘徊犹豫。

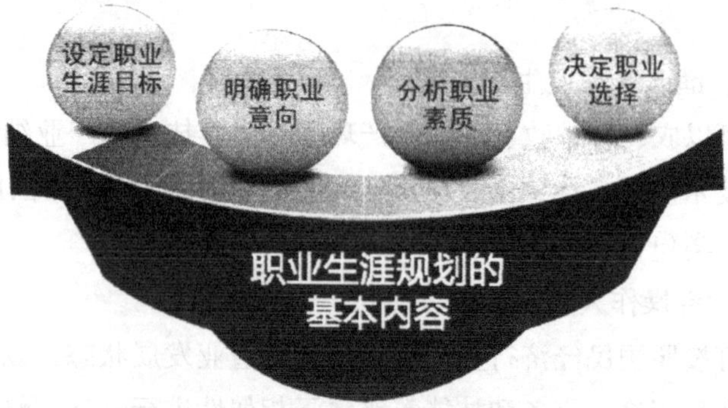

图 1-1　职业生涯规划的基本内容

（二）职业生涯规划的特点与原则

凡事预则立，不预则废。规划是必须要做的，尤其是对职业的规划。大学生只有设计出合理的、可行的职业生涯规划，才能离目标越来越近，少走弯路。因此，大学生在制订职业生涯规划时，需要把握职业生涯规划的特点和原则，为职业生涯的规划厘清思路，寻找合理的航行方向。

1. 职业生涯规划的特点

职业生涯规划应有具体的内容或措施，如设立具体的职业目标和制定实现目标的措施。我们需要考虑目标的合理性、方向的准确性，把相关的条件和问题梳理清楚。良好的职业生涯规划应具备如下特点。

（1）可行性：即规划是根据实际情况（自己的能力、兴趣、性格等）制订的，而非脱离实际的幻想。

（2）适时性：即确定的目标符合当时的情况，所进行的各种活动都有实施的措施与时间规划。

（3）适应性：即适当地考虑职业环境的变化因素，规划应有一定的弹性和伸缩性。

（4）持续性：即职业生涯规划过程中的各种活动应持续连贯，在不同年龄阶段有不同的发展目标与步骤，需根据具体的情况和需要逐一完成。

大学生在择业时要结合市场需求和个人专长，适时进行职业的调整。高校培养大学生，除了传授专业知识外，还要注重综合素质的培养，当专业与职业发生冲突时，大学生可结合自身的特点和优势，来寻找既能够发挥个人专长，又能够在一定程度上发挥专业优势的职业，要把眼光放长远，而不是一味地追求专业对口。

2. 职业生涯规划的原则

职业生涯规划对大学生而言，就是在自我认知的基础上，根据专业特长和知识结构，结合社会环境和市场环境，对所要从事的职业以及职业目标制订指向性的方案。如果一个人从事的是自己喜欢的事情，同时也是自己擅长的领域，并且觉得做这件事很有价值，这就具备了成功的基本条件。若该领域有很好的发展前途，自己又能找准努力的方向并为之不懈奋斗，这将会是成功的保障，能为个人长远的发展奠定基础。因此，大学生在制订职业生涯规划的具体方案时，可以从以下 8 个方面进行考虑。

（1）实践性原则。个人职业生涯规划的目的在于指导自身的职业实践，如果个人没有积极的实践，规划本身就变得毫无意义。大学生确定了职业目标后，就应为之不懈努力。大学生在制订职业生涯规划时，应坚持实践“F 生原则”。这里的“F 生原则”指的是以实践为导向、灵活调整、持续发展的职业规划理念。这样，在制订职业生涯规划时就能客观地审视内外条件、清醒地认识自我、敏锐地感知社会需求，从而“量身定做”出切实可行的职业生涯规划。

（2）适应性原则。随着社会的不断变化，职业岗位的数量和需求也会随之改变，有的新兴行业出现了新的岗位，有的岗位可能会自然消亡。因此，大学生在制订职业生涯规划时，一定要分析社会需求，必须把社会需求与个人愿望有机结合，这样才能顺利实现自己的职业目标。

（3）清晰性原则。各阶段的目标与措施要清晰，实现目标的步骤和方法要明确得当。

（4）一致性原则。发展目标要与个人意愿相一致，实际行动也应遵循生涯规划的方案。

（5）变动性原则。目标与措施应具有弹性和缓和性，可根据环境的变化进行调整。

（6）合作性原则。个人的目标与他人的目标应具有适当的合作性与协调性。

（7）整体性原则。职业生涯规划要兼顾整个生命发展历程，为人生做全程的量化考虑。

（8）可评估原则。职业生涯规划的设计应具备相应的时间限制和评估标准，以便能实时进行检查并掌握情况，并以此作为修正职业生涯规划的参考依据。

（三）职业生涯规划的作用和意义

职业生涯将伴随我们大部分的人生历程，其对于人生规划和管理的重要性不言而喻。大学生要做出优质的职业生涯规划，需要明确职业生涯规划的作用和意义，以便在职业生涯探索过程中更好地把握职业方向和探寻人生价值。职业生涯规划对个人的成长和发展的作用和意义如下。

1. 有利于自我定位

认识自我是职业生涯规划的前提。充分了解和认识自我，便能根据自身的能力和需要对职业发展方向进行探索，而不盲目从众、随大流。职业生涯规划中的认识自我，是要对自身进行深层次的剖析，以便对自己的能力、优势和劣势更加明晰，并根据生活中掌握的经验，解析出未来工作的方向，从而彻底解决“我想干什么”和“我能干什么”的问题。在此基础上，通过对就职要求、就业渠道、工作内容和职业发展前景，以及行业的薪资待遇等相关因素的了解和认识，找到自己的职业和人生定位，并理性分析自己所具备的能力和资本，从而做出长远打算。这是人生规划得以实现的理论依据，正所谓“知己知彼，百战不殆”。

2. 有助于个人确定职业发展的目标

事业成功在于能尽早地明确职业生涯的目标，并且为之坚持和奋斗。英国哲学家罗素说过："选择职业是人生大事，职业决定着一个人的未来。"事实上，明确的目标能激励人们积极地去创造条件，并为这一目标的实现而努力。大学生在进行职业生涯规划时，首先要分析自身的长处和兴趣所在，同时发现自己的缺点与不足，然后结合社会发展变化和环境特征，制定出符合个人实际情况且切实可行的目标。如果一个人缺少对职业生涯的规划，便不能明确自己的理想，会失去职业方向的引导，导致浪费宝贵的时光，造成职业生涯的延误甚至是人生的失败。而若有了明确的职业生涯规划的指引，我们便能在朝着职业目标努力的道路上充分发挥自己的才能，从而为事业和人生的成功增加筹码。

3. 激励个人努力工作

职业生涯规划的制订，不仅需要我们对自己的未来有明确的看法，而且需要对自己有全面透彻的认识。每个人对未来都有憧憬和幻想，要将职业目标和人生愿望变为现实，就需要结合自身情况制订具体的行动计划，并努力工作，为早日实现目标而奋斗。一般来说，职业目标对个人有强烈的吸引力，要获得职业生涯的成功，只有靠自己脚踏实地去努力。

4. 有助于挖掘个人的潜能

每个人都有自己的潜能，但潜能大多数时间都是沉睡着的，甚至有的人自己都不了解自己的潜能。通过对职业生涯的规划，憧憬未来、实现理想的强烈愿望便在人们心中扎根，在努力奋斗的过程中，一个人若能克服困难险阻，坚持信念，持之以恒地拼搏下去，即使不能取得令人注目的成就，也能把自己的潜能激发出来，获得可喜的成绩。当人们专注于自己热衷的事情时，潜能和优势便会得到进一步的开发，同时也将为职业生涯发展提供动力。

5. 有助于个人抓住生活重点

合理的职业生涯规划需要我们处理好日常学习、工作和生活中各项事务之间的关系，集中精力去做必须做的事，将生活的重心放在有助于实现和发展职业目标的事务上。有了合理的学习安排，生活就会越发充实，就能厘清头绪，职业目标也会随之变得形象具体。通过职业生涯规划，我们能明确生活和学习的重点，从而进行科学合理的安排，提高学习效率，增加职业生涯成功的可能性。

6. 有利于实现人与职业的和谐发展

职业生涯规划的目的是促进个人健康、持续、协调和全面发展，将人与职业的发展有机结合起来，在人与职业和谐的基础上，将职业发展作为实现人生价值的内容和工具，让个人的发展成为推动和促进职业发展与进步的主导力量，以达到职业与自我的"双赢"。个体的人生目标是多样的，它们之间相互交叉影响。而职业发展目标是整个目标体系中最核心的部分，它的实现与否，直接关系人们对成功与挫折、愉悦与遗憾的感受，影响生命的宽度和质量，人与职业的和谐发展也是事业成功的保证。

7. 有助于评估自身的收获和成绩

评价人们学习和工作成绩的状况，需要有相对明确的参照物。通过制订职业生涯规划之前和之后的比较，人们对自己目前的学习和工作状况便有了评估和比较的标准。我们可以根据规划实施的进程来评价当前的学习和工作成效，分析自身的收获和不足，并有针对性地进行修正。如果学习和工作成绩与预期的效果和花费时间相适应，这便是最好的肯定，在处理后续的学习和工作任务时，我们会目标更加明确并拥有信心。若当前的学习和工作成绩与目标有差距，则需要找出原因，并结合实际情况做出适当的调整，以便接受新任务的挑战。缺少职业生涯的合理规划，必然会缺少对自身取得进展进行评估的标准，从而难以感知到进步和不足，最终导致职场的平庸和人生的碌碌无为。

8. 有利于寻找实现理想的通道

职业生涯规划能引导我们树立明确的发展目标，它不仅是个人成长过程中的指明灯，而且能促使每个人去探索适合各自情况的发展方案。通过围绕职业目标去学习和提升，即使目标与实际情况还不够协调，也会使人朝着既定的方向前行。这个方向便是实现理想的通道。实现目标的意愿会转变成实际行动所需要的动力，意愿越大，动力就会越强烈和持久，成功的机会也会越大。因此，职业生涯规划连接着铺设人生理想的道路，同时又为人生旅程设定阶段目标和铺设通道，指引着我们通往成功的彼岸。确立人生奋斗目标后，人们的行为将会变得更有效率和价值。

第二节 职业生涯规划的指导理论

20 世纪初，美国在职业生涯规划方面兴起了大范围的辅导运动，职业生涯辅导领域开始建立并逐渐形成了丰富的理论模型，这为个人在职业方面作出正确决策提供了理论支持。每一套理论都试图通过各自的观点来指导人们进行合理的职业生涯规划和发展，这里主要介绍对职业生涯的探索和实践具有较大影响的五个理论。在了解职业生涯理论发展历程的同时，我们需要对这些理论进行借鉴和参考，以辅助自身建立起关于职业生涯规划的完整概念。

一、帕森斯特质因素论

特质因素论是职业选择与职业指导领域中经典的指导性理论。1909 年，美国波士顿大学教授帕森斯在《选择一个职业》一书中提出，个人和职业都具有稳定的特征，职业选择就是在这两者之间进行适当的取舍，即“人与职业相匹配是职业选择的焦点”的观点。帕森斯的特质因素论明确阐述了职业选择的三大要素：第一要素是个人特质，即应清楚地了解自己的兴趣、能力、态度、价值观和其他身心特征；第二要素是外界条件，即应把握好职业选择成功的条件、所需知识以及自己在不同职业工作岗位上的优势和劣势、机会和前途；第三要素则是上述两者的平衡，帕森斯认为职业选择的关键在于个人特质与职业的匹配。只有个人特质与外界条件和环境相协调，才是个人和职业的最佳搭配形式，并且能使个人和用人单位最大限度受益。从这个理论出发，发展出了职业选择和生涯规划的三大基本原则。

(1) 了解自我：对自我进行探索，包括了解个人的理格、能力、资源、优势和劣势等内容。

(2) 了解工作：了解职业能力素质和知识经验、工作环境、薪酬、晋升机会及发展前途等相关因素。

(3) 协调匹配：将资料进行综合分析，得出个人特质与外界条件相协调和匹配的最佳职业。

二、霍兰德职业兴趣理论

20世纪60年代，美国著名职业指导专家霍兰德在帕森斯理论的基础上，提出了职业兴趣理论，将职业与兴趣进行了更为直接的关联。经过近60年的实践验证，职业兴趣理论已发展成影响力较大的理论。霍兰德把人格与兴趣结合起来研究，将个人特质分为现实型、研究型、艺术型、社会型、企业型和常规型。同样，他把人所处的外界环境和工作条件也进行了归类，划分出对应的6种职业环境类型。

(一) 现实型

现实型的人擅长机械操作，喜欢机械、工具、植物或动物，偏好户外活动，他们具有手工、机械、农业、电子方面的技能，偏好与建筑、维修有关的职业。主要职业有：工程师、技术员、机械操作员、维修安装工、矿工、木工、电工、鞋匠、司机、测绘员、农民、渔民、牧民等。

(二) 研究型

研究型的人喜欢观察、学习、研究、分析、评估和解决问题，他们抽象思维能力强，生性好奇，具有极好的数学和科学研究能力，学识渊博，不善于领导他人，偏好科学或医学领域的职业。主要职业有：自然科学和社会科学的研究人员、专家，化学、冶金、电子、无线电、电视、飞机等方面的工程师、技术人员，飞机驾驶员，计算机操作人员等。

(三) 艺术型

艺术型的人喜欢不受约束、创造性的活动，他们天资聪颖，创造力强，不拘小节，具有特殊的才能和个性，渴望表现自己的个性，具有语言、音乐、美术、戏剧、写作等方面的技能。主要职业有：音乐、舞蹈、戏剧等方面的演员、编导、教师，文学、艺术方面的评论员，广播节目的主持人、编辑、记者，画家、书法家、摄影家，艺术、家具、珠宝、房屋装饰等行业的设计师。

(四) 社会型

社会型的人喜欢参加咨询、培训、教学和各种帮助他人与教育他人的活动，具有与他人相处共事的能力，渴望发挥社会作用，比较看重社会义务和社会道德。主要职业有：教师，保育员，行政人员，医护人员，服务行业的经理、管理人员和服务人员，福利人员等。

（五）企业型

企业型的人善于交际，喜爱权力、地位和物质财富，喜欢领导他人，具有领导能力、说服能力及与他人打交道的能力；他们雄心勃勃，友好大方，精力充沛，信心十足，喜欢竞争，敢冒风险，偏好与商业或与管理人有关的职业。主要职业有：企业家，政府官员，商人，行业、部门或单位的领导、管理者等。

（六）常规型

常规型的人喜欢按计划办事，习惯接受他人的指挥和领导，不敢冒险和竞争，他们尽职尽责，忠诚可靠，善于做整理信息资料类的事情，具有写作或数理分析的能力，偏好与记录、整理文件、打字、复印及操作计算机等有关的职业。主要职业有：会计，出纳，统计人员，打字员，办公室人员，秘书和文书，图书管理员，保管员，旅游、外贸职员，邮递员，审计人员，人事职员等。

三、职业生涯发展理论

无论从人的心理发展内在规律来看，还是从社会活动变化产生的影响来看，人的职业心理总是处于动态的发展过程中。因此，个人特质与职业匹配是不可能一次性完成的。职业生涯发展理论就是从动态的角度，研究人的职业行为和职业生涯发展阶段。随着实践的发展，职业生涯发展理论日趋成熟。对于职业生涯发展阶段的划分，国内外学者各有所见，比较具有影响力的是舒伯的五阶段理论、施恩的九阶段理论及格林豪斯的五阶段理论。

（一）舒伯的职业生涯发展理论

在职业生涯发展理论中，舒伯是继帕森斯之后又一位里程碑式的大师。舒伯集差异心理学、发展心理学、职业社会学及人格发展理论之大成，经过长期研究，系统地提出了有关职业生涯发展的观点。

1. 职业生涯发展的基本命题

舒伯多年来对职业生涯规划的发展、测评、自我观念、适应、成熟等领域做了大量全面的研究，提出了 12 项基本命题，这 12 项基本命题可以看成职业生涯发展理论的基本主张和框架基础。

（1）职业发展是一个连续不断、循序渐进且不可逆转的过程。

（2）职业发展是一个有次序、具有固定形态的过程，每个阶段的发展都是可预测的。

（3）职业发展是一个经过统合的动态过程。

（4）一个人的自我概念在青春期以前开始形成，至青春期时较为明朗，并于成人期转化为职业概念。

（5）从青少年时期至成人期，个体的人格特质及社会现实环境等对人的影响力，都会因年龄、时间的增长而增加。

（6）父母之间的互动关系，以及他们对职业计划结果的解释，会影响下一代对自己职业角色的选择。

（7）一个人是否能由某一职业水平跳到另一职业水平，即是否有升迁发展的机会，是由个人的智慧、能力，父母的社会经济地位，本人对权力的追求，个人的价值观、兴趣、人际关系技巧、社会环境、经济需求状况等共同决定的。

（8）一个人从事某一类型的职业，是由下列因素决定的：个人的兴趣、能力，个人的价值观及需求，个人的学历，利用社会资源的程度及社会职业结构、趋势等。

（9）即使每种职业对从业者都有能力、人格特质及兴趣的要求，但在某种范围内，仍然允许不同类型的人来从事。同样，一个人也可以从事多种不同类型的职业。

（10）个人的工作满足感视个人是否能配合自己的人格特质，即是否能将能力、兴趣、价值观适当地发挥出来而定。

（11）个人的工作满足度，常取决于个人是否能将自我概念在工作中实现。

（12）对于少部分人而言，家庭及社会因素是人格重整的中心；对于大部分人而言，工作是人格重整的焦点，即经过工作过程，理想我与现实我之间会逐渐融合。

2. 五阶段发展理论

舒伯以年龄为依据，将人的职业生涯发展分为 5 个阶段：成长阶段、探索阶段、确立阶段、维持阶段和隐退阶段。

（1）成长阶段（0~14 岁）。个人扮演的角色首先是儿童，入学后的学生、休闲者或游戏者角色在生活中占据了相当大的比重。该阶段的任务是：发展自我概念，开始以各种不同的方式来表达自己的需求，且经过不断的尝试来修正自己的角色，同时了解工作的意义，发展对工作的正确态度。

（2）探索阶段（15~24 岁）。学生角色占据主要地位，同时公民和工作者角色的重要性与日俱增。该阶段的任务是：青少年通过学校学习、社团活动等机会，对自我能力及角色进行深入探索，从而使职业偏好逐渐具体化、特定化，并初步实现职业目标。

（3）确立阶段（25~44 岁）。个人从学校毕业后，工作者角色成为生活的重心，家庭照顾者角色也在该阶段的后期越发明显。该阶段的任务是：统整、稳固并求上进，即经过探索后，能够明确自己在整个职业生涯发展中的长远目标和位置。

（4）维持阶段（45~64 岁）。个人工作如日中天，事业发展达到顶峰，此时休闲者与公民角色逐渐变得重要。该阶段的任务是：维持既有成就与地位。

（5）隐退阶段（65 岁以上）。从原有工作岗位退休后，个人投入相当多的时间在家庭，休闲者和家长角色最为突出。该阶段的任务是：注重发展新的角色，寻找不同方式以替代从工作中得到的需求，或做曾经想做而又没有做的事情。

3. 螺旋循环式发展模式

在后期研究中，舒伯对于职业发展阶段的理论又进行了深化。他认为，各个职业发展阶段都要经历成长、探索、确立、维持和衰退阶段，这就形成了一种螺旋循环式发展模式。这种大阶段套小阶段的模式丰富和深化了职业生涯发展理论的内涵。

（二）施恩的职业生涯发展理论

在职业生涯发展理论中，施恩也非常具有影响力。他根据人的生命周期特点及不同年龄阶段所面临的问题和职业工作的主要任务，将职业生涯发展分为 9 个阶段：成长、幻想、探索阶段；进入工作世界；基础培训；早期职业的正式成员资格；职业中期；职业中期危险阶段；职业后期；衰退和离职阶段；离开组织或退休。虽然施恩给出了每个阶段的年龄，但他并未囿于此，九阶段理论更多的是根据职业的状态、任务、职业行为的重要性来划分职业生涯发展阶段的。每个人经历某一职业发展阶段的年龄有别，因此施恩只给出每个阶段的大致年龄跨度，而每个职业发展阶段又有所交叉。

（三）格林豪斯的职业生涯发展理论

格林豪斯根据人不同年龄阶段职业发展的主要任务，将职业生涯发展分为 5 个阶段：职业准备、进入组织、职业生涯初期、职业生涯中期和职业生涯后期。

1. 职业准备

0~18 岁为职业准备阶段。该阶段的主要任务是：发展职业想象力，对职业进行评估和选择，接受必需的职业教育。

2. 进入组织

18~25 岁为进入组织阶段。该阶段的主要任务是：在一个理想的组织中获得一份工作，在获取足够信息的基础上，尽量选择一种合适的、较为满意的职业。

3. 职业生涯初期

25~40 岁为职业生涯初期。该阶段的主要任务是：学习职业技术，提高工作能力，了解和学习组织纪律和规范，逐步适应职业工作，适应和融入组织，为未来的职业成长做好准备。

4. 职业生涯中期

40~55 岁是职业生涯中期。该阶段的主要任务是：需要对早期职业生涯进行重新评估，强化或改变自己的职业理想，选定职业，努力工作，有所成就。

5. 职业生涯后期

55 岁直至退休为职业生涯后期。该阶段的主要任务是：继续保持已有的职业成就，维护尊严，准备隐退。

（四）认知信息加工理论

认知信息加工理论关注个人在职业生涯过程中如何使用信息进行生涯决策，CASVE 循环是认知信息加工理论的核心观点。CASVE 循环中的沟通、分析、综合、评估、执行五个步骤描述了决策过程。CASVE 循环关注的是个人如何做出决策，它是理性的，同时也存在直觉的成分。CASVE 循环如图 1-2 所示。

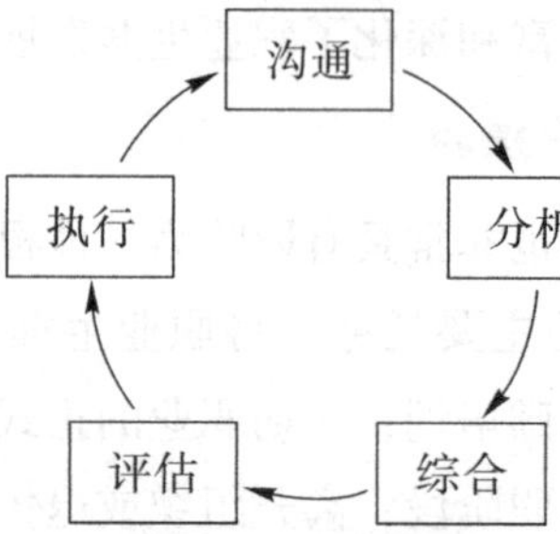

图 1-2 CASVE 循环

“沟通”包括个人内部信息交流和外部信息交流。个人通过内部和外部信息交流才能意识到理想和现实之间存在的差距。内部信息交流是指个人自身的身心状态。例如，大学毕业生在找工作时，可能有焦虑、抑郁、受挫等不良情绪反应，在躯体上可能有疲倦、头疼、消化不良等反应，这些不良情绪和身体状态都提醒大学生需要内部信息交流。外部信息交流是指外界对大学生产生影响的信息。例如，在求职过程中，父母、教师、朋友提供的各种建议就是一种外部信息。通过内部和外部信息交流，大学生会意识到自己需要解决的问题，这样的沟通对职业生涯选择十分重要。

“分析”是以确定职业生涯中问题产生的原因及职业生涯各部分间的关系为特征，对问题所有方面进行充分了解的反思的阶段。好的问题解决者会利用时间去思考、观察和研究，从而更充分地了解差距，有效地作出反应。分析阶段就是了解自己和自己各种选择的阶段。

“综合”是以形成一个可供选择的解决职业生涯中问题的方法清单为特征的阶段。这一阶段将综合和加工分析阶段提供的信息，从而制订消除问题或差距的行动方案。综合阶段可以分为综合细化和综合具体化两个层面。

“评估”是以对可能的解决方案进行排序为特征，从而产生尝试性选择的阶段。这一阶段是选择职业、学习计划或工作的阶段。评估阶段可分为两个阶段：第一阶段是评估各个解决方案的利弊得失，即评估每种解决方案对问题解决者和他人的影响；第二阶段是对综合阶段得出的各种解决方案进行排序。

“执行”是以实施职业生涯中问题解决的规划和执行步骤为特征的阶段，它包括对解决问题的首选方案的尝试或真实性测验。执行阶段是将认知转换为有计划、有策略的行动，包括形成“方法—目标”联系及确立一系列逻辑步骤，以达成目标。

第三节　认识职业世界与职业环境

一、认识职业世界

职业世界纷繁复杂，许多人担心不能对职业世界有个全面的认识，害怕会漏掉适合自己的职业岗位。其实，我们没必要去了解所有职业、行业甚至企业的细节，我们需要做的是从自己的特点出发，在正确认识自己的基础上，根据自己的需要，缩小收集信息的范围。下面将介绍职业世界的有关知识。

（一）用人单位的类型

用人单位是招聘劳动力组织生产劳动，并向劳动者支付报酬的单位组织。适用《中华人民共和国劳动法》的用人单位包括：企业、个体经济组织，国家机关、事业组织和社会团体。其中，企业是指我国境内的所有企业组织，包括法人企业和非法人企业，国有企业和非国有企业，内资企业和外资企业；个体经济组织是指在工商管理部门登记注册过，并招用雇工的个体工商户；国家机关、事业组织和社会团体是指通过劳动合同与其他工作人员建立劳动关系的单位。

1. 用人单位的招聘差别

对于人员的招聘，不同的用人单位有不同的要求，比如在薪资福利、解决户口等方面。大学生找工作时常面对的企业类型是国有企业、民营企业和外资企业这三种。

2. 选择用人单位的方法

在了解了国有企业、民营企业与外资企业之间的差别之后，接下来我们就需要知道如何选择适合自己的用人单位。许多大学生在初次就业的时候，会盲目崇拜一些大企业，特别是外资企业。其实外资企业在选人、用人及培育人才方面有一套非常严格的体系，而且竞争压力很大，许多资质一般或者发展不均衡的大学生往往通不过第一轮的简历筛选，这无疑增加了自己的就业成本。而一些小企业招聘往往看重的是有激情与特长的人，因此对于大学生来说，就业成功的概率更大。而且在小企业中，分配在每个人手里的工作更多，也能充分锻炼自己的能力。民营经济是国家经济发展的基石和代表，虽然最开始薪资可能不高，但是加入小企业，能够让自己随着公司一起成长，也是一件非常有意义的事情。不过，大学生对用人单位的选择需结合自身情况，尤其在学历、专业、英语等方面存在劣势的大学生，在求职时要尽可能分析不同用人单位的特点和招聘规则，并扬长避短，尽可能在自己喜欢的、适合自己的用人单位中获得就业机会。

（二）职业发展通道

所谓职业发展通道，就是用人单位为内部员工设计的成长与晋升管理方案。职业发展通道展示了晋升的方式与机会，能为自己的努力指明方向。在确定自己的职业后，就需要选择自己的职业发展通道。职业发展通道有两种模式：一种是双通道职业阶梯模式，即选择是朝着行政管理方向发展，还是朝着专业技术方向发展；另一种是多通道职业阶梯模式，即除了行政管理方向和专业技术方向外，还有其他可供选择的发展方向。下面我们对这两种发展通道进行详细讲解。

1. 双通道职业阶梯模式

双通道职业阶梯模式是在公司组织中有两种发展方向，每种方向都对公司组织有不同的作用。第一个方向为行政管理方向，通过参与公司的行政管理工作，随着能力的增强从而获得晋升机会。第二个方向为专业技术方向，通过对公司有专业方面的贡献来获得晋升机会。

2. 多通道职业阶梯模式

多通道职业阶梯模式是在用人组织单位中存在着三种或三种以上的职业生涯发展通道，用以满足不同类型员工的晋升需求。多通道职业阶梯模式多是将双通道职业阶梯模式中对专业技术人员的通道划分为多个职业通道，给专业技术人员的职业发展带来了更大的灵活性与发展空间。大学生在求职过程中，应对用人单位提供的职业发展晋升通道进行关注，这关乎着自己的成长与发展，在就职前对这些信息进行了解，能够对未来的工作生活有个更好的安排，同时也能对自己的职业生涯进行更好的规划。

（三）其他事项

在认识职业世界的时候，除了要关注前面讲过的三个重点，还要关注一些细节，在求职时需将这些细节纳入考虑范畴。

1. 工作时间

工作时间指劳动者在用人单位通过劳动生产履行工作义务的时间。工作时间的长短与是否经常加班，是大学生在选择职业时经常考虑的因素。有的工作每天都很规律，如政府部门、学校的工作；有的工作则变化很大，如投资银行、咨询公司的工作，其工作内容都是根据项目来定的，尤其是在忙的时候需要员工高强度地加班，不能适应这种工作节奏的大学生需要慎重选择这些工作。

2. 工作环境

工作环境对一个人的工作体验有很大的影响，它直接关系人们的工作满意度。有报告显示，员工对其工作环境的满意度与他们的敬业度之间存在很强的相关性。越优越的办公环境越能激励员工更加敬业，而敬业度最高的员工往往对办公环境的满意度也最高。工作环境主要包括以下三个方面。

（1）环境氛围：分为公司整体装修环境和公司工作氛围。好的装修环境能让员工感觉轻松，工作起来不费劲。如果一进公司一眼望去全是冷冰冰的办公设备，则会让人觉得枯燥与冷漠。现在较为流行的风景化办公室，是把一间间办公室组成一个大厅，使公司各级职员都在一起办公，各种办公家具组成一道亮丽的风景线。这样既有利于同事之间的交流，又能使工作透明化，提高工作效率。而对于工作氛围来说，员工往往需要的是坦率、自由的工作氛围，这样的工作氛围能让人做事不畏首畏尾，畅所欲言。

（2）工作方式：分为在公司办公和在家办公等。许多企业中的销售和业务人员没有固定的办公室，他们的工作性质决定了他们的工作基本是在公司之外完成的。企业里的行政人员和技术人员则基本有固定的办公场所。选择工作实际就是选择一种生活方式，是喜欢无固定场所办公还是喜欢有固定的办公场所，这就需要结合自身兴趣与性格进行判断。

（3）着装要求：不同的用人单位有不同的着装要求。有的用人单位在员工着装要求上面十分严格，要么统一穿公司定制的服装，让别人一看就知道这是什么公司的员工，要么要求穿正装上班，显得十分正式和严谨。有的用人单位则对员工着装要求十分随意和自由。用人单位对员工的着装要求在一定程度上体现了公司的文化和价值观，大学生在求职过程中也需要将这点考虑进去，看自己是否与用人单位的企业文化相适应。

综上所述，大学生在求职时，只有找到适合自己的工作环境，才能在工作时心情愉悦，充分激发自己的工作激情和积极性，从而更好地展开自己的职业生涯。

3. 工作地点

这里所说的工作地点不是针对公司或企业离家远近而言的，而是针对用人单位所在的省份区域而言的。在选择工作地点时，大学生需要关注以下两个方面。

（1）地区企业发展的前景。对于地区企业的发展前景，主要是看大学生所选择的企业与行业类型。比如，一个大学生想去外企和跨国公司工作，那么北京、上海、广州和深圳无疑是较好的选择，因为它们是跨国机构与外资企业的聚集地，大学生能够有多种选择，并且能够获得较好的发展；若是对进出口贸易感兴趣，则可以选择广州、江浙地区和东部其他沿海城市，这些地区的进出口贸易业发达，在全国名列前茅。总之，对一个省份或城市的选择，应该看该行业与企业类型在这个省份或城市的发展程度，以及能否让自身实现收获最大化。

（2）地区生活水平与习惯。除关注地区的发展前景之外，还应该考虑地区的生活水平与生活习惯。对于刚毕业的大学生来说，刚开始步入社会的时候肯定会遇到诸多的困难与不适，外界的一点难题，都可能会成为压垮他们的最后一根稻草。因此，择业时应该把地区的气候环境、饮食习惯、生活节奏、物价水平等因素纳入考虑范围。例如，一个常年饮食清淡的大学生突然来到饮食偏辣的湖南、四川，肯定没有办法一下子接受；一个生活在温润潮湿地区的大学生来到干燥的北京，也会觉得十分难受。对于那些接受能力和适应能力强的大学生来说，可以通过慢慢调整来进行改变；但是对于那些适应能力差的大学生而言，选择时就要慎重考虑了。

4. 薪资福利

薪资福利是所有大学生普遍关心的一个问题，很多大学生还会将薪资福利的高低作为衡量工作好坏的标准。这样的做法太过片面，因为薪资福利水平往往与行业和企业有关。在诸如证券、IT 行业，薪资福利水平普遍较高；而在诸如钢铁、食品等行业，薪资福利水平就较为一般。同样地，在不同的企业类型中，外资企业的工资待遇是较高的，但是与之对应的是高强度的工作与忙碌的节奏；民营企业的薪资水平往往与个人工作效益和企业效益挂钩；而国有企业的薪资水平较低，但是其福利待遇较为优厚。当然，我们这里谈论的只是一般现象，具体的还需要大学生自己动手收集资料进行了解。

二、认识职业世界的意义

在求职前对职业世界有个充分的认识，对大学生来说有百利而无一害。与其在找工作的时候慌慌张张漫无目的地投简历，还不如提前做好准备，正所谓磨刀不误砍柴工。有了充分的准备，才能在求职这场战争中，知己知彼，赢得胜利。

（一）建立危机意识

唐代诗人杜荀鹤在诗歌《泾溪》中写道："泾溪石险人兢慎，终岁不闻倾覆人。却是平流无石处，时时闻说有沉沦。"这首诗的意思是，在礁石很险浪很急的地方，人们路过的时候都非常小心，所以终年都不会听到有人不小心掉到河里淹死的消息；然而恰恰是在水流极慢没有礁石的地方，常常听到有人被淹死的消息。这充分说明危机意识的重要性。而在求职的时候拥有危机意识对大学生来说也很重要。大学生要加深了解与认识职业世界，尽早获得有效的职业信息，了解到竞争的激烈与现实的残酷，建立危机意识。

（二）降低就业成本

了解职业与职业世界能让大学生对自己未来的职业追求有明确的目标，能让大学生在职业生涯的起点处作出正确的职业决策，少走许多弯路，从而降低就业成本。在求职这条道路上尽可能地少走弯路，可以让我们的职业生涯发展得更好。因此，一开始就要找准目标，朝着目标前进，才是大学生应该做的事情。

三、职业环境要素分析

正确认知社会形势，客观分析职业环境，了解所处环境中的各种资源和限制，是大学生进行职业生涯规划的前提条件。大学生如果不了解职业环境就进行职业规划，就很容易陷入空洞的自我设计。

职业环境要素包括社会环境、行业环境、企业环境和岗位环境，职业环境探索是进行职业生涯规划的必然命题，起着承上启下的作用。

（一）社会环境分析

我们每个人都生活在社会这个大环境中，我们的任何行为都会受到社会环境的影响，因此，无论你想要做什么，首先都需要对社会这个大环境进行分析。而所谓的社会环境分析，也就是对当前社会的法治环境、经济环境、科技环境和文化环境等宏观因素进行分析。只有我们对社会环境进行了解并有了总体的把握后，我们才能更好地寻求自身发展机会。

1. 法治环境

包括法律法规和政策方针。首先，我们需要熟悉与职业生涯有关的法律法规，如《中华人民共和国劳动合同法》《中华人民共和国就业促进法》等，以及自身想要从事行业的特殊的法律法规；其次，需要了解国家和地方的政策方针，不同省市对于人才引进和职业培养的政策方针都不相同，因此，在进行政治环境分析时需要有侧重地对政策方针进行认真研究。

2. 经济环境

包括国家经济发展的水平和阶段、经济制度、国家财政收支情况、收入和国际贸易等宏观经济环境。随着经济全球化的加快和我国经济的高速发展，国家对人才有了更高、更严格的要求。因此，大学生要跟上经济环境的变化速度，了解经济社会对于人才具体的新要求，并以此作为自己日常生活的学习目标，努力提升自己的技能水平，以适应经济社会的发展。

3. 科技环境

科学技术的发展日新月异，其对职业的发展有着非常重要的作用。史上三次科学技术革命的发生，都对职业结构带来了巨大影响。随着我国科学技术水平的不断提高，产生了许多新兴职业，同时也使得一些职业逐渐消亡。因此，我们需要时刻关注科学技术的变化，尤其是那些与自身想要从事的行业有关的科学技术的发展。

4. 文化环境

一个国家从历史上传承下来并经过长期沉淀形成的，对人们的道德观念、价值观和行为习惯等有较大影响的行为规范。虽然提及文化环境，我们会觉得很抽象，但它却实实在在影响着我们日常的点点滴滴，包括我们的职业生涯。因此。在规划职业生涯时，要认清文化环境对自己的影响，对自己的价值观要有清晰的认知，做出符合自身状况的科学合理的职业规划。

（二）行业环境分析

对行业环境进行分析，也就是要分析行业的发展阶段和未来的发展趋势，以及其在国民经济发展中所占的地位，从而对行业有一个全方位的了解。一般来说，可以通过以下七个方面来对行业环境进行分析。

1. 该行业的定义

想要从事某个行业，首先需要全面了解该行业是什么，也就是了解该行业的定义。不同的人或行业组织对同一个行业的定义不尽相同，因此在了解行业定义时，应集各家所长，以加深对该行业的了解。

2. 该行业目前的发展阶段与发展趋势

要明确该行业现在正处于萌芽阶段、快速上升阶段、平稳期还是衰落期。一个行业的兴衰是有客观规律的，并不会因人的意志而转移。对于那些正处于衰落期的行业，我们要考虑是否值得入行以及之后的转行问题；而对于那些正处于萌芽或快速上升阶段的行业，我们要对其前景及发展趋势做分析，结合其未来的发展来确立自身的发展目标和方向。

3. 该行业包括的领域

可以根据政府或行业协会对该行业的分类，明确该行业包含的具体领域范围，如房地产业包括房地产经营、房地产中介服务和物业管理等。

4. 该行业对人才的需求条件

了解该行业对人才的需求，对哪些类型的人才需求大，对哪些类型的人才需求已经达到饱和，这样，我们才能更好地进行自己的职业选择。

5. 该行业具有代表性的公司企业和人物

对该行业领先的公司和杰出人物进行详细了解，这些企业和个人往往具有该行业突出的特点和优势，通过对他们的了解，可以进一步加深我们对该行业的总体把握。

6. 该行业的入行条件

入行条件指一个职业在发展过程中总结出的对新员工的入门要求，如具体的职业能力、相应的从业资格证书、某项特定的专业技能等。

7. 权威人士对该行业的分析和评估

了解该行业领域权威人士对该行业的分析与评估，这类人士往往对该行业了解得比较透彻，看待行业的发展问题比普通人更具有前瞻性。因此，可以借鉴这些人士的分析，来完善自己对该行业环境的认知。

（三）企业环境分析

企业环境分析就是大学生通过理论分析和实际调研来对自己喜欢的企业进行全方位解读，在校期间有针对性地了解企业是踏上职业之旅的重要一步。

1. 企业调研

大学生可以从十个方面了解企业：企业简介（何时成立、对外的介绍是什么）；产品服务（核心产品、产品线或服务是什么）；经营战略（发展战略、经营策略是什么）；组织机构（规模和部门设置是怎样的，都有哪些岗位）；企业文化；人力资源战略（校园招聘的途径和职位是什么）；薪资福利（各级待遇是怎样的）；企业人员情况（创始人、现任领导、现任高层、核心员工、目标部门主管和员工）；活动图片；其他文件。

2. 发展阶段

企业的发展，如同人的发展，也有诞生、成长、壮大、衰退直至死亡。一个企业从其诞生到其死亡的生产经营活动的全部过程就是企业的生命周期。在生命周期的不同阶段，企业的发展战略、经营方针及人力资源制度都有着不同的特点。

（1）“开发期”的企业：晋升的机会通常较多，短时间可能升到较高位置，但由于企业基础尚不够稳固，势必要承受较大的经营风险。

（2）“成长前期”的企业：晋升机会较多，但速度较慢。

（3）“成长后期”的企业：制度和体系稳定，短期内难获得晋升、加薪机会（规模较大企业多属于此阶段）。

（4）“成熟期”的企业：晋升的可能性较小，工作生涯可能很漫长辛苦。

（5）“衰退期”的企业：经营困难，濒临倒闭。

3. 企业选择

大学生对目标企业进行调研时，可能会发现自己不喜欢目前所调研的企业，那么就要重新开始企业探索，以便确定自己所喜欢的企业。大学生可以通过了解“世界500强”企业、“中国500强”企业等方式来确定几个模糊喜欢的行业，然后依照行业来选择自己喜欢的企业。

4. 确定企业

在对企业调研后，大学生就可以选出喜欢的企业了。喜欢一家企业的具体表现：熟悉企业信息；能写企业相关的文章；知道企业及其行业的最新活动和进展；能和企业的相关人士对话；明确企业的校园招聘；喜欢看企业相关的书；总去参与企业或行业的相关活动；愿意和别人分享你对企业及此领域的看法；先去企业工作并确定在企业的长期发展目标。如果这些选项中你具备 3 个以上，那么基本上等于确定自己所喜欢的企业了。

（四）岗位环境分析

岗位环境分析就是对岗位本身和影响岗位发展的因素的调研。大学生对岗位环境分析可以从以下四个方面考虑。

1. 岗位描述

岗位描述的基本内容，是对一个岗位的直观理解。具体内容包括：这个岗位是什么（岗位的一般定义）；这个岗位做什么（核心工作内容—典型的工作）；这个岗位要具备什么（岗位胜任素质）。大学生可以通过咨询做过和正在做这个岗位的人来了解岗位。

2. 岗位晋升通路

岗位是在职能分工的基础上根据具体需要分化产生的，所以在同部门、同一职能上一定会有多个类似的岗位，大学生了解相关岗位，能为自己岗位轮换、工作转换等带来很大的方便。具体内容包括：与这个岗位相关的岗位是什么；这个岗位的职业发展通路是什么（岗位的晋升方向）。

3. 岗位要求

岗位的通用要求加上不同背景下的岗位理解构成了一个岗位的最终描述，大学生在求职时要特别考虑以下因素，因为这些因素才是制约你在公司发展的关键。具体因素包括：不同行业对这个岗位的理解是什么（行业背景下的岗位要求）；不同类型企业及企业所处发展阶段对这个岗位的要求是什么（企业背景下的岗位要求）；不同领导对这个岗位的理解和要求是什么（人为背景下的岗位要求）。

4. 个人与岗位的差距

大学生综合了解岗位要求后，就可以进行差距量化和差距补充了。大学生全面、准确地了解自己，是量化与岗位差距的前提和基础。差距是可以量化的，如组织能力不强，英语表达能力欠佳等。如果差距不进行量化，就不能明确地行动，那么补充也就没有针对性。

四、探索工作世界的方法和途径

大学生在充分地进行自我探索后，就要进行深入的工作世界的分析和探索，了解各种职业、行业分类，通过对比分析找到适合自己发展的位置，确定自己的职业发展方向。只有将我们所选的职业放在具体的环境中去分析，才能坚定职业目标和职业方向。

（一）形成自己预期的职业库

很多学生不知道如何进行工作世界的探索，其中一个很重要的原因就是工作世界的信息浩如烟海，根本搞不清楚从哪里入手。如果有一个探索范围则会容易很多，自我探索中的兴趣、性格探索，每一部分最后都有相对应的适合职业。此外，每个人都有自己心仪的职业，也可以把它们列出来，这样就获得了一个职业清单，看看这些职业有什么共同点，就可以启发自己想到更多值得探索的职业。结合自己的能力和价值观再次从职业清单中进行筛选，最终就能得到预期的职业库。举例来说，学生小 A 期待做商业方面的工作，但因其对社会还不太了解，具体选择什么工作就难以决定。性格探索的结果是他适合做人力资源管理、咨询顾问、教师等工作，兴趣探索的结果是他适合做社工、教师、培训人员，能力探索的结果是他可以做教育、销售、客户服务等工作，价值观探索的结果是他适合做服务自由职业、护理等工作。从小 A 职业探索得出的各种选择我们可以看到，教师职业、教育工作出现的频次最高，社工、客户服务、护理等虽然名称不同，但明显都具有帮助他人的特点。所以最适合小 A 的职业，首先具有与人打交道、帮助他人的特点；其次还有沟通性、商业性等特点，由此他可以列出或搜索一些符合这些特点的职业，比如培训、咨询顾问、客户服务等，然后进行详细调查。

研究表明，在作决策时，信息太多容易让人迷失，反而拿不定主意，而信息过少又起不到让当事人了解客观事实的作用。所以，在形成预期职业库的时候，库的大小应根据自己的情况要有适当的平衡，通常 5~10 个职业是比较适中的。在信息探索过程中，抛开自己固有的想法，保持开放的心态，就容易获得客观的信息。

（二）探索工作信息的方法

工作信息探索的方法有很多，一定的规律可以提高效率，例如由近及远的探索。所谓近和远，是指信息与探索者的距离。通常，近的信息比较丰富，远的信息更为深入；近的信息较易获得，远的信息则需要更多的投入和与环境的互动才能了解。所以，由近至远的探索是一个范围逐渐缩小、了解逐渐加深的过程。具体方法如下。

1. 网络咨询

网络咨询如今已经成为获得大量信息的主要途径。有些网站在发布招聘信息时，会按职位或职能进行分类，比如，职位类型“销售经理”“客户经理”“前台”“文员”“人事助理”，职能类型“销售管理”“行政/后勤”“人力资源”等，这样我们就可以比较快速地掌握某类职位对求职者的通用技能要求。与职业相关的网站有很多，例如，中国教育在线，教育部网站上的《普通高等学校本科专业目录》对学生很重要，对培养目标、培养要求、毕业生应获得的能力、主要课程、开设该专业的高校等都做了详细介绍；前程无忧、智联招聘、中华英才网、中青在线人才频道等网站提供的相关职业信息也较多；还有专门服务大学生的网站，如全国高等学校学生信息咨询与就业指导中心的网站和各高校的就业信息网；还有一些由人力资源经理组成的论坛，了解他们的需求，了解他们的工作状态对我们也是极有帮助的。

2. 职业生涯人物访谈

职业生涯人物访谈处于近与远的中间，在效率和信息的真实性上有比较好的平衡。这种方式是指大学生对自己感兴趣的人进行采访，接受采访者最好是在这个职业上已经工作了3~5年，甚至更长时间。为防止访谈中主观因素的影响，应至少访谈两个人物，如既与成绩卓越者谈，也与默默无闻者谈，则效果会更好。访谈时，大学生应明确访谈的目的是收集供职业生涯决策的信息，而不是利用职业生涯人物来找工作，以免让双方陷入尴尬。建议大学生在正式进行访谈前为自己准备一个30秒的“广告”，这样既有助于访谈的深入进行，又能够取得较高的效率。

（1）生涯访谈的流程。

第一，找到人。找人被大学生认为是很困难的一件事，但仔细想想其实这也是不难的，比如，请自己院系的老师推荐，请父母、亲人及他们的朋友帮忙，借助各种职业QQ群、专业论坛、博客网站等。只要是可以提供交流的平台，里面就有已经工作的人，只要多问，就可以很轻松找到人，只不过让他们马上答应你的访谈有点难。

第二，确定人。其实确定人远远比找人难，因为你找到的大多是陌生人，如何运用技巧让他们接受你的访谈才是能力的体现。

第三，准备好访谈提纲。当受访者答应做15分钟或1小时的采访时，你要做好充分的准备，不能浪费别人宝贵的时间，所以，制定一个访谈提纲很重要。具体内容可以参照下文里访谈内容的介绍，但一定要注意的是，访谈最好不要超过你所约定的时间，除非受访者愿意并主动提出延长时间。

第四，正式访谈。正式访谈时，准时是第一要求，包括准时开始与准时结束。在访谈中如果受访者明确表示不愿意或不耐烦，那你一定要及时结束。正式访谈前的预演很重要，如果可能最好找个伙伴做一下演习。

第五，汇报与感谢。无论你是以什么样的心情和状态结束访问，事后都要将访问的记录和个人的心得提交给受访者，一方面是对别人的肯定，另一方面也是让他们给你提出具体的建议与评价，同时这也是自己有礼貌的表现。要注意的是，一定要把自己的心得写下来，还要表示对他们的感谢。

（2）访谈内容。

第一部分是访谈对象的基本情况，包括他现在在哪个单位工作、什么岗位、什么职务，以及他的其他基本信息。

第二部分是访谈对象的工作状态，包括他是怎样找到这个岗位的，他平常的工作是怎样的，岗位的核心工作内容和职责是什么。

第三部分是任职的资格，包括他认为这个岗位或职业的核心知识技能及经验是什么，什么样的证书、培训是做这份工作所必需的，什么样的素养和品质是此岗位必需的，个人在大学期间如何准备才能更容易进入这个工作领域（前提是让访谈对象充分了解你）。

第四部分是职业的发展前景，包括这个职业的一般收入标准和潜在收入，这个职业的一般发展路线是什么，这个职业在我国及全球的发展前景怎样，和这个职业相关或相似的职业有哪些等。

（3）访谈的注意事项。

访谈不一定就是见面聊，电话、邮件都可以；整理录音或记录的文字很烦琐，但这是你必须做的；你最好找个伙伴，这样访谈时会有个照应，更重要的是有人能够鼓励你完成此次职业生涯人物访谈的任务。

以下是一些问题举例：

在这个工作岗位上，每天都做些什么？

你是如何找到这份工作的？

你是如何看待该领域工作将来的变化趋势的？

你的工作是如何为实现总体目标贡献力量的？

你所在领域有“职业生涯发展通路”吗？

该职业需要什么样的人？

到该领域工作所需的基本前提是什么？

就你的工作而言，你最喜欢什么？最不喜欢什么？

什么样的初级工作最有益于学到尽可能多的知识？

这份工作有发展机会吗？

这份工作的哪部分让你最满意，哪部分最有挑战性？

什么样的个人品质或能力对这份工作的成功来讲是最重要的？

你认为将来该工作领域潜在的不利因素是什么？

你在该领域工作遇到过什么样的问题？

对于一个即将进入该工作领域的人，你愿意提出特别的建议吗？

这份工作需要特别的知识、技能和经验吗？

这种工作需要什么样的教育或培训背景？

公司对刚进入该工作领域的员工提供哪些培训？

还有哪些方法能帮助我深入了解该工作领域？

你的熟人中有谁能做我下次的采访对象吗？

当我打电话给他的时候，可以报你的名字吗？

根据你对我的教育背景、技能和工作经验的了解，你认为我在做出最终决定之前还应对哪个领域、什么样的工作进行深入的调查研究呢？

对于以上这些问题，大学生可以根据自己的需要再次整理，但职业生涯人物关于工作的主观感受还是应该问一下，比如，可以问：“就你的工作而言，你最喜欢什么？最不喜欢什么？”这种问题常常能让你更立体地了解一种工作。

我们身处一个信息化的时代，搜寻工作信息的方法有很多。但对工作世界的探索，光讲方法是不够的，关键还要做到有心，随时留意周围的信息。一次谈话、一个身边的广告，都可能帮助你逐渐建立起对工作世界的了解。另外，对工作世界的探索只有太晚，没有太早。

（三）团体专业探索

1. 团体专业探索的概念

专业探索，其实就是在调研中了解本专业毕业后所能从事的职业，从而有效地规划大学生活。专业探索分为对本专业的探索和对自己喜欢专业的探索，目的都是有效地利用大学时间来有针对性地为就业学好专业知识。团体专业探索是指对某专业有共同探索需求的大学生组成小组，大家分工来探索，目的是在相互促进中最快完成专业探索工作。

2. 专业探索的作用

（1）不喜欢的专业上投入少。大学期间如果努力学习一个自己不喜欢或者毕业后不会从事的专业，那毕业后的回报就是零，看似充实的大学生活其实对未来的工作理想没有做一点充分而有针对性的准备。这会直接导致毕业时所学非所用、所做非所能，专业和工作的不对口就产生了。

（2）有效地学习专业。知道今后要做的工作需要掌握哪些专业知识，那就可以有针对性地学习，其努力和钻研的动力就不仅仅是奖学金了，而是为了实现今后的目标。

（3）加深对自己的了解。我们成长中的很多错位和不适合的选择就是因为对自己不了解。因为不了解自己，我们选择了自己不喜欢的专业和学校；因为对自己不了解，我们在大学漫无目的地虚度。在专业探索中，我们会进一步了解本专业及与其相关的职业、我们的兴趣、我们的期望。

3. 专业探索的价值

（1）明确本专业自己是否喜欢和适合。在研究自己所学的专业时，可以知道这个专业自己是否喜欢、是否适合。如果不喜欢那就要赶紧探寻自己喜欢的专业。

（2）明确本专业毕业后的就业出路。不能学完了大学的专业，还不清楚毕业后能干什么工作。经过专业探索就会知道本专业今后的就业出路，如果这些工作都不是自己喜欢的，那就没有必要再进一步学习本专业，而要全力学习自己想从事工作所要求的专业（当然，由于学籍的问题，转学或转专业难度较大，所以即使发现自己不喜欢现在的专业，也要在保证能拿到毕业证的前提下学习感兴趣的专业）。

（3）确定自己可能喜欢的专业。当知道自己不喜欢某一专业后，就要去探寻自己所喜欢的专业，而专业探索的目的就是寻找自己喜欢的专业。

（4）明确如何有效学习专业知识。找到了自己喜欢或者可能喜欢的专业后，接下来就要去努力学习。但每个专业的学习思路和学习资源是不一样的，所以经过专业探索就会明确如何学习。

（5）明确专业和要从事的职业间的差距。专业是直接对应就业的，但很多大学生尤其是没有经过专业探索的大学生，并不知道专业所对应的职业，就更不用说职业的要求了。

而经过专业探索，就可以很快地进入职业探索流程，更重要的是可以为明确专业和职业间的差距做好准备。

4. 团体专业探索流程

经小组讨论确定小组核心工作和具体分工，每周进行一次交流修正；小组成员分头进行调研和访谈，6周后提交专业调研报告。

5. 专业探索的核心任务

专业十项调研是整个专业探索的核心任务，了解一个专业都是用这种方法，包括最后形成的专业报告也是对它的拓展。所以无论是个人还是小组，都要将完成专业十项调研作为第一目标。专业十项调研具体内容如下。

（1）这个专业是什么。你要调研的是专业的定义，专业的定义是精练地介绍专业的内容，每个字都很重要。你会发现不同的人、机构对专业有不同的看法。在你搜集到多种关于专业的定义后，你也要把自己的看法写上，这样才算是你对这个项目的总结。

（2）这个专业都学什么。学什么是指这个专业应掌握哪些知识，在学校里就表现为所设置的课程。每个课程都是一个专业领域，但是并不是每个学校都会完整开设课程，所以你要通过互联网进一步验证和明确该专业都有哪些课程。

（3）这个专业有哪些名校和名师。该专业国内外的一流名校、名师都有哪些？这种盘点是让你进一步明确该专业的研究方向，而且对你未来的考研有所帮助。需要注意的是，你不但要列出名校、名师，而且要对其进行详细的调研，如学校的具体状况、名师的具体介绍和专业成果及其个人奋斗轨迹等。

（4）与这个专业相关的专业有哪些。你还要了解与该专业相关的专业有哪些，了解这些可以加深你对该专业的认识，而且可以为今后转换专业做准备。

（5）这个专业对社会和生活有什么用。专业的价值在哪里？体现为其在社会中的作用和对生活的影响。毕业后你所记得的知识都是对社会和生活有用的方面，这也是让你学有所用、对专业产生兴趣的有效手段。

（6）这个专业毕业后都能从事什么工作。了解该专业的毕业出路是很重要的。因为专业设置是根据社会的需求而产生的，所以专业和职业的对应是相对固定的，我们可以通过国家发布的专业描述来了解日后的职业，也可以根据上几届学长的就业去向来了解。

（7）这个专业领域的成功人士都有谁，成就怎样。了解该专业领域的成功人士、一流人物的成功轨迹对自己的发展方向是很有参考价值的。看看他们是怎样成功的，他们遇到的困难是什么，现在的成就是什么，他们现在的发展方向是什么，这对自己的学习和发展都是有借鉴意义的。如果你能在其中确定一个学习榜样，那么你的进步也会很快。

（8）这个专业领域权威的企业、机构有哪些。每个专业领域都有一流的研究机构、一流的企业，研究它们可以让自己保持专业上的领先，并且可以了解一些未来可能就业的企业。

（9）学这个专业的上几届学长的目前状况怎样。了解该专业学长的就业出路和目前状况对自己的未来发展方向是有参考价值的，因为在同样的大环境下，个人的发展轨迹是差不多的。

（10）怎样才能学好这个专业，学习的内容和资源都有什么？你要明白如何才能学好这个专业，包括要重点学习的专业内容，专业的学习资源，如网站、论坛等；还有学习的圈子有哪些，如一些学术沙龙等。

6. 专业探索成功的标准

熟悉专业的通用教材；能写与专业相关的文章；知道在本专业领域最活跃的学者是谁；明确专业的毕业出路是什么；喜欢该专业方面的书；能够分享对此专业领域的看法和见解。如果你具备其中的 3 条，那你就有资格说你已确定你所喜欢的专业了。

（四）团体职业探索

1. 团体职业探索的概念

职业探索，是对你喜欢或要从事的职业进行理论分析和实际调研的过程，目的是对目标职业有充分的了解，并在明确自己和职业的差距后制定求职策略，从而有效地规划大学生活。职业是每个人就业时必须面临的选择，企业是我们的舞台，专业是我们的基础，职业则是我们的阵地。职业影响人生，职业决定人生，你的知识、学历、能力都是通过职业体现的，人、职应该匹配，因为每个人都有天赋，所谓的天赋背后就是天职（最适合我们、最能体现我们自身价值的职业）。天职是让我们安身立命、自我实现的基础，在我们充分了解自我的情况下，首先要找到自己的天职。

2. 职业探索的必要性

（1）社会职业的广泛性。据最新统计，我国目前有 1481 个职业。要知道自己适合什么职业，不能仅依据自己学什么专业来定，因为每个专业都有多种职业相对应，而应该进行探索，以便找到适合自身的职业。

（2）人生的有限性。人的时间、经历是有限的，不可能做过几百种职业后再确定喜欢什么职业，而且大多数人职业生涯的开始大多是仓促的，即你还没有准备好工作时，就不得不工作了。在大学四年里时间是相对自由的，而且大学也是步入工作世界前的最后一个集中学习阶段，花上几年时间了解职业、探索职业，为今后择业、就业做准备也是值得的。

（3）探索职业的可能性。职业是可以通过探索来确定是否适合自己的，尤其是很多职业都是可以通过理论分析就能得出结论的，不必每个职业都要亲身实践，这也是间接经验的好处。职业探索更多的是通过理论探索来了解职业世界，但仍有必要进行实际调研以保证理论分析的准确性。

（4）规划学业的有效性。大学怎么过？很多人是因为没有目标而迷茫，而对职业进行探索后就有可能发现你所喜欢的职业，但自己的能力与胜任工作一定是有差距的，当你把缩小差距作为大学努力的目标时，你就有了努力的内在动力，也就能有效地规划大学生活了。

3. 团体职业探索的流程

经小组讨论确定2个职业进行调研，明确小组的核心工作和具体分工，每周交流修正一次；小组成员进行调研和访谈，6周后提交调研报告。

4. 职业探索的核心任务

职业十项调研是整个职业探索的核心任务，具体包括以下内容。

（1）职业描述。职业描述，就是这个职业的内涵，具体包括职业名称、各方对其的定义。在罗列完别人对这个职业的看法后，你也要自己给这个职业下一个定义，为自己的职业报告做好第一手准备。职业描述是对职业最精练的概括和总结，是理解职业和调研职业的基础。对于职业定义中的每个字都要仔细思考，因为今后你要做的事情全是对定义的拓展而已。如果不是最新的职业，一般来说都有固定的定义，可以参照联合国国际劳工组织，美国、加拿大的《职业展望手册》，中华人民共和国人力资源和社会保障部对职业的定义，很多职业分类大典都有对职业的详细介绍。

（2）职业的核心工作内容。每个职业都有核心的工作职责，职责背后对应的就是工作内容。直白地说，就是这个职业一般都做什么，什么工作是这个职业必须做的。了解职业的核心工作内容，有利于了解完成工作内容所必需的工作能力，这样就很容易找到自己和职业之间的差距，从而有目的地完善相关技能以完成工作。在多大程度上了解工作内容，是衡量一个人对工作熟悉和喜欢程度的重要标准。成熟的企业都有权威的人事部门为员工确定岗位的核心工作内容，一些企业的招聘广告中也有对工作内容的描述；也可以请教一些行业协会或是从事这个职业的资深人士，一般企业的人事部门经理也对职业有具体的感悟。

（3）职业的发展前景及其对社会和生活的影响、作用。职业的发展前景是国家、社会对这个职业的需求程度，具体包括三个方面：职业在国家社会经济发展中的作用、职业对社会和大众的影响、职业对生活领域的影响。也就是说，不仅要知道这个职业对国家、社会、行业的作用，也要知道这个职业对大众、生活的影响，以及人们对其的依存度怎样。职业的发展前景，尤其是国家的导向，是促进职业发展的黄金动力。知道你今后所从事职业的发展轨迹就能更好地判断自己是否能胜任，尤其要注意其对大众及生活的影响。职业在国家发展中的作用一般都由劳动人事部门进行预测，但其对社会和生活的影响是真正要自己去调研的，要去访问这种职业的资深人士。

（4）薪资待遇及潜在的收入空间。职业是社会分工的产物，其根据参与社会分工的量来确定相应的报酬，在不同的行业、企业、岗位上还有一些潜在的收入空间。能赚多少钱是大家都关心的话题，很多人也会把收入的多少作为择业的关键因素，所以在考量职业时要重点调研职业的薪资状况。其实每个职业起薪都差不多，高薪背后意味着能力不断提升。

（5）岗位设置及不同行业、企业间的差别。岗位设置，一般来说是指一个职业是有系列岗位划分的，如人事工作的岗位就分为招聘、考核等很多具体岗位，而不同行业、不同性质、不同规模的企业对岗位的划分和理解也有很大不同。了解职业的岗位设置，能加深对职业外延的理解。知道职业的具体岗位后，就可以有针对性地与自己比较，这也是了解职业需要什么专业技能的重要方式。不同行业对职业（岗位）的理解和要求是有差异的，而具体的企业就更是千差万别了。一般来说，人事权威网站、职业分类大典、业内资深人士是比较了解这个职业具体岗位设置情况的。

（6）入门岗位及其职业发展道路。入门岗位是指针对应届毕业生的工作，职业的一些中低端岗位是面向大学生开放的。要了解一个岗位今后的职业发展道路是怎样的，这个岗位有哪些发展途径，晋升渠道是什么。即使你很看好这个职业，你最终也是要从基础工作做起，而入门岗位就是提供给大学生的敲门砖。所以，你一定要知道你能通过哪些岗位进入这个职业，这个从企业每年校园招聘的情况就能了解。

（7）职业标杆人物。职业标杆人物，就是在这个领域做得最好的人，要了解他是怎么做到的，取得了什么成绩，遇到了什么困难，具备什么素质等。每个职业都有一流的人物，无论是国内的，还是国外的，研究职业标杆人物，可以让自己了解他的奋斗轨迹，加深对职业的了解，也会让自己找到在这个职业领域奋斗的途径。

（8）职业的典型一天。了解职业的典型一天，更多是在访谈中完成的。你要知道这个工作的一天都在做什么，从早上出门到晚上回家之间的这段时间都是怎么安排的。了解职业的典型一天是判断自己是否适合这个职业的重要依据。如果你不想过这样的一天，那就不用再为之而努力了，所以这个过程是很关键的。尤其是这个工作对个人生活的影响，你要看自己能否接受。职业典型的一天，在职业的核心工作内容中会有涉及，但具体到个人资料就不多了，所以更多的还是要你去访谈做这个职业的人，这样也才更真实。

（9）职业通用素质的要求及入门的具体能力。职业通用素质的要求是指从事这个职业的一般的、基本的要求，主要是个人通用能力，就是把这个工作做好要具备的能力。通过对职业外在素质要求的了解，对比自己是否能够胜任，自己还有哪些要加强之处，从而将之规划到大学生活中。其实每个岗位的描述中关于任职资格都有解说，把其整理出来，再加上职业访谈中的内容，列出10项最基本的能力，然后与自己的能力一一对照。

（10）工作的思维方式及其对个人的内在要求。优良的工作方式和思维方式是你做好、做精工作的保障，有些工作对人的内在要求较高，如态度等，这些是从你的内在来判断你是否适合和喜欢一个职业的核心标准。职业是客观的，只是因为你选择了该职业才会有是否愿意做、是否适合做等问题的产生，所以当对职业的方方面面都考量后，最后一关就是对职业所要求的内在素质进行盘点。

（五）关于职业探索的注意事项

第一次探索职业一定要保质保量地完成。做好它并不是为了要对职业有多深入的了解或一定要去从事这个职业，而是要在探索过程中掌握了解职业（未来可能从事的任何职业）的方法，所以一定要认真对待。

时间的效率和效用对于每个人来说都是不一样的，所以每个人的用时也是不一样的，但最少需要一个月时间，请注意，是有效时间，否则你从第一次探索中获得的收益会是很少的。你自己是可以完成这个探索的，但前提是你想做，拿出期末备考的精神，你完全可以做完它，而工作任务也仅仅是十个方面而已。

找到所需要的信息是一项本领、一种能力，上网也好，去图书馆也好，在职业探索上，我们都是刚刚起步，所以你要大量地浏览、整理资料。按部就班地逐项完成“职业十项调研”，遵循先收集，再整理，接着写自己看法的原则，而且要保留好你整理前与整理后的材料，以便在对比中再次完善。

第二章　大学生自我认知与探索

第一节　自我意识概述

自我意识是大学生个性发展的核心。随着大学生自我评价水平的逐渐提高，其对自我的认识也会逐步完善。

一、自我意识的定义

意识是一种高级心理活动，为人类所独有，一般是一个人对内部和外部刺激的知觉。自我意识是对自己身心活动的觉察，即自己对自己的认识，具体包括认识自己的生理状况（如身高、体重、体态等）、心理特征（如兴趣能力、气质性格等），以及自己与他人的关系（如自己与周围人们相处的关系、自己在集体中的位置与作用等）。

二、自我意识的分类

（一）从内容来看

从内容来看，自我意识包括生理自我、心理自我和社会自我。

1. 对自己生理状态的认识和评价

对自己生理状态的认识和评价是指对自己的身高、体重、外貌、身材、性别等的认识，以及对生理病痛、温饱饥寒、劳累疲乏等的感受，称为生理自我。

2. 对自己心理状态的认识和评价

对自己心理状态的认识和评价是指对自己的知识、能力、情绪、兴趣、爱好、性格、气质等的认识和体验，称为心理自我。

3. 对自己与周围关系的认识和评价

对自己与周围关系的认识和评价是指对自己在群体中的地位、作用以及自己和他人的相互关系的认识、评价和体验，称为社会自我。

（二）从自我观念来看

从自我观念来看，自我意识包括现实自我、投射自我和理想自我。

现实自我是我们在现实生活中获得的自我感觉，就是按照自己的标准对自己的身心状况和社会关系的看法；投射自我是个体想象中他人对自己的评价和看法；理想自我则是自我希望达到的完善的形象，即自己希望能成为什么样的人。

三、自我意识的结构

自我意识的结构是指自我意识包含的成分。由于自我意识既是心理活动的主体，又是心理活动的客体，是涉及认知、情感、意志的多层次、多维度的心理现象，因此，自我意识的结构表现在自我认知、自我体验和自我调控方面。

（一）自我认知

自我认知是主观自我对客观自我的认识和评价，包括自我感觉、自我观察、自我印象、自我评价等。自我认知让人对自己有一定的认识和了解，解决“我是一个什么样的人”的问题。自我评价是在自我认知的基础上对自己做出的某种判断，其是在认识自己的行为和活动的基础上产生的，是通过社会比较而实现的，是自我意识发展的主要成分和标志。正确的自我评价，对个人的心理活动和外在表现有较大影响，要学会用一分为二的观点评价自己。

（二）自我体验

自我体验是自我意识的情感成分，指主观自我对客观自我产生的情绪体验和持有的一种态度，是在自我认知的基础上产生的。自我体验的内容包括自我价值感、成功体验和失败体验，自卑、自信、自尊、自满、内疚等的核心内容是自我价值感。自我认知决定自我体验，而自我体验又强化着自我认知，良好的自我体验有助于自我的发展。

（三）自我调控

自我调控也可以称为自我调节，是自我意识的意志成分，是伴随自我认知、自我体验而产生的各种思想倾向和行为模式。自我调控常常表现为对个体思想和行为的发动、支配、维持和定向，包括自我监督、自我检查、自我控制等，是主体对自身心理与行为的主动掌握，是自我意识结构中的最高阶段，其核心是如何实现理想人生。

健康的自我意识的标准是要有正确的自我认知、良好的自我体验和有效的自我调控。

四、大学生自我意识发展的特点

（一）自我认识的矛盾性

青年期是大学生自我意识迅速发展并趋向成熟的关键时期，这个阶段学生正在经历着一个特别典型的矛盾和整合过程。从高中到大学，学习、人际和生活环境都发生了巨大变化，大学生的自我意识也发生了巨大变化，会显现出强烈的矛盾性特点，主要体现为“理想我”和“现实我”的矛盾。“理想我”是自己在头脑中塑造的，自己所期望的自我形象；“现实我”是通过个人实践而形成的真实的自我形象。大学生有理想、有抱负，成就动机强，对自己的未来充满了信心，通常会在脑海中构想一个理想我，并将这个理想我和现实我加以对照比较，一旦发现两个形象不一致，便产生很大的苦恼。对于这种矛盾，大学生通常会有两种不同的选择：一种是理想我占优势，寻求积极的统一，通过矛盾斗争转化为积极自我；另一种是理想我和现实我差距太大，经过努力仍无法接近目标，或距离虽不大，但主观上缺乏自我调控的能力，无法实现理想我，使得现实我更加痛苦。

（二）自我调节的中心化

大学生们强烈地关注自我，他们从自己的角度和自我的标准去认识、评价事物和他人，并采取行动，因而很容易出现以自我为中心的倾向。大学生自我意识的发展、能力的提高、活动范围的扩大、思维水平的提高以及知识经验的不断积累，使得大学生对社会、对人生的理解形成了自己的一套观念体系，但是由于大学生的社会经验不足，对社会现象的认识往往失之偏颇，对事物的评价往往只拘泥于个人的某一个观点、立场，而不善于从他人的立场、不同的角度来分析问题，不善于理解别人，特别是父母、教师等长辈，再加上他们情绪体验的深刻性和极端性，就表现出强烈的自我中心倾向。

（三）自我体验的情绪化

自我体验的情绪化是个体针对客观事物是否符合自己的需求而产生的心理体验。处于青春期晚期的大学生情绪常常表现出短暂、起伏等特点，这些特点也表现在大学生自我意识的各个方面。他们的自我评价常常发生矛盾，对自我的态度常常是波动的。大学生对自我的肯定与否定时常随着情绪的变化而变化。情绪好时对自我认同度高，对自我评价也高，对自己充满信心；情绪低落尤其是遇到挫折时，自我认同度骤然下降，自我判断失准，认为自己什么都不会。另外，大学生还容易走极端，考虑问题易受到各种社会思潮与其他外部环境的影响，容易偏激、冲动。面对理想我、现实我，自我肯定、自我否定等矛盾，大学生常常表现出心理的不平衡，情绪体验较强烈，易振奋，也易波动。

（四）自我意识发展的阶段性

大学阶段自我意识的发展非常迅速，大学生已开始逐渐探索自我，建立自我同一性。在这个过程中，并非所有人都一帆风顺，很多人都经历过自我怀疑，因找不到方向而迷茫。但一旦能够从这种怀疑和迷茫中重新找到自己，便会经历从“旧我”破碎到“新我”重建的过程。关于自我同一性形成的年龄界限方面的研究，大部分国外的研究支持这个结论：18 岁的学生大多数处于成就型和延缓型的同一性状态，在 21 岁、22 岁这个年龄阶段，排他型和弥散型的学生人数相应减少。由此可见，随着年龄的增加，同一性由低状态向较高状态显著转变。

五、大学生自我意识发展的偏差

（一）自卑

自卑是自我情绪体验的一种形式，是个体由于某种生理、心理上的缺陷或其他原因所产生的对自我认识的态度体验，表现为对自己的能力或品质评价过低，轻视自己或看不起自己，担心失去他人尊重的心理状态。心理学家阿德勒认为，自卑并不是什么坏的情感，而是每个人在追求更加优越的地位和更美好人生的过程中必然出现的心理反应。但是过度自卑就表现为对自己的强烈不满和否定，自尊心严重受挫。过度自卑的人自我认识不客观，往往只看到自己的缺点而忽略了自身的长处，不喜欢自己，不能容忍自己的缺点和弱点，否定、抱怨、指责自己，看不到自我的价值，或者夸大自身的不足，感到自己什么都不如他人，处处低人一等，丧失信心，严重的还可能发展为自我厌恶，甚至走向自我毁灭。

（二）自负

自负就是过高地估计自己，对自己的肯定评价往往过当。自负的人会夸大自己的优点，甚至把缺点也看成优点或独特性，其人际关系模式具有“我好，你不好”“我行，你不行”的特点。自负的人容易产生盲目乐观的情绪，自以为是，人际关系不良，往往还因为自视甚高，对自己容易提出过高要求，最后因承担无法完成的任务而带来失败。自负不是真正的自信，自信是建立在正确了解和评价自己的基础上，有客观基础的一种心理状态。而自负是一种自我膨胀，即盲目的自信。自负的人对自己的认识以点带面，一点长处就认为自己光芒万丈，很了不起，孤芳自赏，瞧不起其他人，不接受他人的建议和批评，更缺乏自我批评；唯我独尊，自我中心，盛气凌人，总认为自己对而别人错，把自己的意志强加在别人身上，难以和他人心理相容，影响人际交往。自负的人对己对人都不能恰如其分地评价，结果使自己陷入盲目的境地，别人也受到严重的压抑，而夸大自我、轻视别人、远离实际必然带来别人潜在的不满和行动的疏远，从而形成交际中的自我封闭。

（三）自我中心

自我中心就是从自我的角度、标准去认识、评价和行动。大学阶段是自我意识发展最强烈的阶段，大学生强烈关注自我，容易出现自我中心倾向。当自我中心与倾向于个人主义、自私自利的不良思想意识或与过度自我接受的心理特征相结合时，就会出现过分扭曲的自我中心。自我中心的人凡事从自我出发，不能设身处地地进行客观思考；只关心自己，首先考虑的是个人的利益，不顾及他人的需要和感受，甚至有时候盛气凌人、颐指气使，总认为自己是对的，别人是错的，并且把自己的意志强加于人。自我中心的人难以赢得他人的信任和好感，人际关系不和谐，为人处世容易遭受挫折。

第二节　自我探索的内容和方法

“人贵有自知之明。”探索自我的目的是认识自己、了解自己。只有认识自己、了解自己，才能对自己的职业做出正确选择，才能选定适合自己的职业路线。

一、自我探索的内容

就大学生而言。自我探索的主要内容包括三个方面：体力评估、能力评估和人格评估。

（一）体力评估

体力评估是对自己的身体素质进行评价、分析，判断自己所适合的职业。体力评估一般包括六个方面的内容：①力气；②身体动作的敏捷性和平衡性；③下肢或腰背的协调性；④手臂的灵活性和协调性；⑤言语器官及视听器官的结构与功能状况；⑥整体协调控制。不同的职业对从业者的体力要求各异，例如，从事体育工作的人，动作的敏捷性和协调性要好；从事音乐艺术教育的人，听觉器官要灵敏等。因此，大学生在确立职业目标时，要从体力上考虑自身的实际情况。

（二）能力评估

能力是直接影响人们顺利完成活动并直接影响活动效率的个性心理特征。能力分为一般能力和特殊能力：一般能力是顺利完成各种活动所必备的基本能力，如注意力、观察力、记忆力、思维力、想象力等；特殊能力是顺利完成某种特殊活动所必备的能力，它同职业活动紧密联系。职业能力既与一般能力有关，又与特殊能力密不可分。人们从事某种职业活动都是具体的，因此人的职业能力主要指人的特殊能力，它是从业人员胜任职业要求而必备的能力。

（三）人格评估

人格是指个人的需要、动机、兴趣、态度、价值观、气质、性格等。人格影响人的职业行为，我们要想在职业生活中获得尽可能大的满意度和成就感，在择业之前就该了解自己的人格及其职业适应性，以求实现人—职匹配。

二、自我探索的方法

自我探索就是要客观地评价自己，既不高估自己，也不贬低自己，就是要认识自己的优势、劣势、自己的发展潜力。那么，怎样才能客观地认识自我呢？一般来说，可以通过以下 5 种方式进行。

（一）总结过去的经验

回顾自己过去的经历，对自己的想法、品德、行为等进行理性思考，然后认真地描述和判断自己的特点。在这个过程中，需要个人收集信息，耐心地进行分析。例如，问问自己，过去做过什么喜欢的工作？喜欢这些工作的哪些方面？现在仍然喜欢它们吗？喜欢处理人际关系，还是喜欢处理具体问题或信息情报？什么能激发自己的活力，什么令自己感觉倦怠乏味？等等。另外，还要对自己过去的成功经验和失败教训进行回顾，分析自己过去有哪些成功，哪些失败，原因是什么；除了客观因素外，自己还有哪些方面需要改进。需要注意的是，要尽量以客观评价为依据，避免由于个人认识或个人动机而出现较大的偏差。

（二）征询他人的评价

可以问问家长、老师、同学、朋友对自己的评价是怎样的，把他们的评价作为对自己评价的参考。在与他们的相互交往中，不断深化对自己的认识。

（三）与他人比较

通过与他人进行比较来评价自己。面对相同问题或者相似问题，别人是怎么想的、怎么说的、怎么做的，效果如何；自己又是怎么想的、怎么说的、怎么做的，效果如何。

（四）测评手段

心理测验能够在较短时间内比较客观地测出个人某方面的特点，并且这一特点是在与某一群体的比较中得出的。通过运用心理测验，个人能够获得对自己较为客观的描述和评价，这个结果在进行职业选择时可以作为参考。

（五）专家咨询

我们可以到学校的就业指导中心、心理健康教育中心或校外专业咨询机构进行咨询，这是一种有效而快捷的方式。一般来说，咨询人员会利用他的学识、经验及科学的咨询技术给我们提供帮助。在咨询过程中我们可以获得大量的知识和信息资料，获得对问题的重新认识。更重要的是，通过专家咨询，我们能提高自己的决策能力。

三、职业兴趣探索

（一）职业兴趣概述

子曰："知之者不如好之者，好之者不如乐之者。"（出自《论语·雍也》）意思是说"懂得它的人不如喜爱它的人，喜爱它的人不如以之为乐的人"。人们了解自己的信息来源一般有三种：物理世界、社会世界和内部心理世界。

1. 物理世界

物理世界为我们了解自己提供了方法和途径，如一个人的身高、体重和饮食偏好都可以通过外在的物理世界来了解。但是通过物理世界了解自己有两个局限：一是很多特点在物理世界中并不存在，尤其是一个人的心理品质，如一个人是否坚强，是无法通过物理世界来认识的；二是即使这个特点可以测量出来，但所了解到的信息并不一定是个体想要的，如一个人的体重可以测量出来，但是我们仍然不知道自己的体重在人群中所处的位置，是偏胖还是偏瘦。

2. 社会世界

想要知道自己在社会中是什么样子的，必须通过社会世界来了解自己。

社会比较：每个人几乎都会进行社会比较，即将自己的某些特点与别人进行比较，并由此对自己的这个特点进行判断，比如，一个人的英语考试考了 90 分，只通过 90 分并不能让他知道自己考得好还是不好，还要通过和他人比较，看别人都考了多少分才能作出判断。一个人想要知道自己真正是什么样的，就少不了与别人进行比较。

谁是合适的比较对象：在大部分情况下，与相似的人进行比较所获得的信息是最可靠的，如一个人想要知道自己学习是否努力，只有当他与相同专业、相同年龄、相同智力水平的人进行比较时，才能够更好地得出他是否努力的结论。

反射性评价（他人反馈）：人们认识自我的另一种方式是反射性评价，即通过观察他人对自己的反应来认识自己，如一个学生会干部组织一个活动，得到了老师的表扬，同时很多同学也积极踊跃地参加，他就可以从这些反应中了解到自己成功举办了这个活动，自己具有一定的组织能力。

3. 内部心理世界

内部心理世界对自我的认识主要是通过内省来进行的。内省是个体认识自我的一种常见方式，它指向个体内部来寻求答案，直接考虑个体的态度、情感和动机。一个人想要知道自己是不是喜欢吃香蕉，可以通过内省来发现，如自己是不是想吃香蕉、吃香蕉的感觉等。如果他非常想吃香蕉（动机），吃香蕉的时候觉得很满足、很开心（情感），那便可以得出他喜欢吃香蕉的结论。

正确认识自我的关键在于要全面认识自我，如果一个人只从物理世界去认识自己，那他对自己的认识就有可能产生偏差；如果一个人只是通过内省去认识自己，那他很有可能只沉浸在自己的内心世界里，而忽略了别人对自己的看法。所以，要想全面认识自己，就需要从物理世界、社会世界和内部心理世界三个方面来认识，不仅要看客观的情况，也要通过社会比较、他人的反馈以及自我反省来认识自己。

（二）正确认识自我

你认识你自己吗？你知道你是谁吗？表面上这是很简单的问题，但事实上很多人并不真正了解自己，“当局者迷，旁观者清”说的就是这个道理。

1. 自我认识的内容

第一，认识自己的生理特点。

第二，认识自己的心理特点。

第三，认识自己的优势。

第四，认识自己的劣势。

2. 自我认识的途径

进行良好的自我认识不但需要以人为镜，也要进行较完善的自我分析，我们可以尝试合理地运用社会比较法。

（三）积极悦纳自我

1. 什么是悦纳自我

总体来说，悦纳自我包括三方面：第一，接受自己的全部，无论是优点还是缺点，无论是成功还是失败；第二，无条件地接受自己，接受自己的程度不以自己是否做错事而有所改变；第三，喜欢自己，肯定自己的价值，有愉快感和满足感。只有能够真正地做到如此，我们才能真正地悦纳、认识自我。

心理健康的人首先要有自知之明。对自己能做出恰当评价的人，既能了解自我，又能接受自我，体验自我存在的价值。一个悦纳自己的人，并不意味着他的一切都是完美的，而是说他在接受自己优点的同时，也了解自己的缺点，并坦然地承认了自己的不足，而后，不断克服缺点，注意自我形象塑造，把握自己做人的准则，不断完善自己，更加自信地面对生活，走向成功。这既是一种修养，也是一种难能可贵的品质。

2. 悦纳自我与放纵自我

有的大学生会担心如果什么事都悦纳自己了，是不是就是放纵自己呢？悦纳自己不等于放纵自己。放纵是指放任而不受约束，纵容自己想做什么就做什么，放纵更多是指行为；而悦纳自己是指愉快地接纳或者接受自己本来的样子，悦纳更多是指对待自己的态度。如果一个人害怕在公众面前讲话，但又想拥有好的人际关系，放纵自己的人可能会回避，因为害怕就不讲了，避免出现在公共场合，而悦纳自己的人会接纳自己的害怕，并且做出尝试。

3. 有条件的价值与无条件的价值

我们很多人从小就接受了太多有条件的价值，一个好学生的标准就是学习好、听话、乖巧，一个人成功的标准是赚很多的钱或者当大官。在社会中不乏这样偏颇的价值标准，往往人们会用这样的标准来判断自己的价值。比如，一个大学生学习成绩不好，由此他判断自己没有价值；一个大学生人际关系不好，由此他判断自己不被人喜欢。这些都是有条件的价值，一旦满足了这些价值，就会非常自信，充满自我价值感，而一旦不能满足这些条件，立马就对自己失去了信心。但一个人的价值其实是无条件的，每个个体都是这个宇宙中的独特存在，每个个体都是一个特殊的个体，其作为人的价值是无条件的。了解自己的价值是无条件的，是积极悦纳自我的第一步。

4. 全面看待自己的优缺点

每个人都会有优点，也会有缺点，但我们在学习、生活中会发现，有的人只能片面地看待自己，要么只能看见自己的缺点，认为自己一无是处，活得自卑痛苦；要么觉得自己全是优点，问题和缺点都是别人的，这样的人充满优越感，并且极端自负。不管是自卑还是自负，都会成为我们成长路上的阻碍。全面看待自己的优缺点，才能真正认识自己。

（四）自觉调控自我

1. 培养顽强的意志力

很多大学生为自己树立了远大的目标和理想，但在努力的过程中，没有足够的自制力和坚强的意志力，经受不住挫折和打击，也就无法实现自己的理想。

2. 培养自信心

美国思想家艾默生说：“自信心是成功的第一个秘诀。”自信心是个体对自己的认可、肯定、接受和支持的积极感受，就是相信自己，对自己的力量充分估计的一种自我体验。自信是自我意识的一个重要组成部分，属于自我意识的情感形式，是对自我的积极的情感体验。自信的人相信自己，相信自己的能力和价值，相信自己追求的目标是正确的，也相信自己有能力去实现目标。

（五）不断超越自我

认识自我，接纳自我，都是为了塑造自我，超越自我。对于大学生而言，超越自我更是终生努力的目标。人们常说，人最大的竞争对手就是自己。因此，我们只有理智地分析自我，不断地超越自我，才能在激烈的竞争中立于不败之地。

四、大学生自我意识的偏差及其调适

（一）自卑及其调适

1. 自卑及其表现

自卑是指自我评价偏低、自愧无能而丧失自信，并伴有自怨自艾、悲观失望等情绪体验的消极心理倾向。自卑的人常常表现出以下特点：情不自禁地过分夸大自己的缺陷，甚至毫无根据地臆造出许多弱点；喜欢拿自己的短处和别人的长处相比；不能冷静地分析自己所受的挫折，总将这些挫折、失败归因于自己的无能；不能客观地看待别人对自己的评价，认为自己一无是处，对那些努力就能完成的任务也轻易放弃等。很多大学生都曾感到过自卑，上大学后，面对学习上更强劲的对手、面对更加社会化的人际交往、面对新的环境，大学生容易产生自卑。自卑心理广泛存在于人们的日常生活当中，并影响着个体的生活、学习和工作。自卑是大部分人都有过的体验，自卑心理在大学生群体中尤为突出，也是大学生最常见的心理问题之一。

2. 从优点认识自己——积极评价自我

自卑的人习惯用放大镜看待自己的缺点和别人的优点，用缩小镜看自己的优点和别人的缺点，夸大自己的失败和别人的成功，忽视自己的成功和别人的失败。所以要改变自卑就要改变认识自己的方式，从优点来认识自己，通过全面、客观的认识，辩证地看待别人和自己。

3. 积极自我暗示——练习肯定自我

暗示法就是个人通过积极的自我暗示、自我鼓励来消除自卑的方法。人的自我评价所起到的实际上就是人对自我的一种暗示作用，它与人的行为有很大的关系。消极的自我暗示导致消极的行为，而积极的暗示则带来积极的行为。积极自我暗示不代表盲目自信，并不是说我告诉自己能吃掉一头鲸鱼就真的能做到，其对那些可以做到但是没有信心做到的事情起作用。

（二）自负及其调适

1. 自负及其表现

自负就是过高地估计自己。人评价自己要靠自我认知，有的人过高地评价自己，就表现为自负；有的人过低地评价自己，就表现为自卑。自负实质上是无知的表现，其往往以语言、行动等方式表现出来，主要表现在不自知而过高地评价自己。

2. 打败自负的方法

(1) 接受批评是根治自负的最佳办法。自负的致命弱点是不愿意改变自己的态度或接受别人的观点，接受批评即针对这一特点提出的解决方法。它并不是让自负者完全服从于他人，只是要求他们能够接受别人的正确观点，通过接受别人的批评，改变过去固执己见、唯我独尊的形象。

(2) 与人平等相处。自负者视自己为上帝，无论在观念上还是行动上都无理地要求别人服从自己。平等相处就是要求自负者以一个普通社会成员的身份与别人平等交往。

(3) 提高自我认识。要全面地认识自我，既要看到自己的优点和长处，又要看到自己的缺点和不足，不可“一叶障目，不见泰山”，抓住一点不放，未免失之偏颇。认识自我不能孤立地去评价自己，而应该把自己放在社会中去考察。每个人都有自己的独特之处，都有他人所不及的地方，同时又有不如人的地方。与人比较不能总拿自己的长处去比别人的不足，把别人看得一无是处。

(4) 要以发展的眼光看待自己。既要看到自己的过去，又要看到自己的现在和未来，辉煌的过去可能标志着你过去是个英雄，但是它并不代表现在，更不预示着将来。

第三节　自我职业观的探索

一、探索职业价值观

俗话说“人各有志”，这个“志”表现在职业选择上就是职业价值观。它是一种具有明确目的性、自觉性和坚定性的职业选择的态度和行为，对一个人职业目标和择业动机起着决定性的作用。

(一) 什么是职业价值观

职业价值观是指人生目标和人生态度在职业选择方面的具体表现，也就是一个人对职业的认识和态度以及他对职业目标的追求和向往。理想、信念、世界观对于职业的影响，集中体现在职业价值观上。职业价值观是人的价值观在职业生活中的表现，它不但决定了人们的择业倾向，而且决定了人们的工作态度。职业价值观是企业文化的核心，同时又是企业在录用员工时要优先考虑的。

由于个人的身心条件、年龄阅历、教育状况、家庭影响、兴趣爱好等的不同，人们对各种职业有着不同的主观评价。从社会来讲，由于社会分工的发展和生产力水平的相对落后，各种职业在劳动性质的内容、劳动难度和强度、劳动条件和待遇、所有制形式和稳定性等诸多方面，都存在差别。再加上传统思想观念的影响，各类职业在人们心目中的声望地位便也会有好坏高低之分，这些评价都会形成人的职业价值观，影响人们对就业方向和具体职业岗位的选择。

（二）萨柏的“职业价值观量表”

美国职业管理学家萨柏编制的“职业价值观量表”（WVI）在西方颇为流行，影响较大。萨柏把职业价值分成三个维度：内在职业价值（与职业本身性质有关的因素，如职业的创造性、独立性等），外在职业价值（与职业本身性质无关的因素，如工作环境、同事关系、领导关系、职业变动性等）和外在报酬（在职业活动中能获得的因素，包括职业的安全性、声誉、经济报酬、职业带来的生活方式等）。通过这三种维度的不同组合，萨柏总结出了13种价值观，具体如下。

1. 利他主义

你的职业价值观倾向是利他主义。你总是为他人着想，认为工作的目的和价值在于直接为大众的幸福和利益尽一份力。

2. 泛美主义

你的职业价值观倾向是美感。你认为工作的目的和价值在于能不断地追求美的东西，得到美感的享受。

3. 智力刺激

你的职业价值观倾向是智力刺激。你认为工作的目的和价值在于不断进行智力开发，动脑思考，学习和探索新事物，解决新问题。

4. 成就动机

你的职业价值观倾向是成就感。你认为工作的目的和价值在于不断创新，不断取得成就，不断得到领导和同事的表扬或不断实现自己的目标。

5. 自主独立

你的职业价值观倾向是独立性。你认为工作的目的和价值在于能充分发挥自己的独立性和主动性，按自己的方式、步调或想法去做，不受他人的干扰。

6. 社会地位

你的职业价值观倾向是社会地位。你认为工作的目的和价值在于所从事的工作在人们的心目中有较高的社会地位，从而使自己得到他人的重视与尊敬。

7. 权力控制

你的职业价值观倾向是管理。你认为工作的目的和价值在于获得对他人或某事的管理权，能指挥和调遣一定范围内的人或事物。

8. 经济报酬

你的职业价值观倾向是经济报酬。你认为工作的目的和价值在于获得优厚的报酬，使自己有足够的财力去获得自己想要的东西，使生活过得较为富足。

9. 社会交往

你的职业价值观倾向是社会交际。你认为工作的目的和价值在于能和各种人交往，建立比较广泛的社会联系和关系，甚至能和知名人物结识。

10. 安全稳定

你的职业价值观倾向是安全感。你希望不管自己能力如何，在工作中要有一个安稳的局面，不会因为奖金、加工资、调动工作或领导训斥等而经常提心吊胆，心烦意乱。

11. 轻松舒适

你的职业价值观倾向是舒适。你希望将工作作为一种消遣、享受的形式，追求比较舒适、轻松、自由、优越的工作条件和环境。

12. 人际关系

你的职业价值观倾向是人际关系。你希望一起工作的大多数同事和领导人品较好，在一起相处愉快、自然，你认为这就是很有价值的事，是一种极大的满足。

13. 追求新意

你的职业价值观倾向是变异性。你希望工作的内容应该经常变换，使工作和生活显得丰富多彩，不单调枯燥。

大学生在进行职业生涯设计时，必须明确知道，在自己的内心深处，什么是最重要的，什么是最有价值的。只有选择符合自己价值观的职业，才能感受到工作的快乐。

（三）职业价值观的自我探索

1. 价值观观察——价值观大拍卖

价值观探索和澄清是对自身需要的一种梳理，是个人职业生涯决策的依据。我们可以通过价值观大拍卖的课堂活动，让大学生体会在人生当中做出选择的重要意义，帮助大学生了解自己的价值观，启发大家思考在人生中该如何做出正确的选择。

2. 澄清自身价值观

价值澄清理论兴起于20世纪60年代的美国，在批判只注重灌输和规劝的传统道德教育方法的基础上，其吸收了生活经验论和人本主义心理学等思想而创立。价值澄清理论认为，学校道德教育的目的在于通过评价过程，帮助学生澄清自己的价值观，促进统一的价值观的形成。它强调通过一系列价值澄清策略教给学生澄清自己价值观的技巧和提升自我评价、自我指导的能力，并把这种能力转化为行为，帮助学生减少价值观混乱，从而确定个人珍视而又愿意维护的价值观。价值澄清法具有四大要素。

（1）以生活为中心。价值澄清法的注意力主要放在解决与生活有关的问题上，特别是使学生感到困惑的问题。

（2）接受现实。要澄清价值，需要不偏不倚地接受他人的立场，这种接受意味着与他人真诚相处。

（3）鼓励进一步思考。鼓励学生更加全面地思考价值问题，更加明确自己所珍爱和珍视的是什么。

（4）培养个人能力。学生不仅能够反省和思考价值问题，而且能更好地将选择和珍视整合到日常行为中去，表里如一。

价值澄清法共有七个步骤。

（1）完全自由地选择。

（2）在尽可能广泛的范围内选择。

（3）对每一个选择的结果加以充分考虑后进行选择。

（4）喜欢做出的选择并感到满足。

（5）乐于公布自己的选择。

（6）按做出的选择行事。

（7）作为一种生活方式加以重复。

以上步骤中，第（1）、（2）、（3）步是解释如何选择自我价值观的问题，第（4）、（5）两步是对自我价值观的评价，第（6）、（7）两步是根据价值做出行动。

运用价值澄清法的出发点在于帮助学生解决生活中的实际问题，这与当今大学生价值观的世俗化特质相契合。价值澄清法不是向学生机械地灌输某种价值观，而是启发学生自己思考、判断、选择，其适应了大学生主体意识增强的需求，对于多元化的价值观能更好地包容。价值澄清法保证了每个交流者具有平等对话的地位，但同时要求每个对话者“不偏不倚地接受他人的立场”。价值澄清法具有充分的实践性，有助于大学生解决自身遇到的问题，获得更好的生活，更好地实现自我。

（四）职业价值观与职业匹配

职业管理家通过大量的调查，从人们的理想、信念和职业价值观角度把从业者分为六大类。

1. 自由型

特点：不受人指使，凭自己的能力拥有自己的小“城堡”；不愿受人干涉，想充分施展本领。

相应职业类型：室内装饰专家、图书管理专家、摄影师、音乐教师、作家、演员、记者、诗人、作曲家、编剧、雕塑家、漫画家等。

2. 小康型

特点：追求虚荣，优越感也很强，很渴望能有社会地位和名誉，希望常常受到众人尊敬；欲望得不到满足时，由于过于强烈的自我意识，有时反而很自卑。

相应职业类型：记账员、会计、银行出纳、法庭速记员、成本估算员、税务员、核算员、打字员、办公室职员、统计员、计算机操作员、秘书等。

3. 支配型

特点：想当上组织的一把手，飞扬跋扈；无视他人的想法，为所欲为，且视此为无比快乐。

相应职业类型：推销员、进货员、商品批发员、旅馆经理、饭店经理、广告宣传员、调度员、律师、政治家、零售商等。

4. 自我实现型

特点：不关心平常的幸福，一心一意想发挥个性；追求真理，不考虑收入、地位及他人对自己的看法；尽力挖掘自己的潜力，施展自己的本领，并视此为有意义的生活。

相应职业类型：气象学家、生物学家、天文学家、药剂师、动物学者、化学家、科学报刊编辑、地质学者、物理学者、数学家、实验员、科研人员、科普作家等。

5. 技术型

特点：认为立足社会的根本在于一技之长，靠本事吃饭既可靠又稳当，因此努力钻研一门技术。

相应职业类型：木匠、农民、工程师、飞机机械师、野生动物专家、自动化技师、机械工、电工、火车司机、公共汽车司机、机械制图员等。

6. 志愿型

特点：富于同情心，把他人的痛苦视为自己的痛苦；不愿干表面上哗众取宠的事，把默默地帮助不幸的人视作无比快乐。

相应职业类型：社会学者、导游、福利机构工作者、咨询人员、社会工作者、社会科学教师、护士等。

二、探索自身性格

性格是一个人对现实的稳定的态度，以及与这种态度相应的、习惯化了的行为方式中表现出来的人格特征。性格一经形成便比较稳定，但是并非一成不变，而是有可塑性的。性格不同于气质，更多体现了人格的社会属性。个体之间人格差异的核心是性格的差异。选择适合自己性格的职业，会得心应手；选择不适合自己性格的职业，会“力不从心”。

（一）性格色彩学

1. 红色

红色性格的人是“元气族”，快乐外向的团队带动者。做事情的动机很大程度上是为了快乐，快乐是这些人的最大驱动力。他们积极、乐观，天赋卓越，随性而又善于交际。典型代表：《西游记》取经路上那位爱闹腾、好耍小聪明的八戒。

2. 蓝色

蓝色性格的人是“心机蛇”，最佳执行官。从偶尔认真过渡到能把时间按秒钟计算、持久深入的关系是他们这类人所着意建立和维系的。他们具有可贵的品质，对待朋友忠诚而诚挚，并在思想上有深层次的关心和交流。典型代表：《三国演义》中聪明反被聪明误的周瑜，遇见更蓝色性格的高手诸葛亮后，一步三计，算计太多，最后把自己气死。

3. 黄色

黄色性格的人是“山林之王”，强有力的激进指挥者。这类人深层次的驱动力来自对目标的实现和完成。他们一般都具有前驱性和领导能力，即便遇到麻烦也会第一个想办法解决，通常都有很强的责任感、决策力和自信心。典型代表：《红楼梦》里机关算尽、出尽风头的王熙凤。

4. 绿色

绿色性格的人是“和事佬”，和平的促进者。他们的核心是对和谐与稳定的追求，缺乏锋芒与棱角。他们宽容透明，通常都非常友善，适应性强，是很好的倾听者。典型代表：《水浒传》中功成身退，唯一没去打方腊的入云龙公孙胜，梁山的第一明白人。

其实每个人的性格都不完全是“纯色的”，每个人的性格中都有着混合色，都是以一种颜色为主，而又会有另外一种、两种或三种颜色的混合。人们的性格就像生活一样多姿多彩，没有好与坏之分，扬长避短地发挥它们的长处才是最重要的，好的发挥能让我们的心情更好、感觉更幸福。

（二）四色性格与职业匹配

1. 红色性格与职业

适合的职业：军人、警察、新闻记者、律师、营销人员、冒险家等。

不适合的职业：办公室主任、秘书、司机、客户服务人员等。

2. 蓝色性格与职业

适合的职业：参谋、心理学家、秘书、哲学家、神学家等。

不适合的职业：公关接待、工会主席、节目主持人等。

3. 黄色性格与职业

适合的职业：作家、艺术家、公关人员、教师、导游等。

不适合的职业：计算机编程人员、保管员、策划人员、会计等。

4. 绿色性格与职业

适合的职业：保管员、护理人员、摄影家、保密工作人员、雕塑家、打字员等。

不适合的职业：公关人员、推销员、接待员等。

（三）性格提升

“打工皇帝”唐骏提出了“成功 4+1”理论，“4”分别代表智慧、机遇、勤奋、热情，“1”代表性格。好的性格就是不挑剔别人的任何性格，努力喜欢你周围的人。如果你喜欢周围所有的人，这样的人一定是宽容、善良、厚道、正直、向上的。喜欢别人的同时，自己的性格也会发生改变，会发现自己越来越厚道、善良、正直、阳光，变得很容易跟别人接近。如果你能够改变自己的性格，对于你未来职业的发展会起到良性的作用。

三、发掘职业兴趣

兴趣是最好的老师，兴趣不一定能决定未来的职业决策，但对职业发展是有很大影响的。从事不感兴趣的职业是无法投入而且做好的。兴趣是职业决策和职业发展的重要影响因素。

（一）什么是职业兴趣

兴趣是指人积极探索某种事物的认识倾向，是指一个人对其环境中的人、事、物所引发的喜爱程度，也是人们保持注意的一个重要内部因素。职业兴趣是兴趣在职业方面的表现，是指人们对某种职业化活动具有的比较稳定而持久的心理倾向。其使人对某种职业给予优先注意，并心向往之。

由于兴趣爱好不同，人的职业兴趣也有很大差异。有人喜欢具体的工作，如室内装饰、园林、美容、机械维修等；有人喜欢抽象和创造性的工作，如经济分析、新产品开发、社会调查和科学研究等。

研究表明，一个人如果对一项工作有浓厚的兴趣，那么他可能发挥其全部才能的80%~90%，且可以长时间地保持精力和体力的旺盛，不易疲倦；一个人如果对他所从事的工作不感兴趣，那么他只可能发挥其全部才能的20%~30%，并且容易精疲力竭。著名物理学家、诺贝尔奖获得者丁肇中也曾说“兴趣比天才重要”。

（二）了解职业兴趣的方法

1. 职业兴趣表达

评估职业兴趣最直接、最简单的方法就是询问测试者自己所感兴趣的职业是什么。但使用这种方法往往不够准确，因为这里所指的职业兴趣带有“兴趣倾向”的性质，而你有时可能并不清楚自己的职业兴趣是什么，或者由于接触范围有限，你对许多职业并不了解。

2. 行为观察

观察职业体验中的各种情况，从中推测你的职业兴趣所在。

3. 职业知识测验

测量你在有关特殊职业中所掌握的特殊词汇和其他信息，根据测验分数推论兴趣。

4. 职业兴趣测试

职业兴趣测试是心理测试的一种方法，可以表明一个人最感兴趣的并最可能从中得到满足的工作是什么。该测试是将个人兴趣与那些在某项工作中较成功的员工的兴趣进行比较，是用于了解一个人的兴趣方向以及兴趣序列的一项测试。

（三）职业兴趣测量表

1927年，斯特朗编制完成了第一个正式的职业兴趣量表，但其当时仅适用于男性，专门为女性而编制的量表则于1933年完成。库德在1939年发表了库德爱好调查表，约翰·霍兰德于1959年提出了具有广泛社会影响的霍兰德职业兴趣自测表，如表2-1所示。

表2-1　霍兰德职业兴趣自测表

序号	兴趣类型	对应的职业
1	愿与事物打交道，喜欢接触工具、器具或数字，而不是喜欢与人打交道	制图员、修理工、裁缝、木匠、建筑工、出纳员、记账员、会计、勘测、工程技术、机器制造

续表

序号	兴趣类型	对应的职业
2	愿与人打交道，喜欢与人交往，对销售、采访、传递信息一类的活动感兴趣	记者、推销员、营业员、服务员、教师、行政管理人员、外交联络等
3	愿与文字符号打交道，喜欢常规的、有规律活动；习惯于在预先安排好的程序下工作，愿意做有规律的工作	邮件分类员、办公室职员、图书馆管理员、档案管理员、打字员、统计员
4	愿与大自然打交道，喜欢地理地质类的活动	地质勘探人员、钻井工、矿工
5	愿从事社会福利的工作，喜欢帮助别人解决困难。乐意帮助人，试图改善他人的状况，帮助他人排忧解难，喜欢从事社会福利和助人工作	咨询人员、科技推广人员、教师、医生、护士等
6	愿从事农业、生物、化学类工作，喜欢种养、化工方面的实验性活动	农业技术员、饲养员、水文员、化验员、制药工、菜农
7	愿做组织和管理工作，喜欢掌管一些事情，以发挥重要作用，希望受到众人尊敬和获得声望	组织领导管理者，如行政人员、企业管理干部、学校领导和辅导员等
8	愿研究人的行为和心理，喜欢谈涉及人的主题，对人的行为举止和心理状态感兴趣	心理学、政治学、人类学、人事管理、思想政治教育研究工作以及教育、行为管理工作，社会科学工作者，作家等
9	愿从事科学技术事业，喜欢通过逻辑推理、理论分析、独立思考或实验发现和解决问题、喜欢独立地解决问题，也喜欢通过实验作出新的发现	生物、化学、工程学、物理学、自然科学工作者，工程技术人员等
10	愿从事有想象力和创造力的工作，喜欢创造新的式样和概念，大都喜欢独立的工作，对自己的学识和才能颇为自信；乐于解决抽象的问题，而且急于了解周围的世界	社会调查、经济分析、各类科学研究工作，化验、新产品开发，演员，画家，创作或设计人员等

四、了解你的能力

课堂体验——夸夸我自己：请在 3 分钟内在白纸上尽可能多地写下自己所拥有的能力。

实验结论：每个同学都拥有不同的能力，你知道自己有什么能力吗？通过下面课程的讲解，会让大家对能力有更清晰明确的了解。

（一）什么是能力

能力是完成一项目标或者任务所体现出来的素质，是顺利完成某一活动所必备的主观条件。从心理学的角度看，能力是指影响活动效率，使活动顺利完成所必须具备的个性心理特征。

能力分为一般能力和特殊能力，两者相互关联。一般能力是指在进行各种活动中必须具备的基本能力。它保证人们有效地认识世界，也称智力。智力包括个体在认识活动中所必须具备的各种能力，如感知能力（观察力）、记忆力、想象力、思维能力、注意力等，其中，抽象思维能力是核心，因为抽象思维能力支配着智力的诸多因素，并制约着能力发展的水平。特殊能力，又称专门能力，是顺利完成某种专门活动所必备的能力，如音乐能力、绘画能力、数学能力、运动能力等。各种特殊能力都有自己的独特结构，如音乐能力就是由四种基本要素构成的：音乐的感知能力、音乐的记忆和想象能力、音乐的情感能力、音乐的动作能力。这些要素的不同结合，就构成不同音乐家独特的音乐能力。

（二）多元智力理论

传统的智力理论认为人类的认知是一元的，个体的智能是单一的、可量化的，而美国教育家、心理学家霍华德·加德纳在1983年出版的《智能的结构》一书中提出，“智力是在某种社会或文化环境的价值标准下，个体用以解决自己遇到的真正的难题或生产及创造出有效产品所需要的能力”，每个人都至少具备语言能力、逻辑数学智力、音乐智力、空间智力、身体运动智力、人际关系智力和内省智力。后来，加德纳又加入了自然智力。这一理论被称为多元智力理论。不同的人会有不同的智能组合，例如：建筑师及雕塑家的空间感（空间智能）比较强；运动员和芭蕾舞演员的体力（肢体运作智能）较强；公关的人际智能较强；作家的内省智能较强等。每个人都是聪明的，但聪明的范畴和性质具有差异。

人要顺利完成某项活动，单靠某一种能力是不够的，它需要多种能力的有机结合。如要当作家，单有想象力是不够的，它还需要文字表达能力、观察能力、逻辑思维能力等。在从事某种活动中，各种能力的独特结合称为才能。如果一个人的各种能力能在活动中最完美地结合，那他就能最大限度地实现自己的人生理想，从而创造出更多的社会财富。

（三）能力对择业的影响

对自己的能力，无论是职业能力，还是特殊能力的自我认识和评价，往往对大学生的职业定向与职业选择起着筛选和定位的作用。一个人能力的大小及差异主要体现在量和质两个方面。

1. 能力的量的差异与职业选择

从量的方面来讲，能力的差异主要体现在能力发展水平的高低以及不同能力的优势趋向等方面。

在职业定向上，能力因素起筛选作用，个人根据能力的高低和能力优势确定其职业意向。在人才立场上，毕业生和用人单位都把能力作为一个重要的考虑因素，能力强的人自然备受招聘者的青睐，在求职过程中也表现出更多的自信；能力差再加上自身心理的障碍，求职就会遇到更多的麻烦，不过其他方面的优势可以缓解和改善这种状况。不同的能力优势也影响着职业选择趋向，长于记忆、细于观察、善于思维或者想象力丰富的人，都可能选择到适合自己并容易发挥能力特长的职业。

2. 能力的质的差异与职业选择

能力的质的差异表现为各人有不同的特殊能力、才能，以及能力类型的差异。任何一种职业活动都要求与该职业相吻合的几种能力的特殊结合，这就是职业对特殊能力的要求。如数学能力是从事科技工作不可缺少的能力，培养数学能力除一般的思维能力外，还要发展如概括能力、运算能力和正逆运算的灵活性等。从事音乐工作，除需要鲜明的想象力、记忆力和情感等一般能力外，还需具备曲调感、听觉表象和节奏感等音乐感受能力。苏联心理学家维果茨基通过实验研究认为从事绘画工作必须具备以下几种能力：对结构的知觉及表现能力；对物体空间位置的敏锐、完善的知觉和表象能力；对物体亮度比值的评定以及色调的知觉和表象能力；与绘画方法、技术有关的手的精确动作能力等。

3. 心理承受能力和应变能力与职业选择

心理承受能力强的大学生必然会变压力为动力，在激烈的择业竞争中很快找到理想的工作岗位，即使求职遇挫，他们也能及时作出必要的调整。

应变能力是指随时调整知识与能力的结构，与职业需要保持最大适应性的能力。任何职业都需要一定的知识与能力才能胜任，而科技的发展、社会的进步又使这种知识与能力成为一个变数，即随职业内涵的发展与要求而变化。应变能力强者能根据职业需要迅速做出自我调整，随时处于一种良好的职业适应状态。

五、提升职业能力

（一）能力与职业能力

能力是一个人能否进入职业领域的先决条件，是能否胜任工作岗位的主观条件。不管从事什么样的职业，都要有一定的能力做保障。能力总是和人的某种活动相联系并表现在活动中，只有通过一个人所从事的某种活动，才能看出他具有哪种能力。在学习中表现出来的能力称为学习能力；在活动中表现出来的能力称为活动能力；在职业活动中表现出来的能力称为职业能力。具体而言，职业能力是指个人将所学的知识、技能和态度在特定的职业活动或情境中进行类化迁移与整合所形成的能完成一定职业任务的能力。

（二）职业能力的构成

从构成要素来看，职业能力包括专业能力和通用能力两类。

1. 专业能力

专业能力是指将所掌握的专业理论知识综合地运用于实践的能力。作为用人单位招聘的第一项内容，专业技能水平的高低是影响大学生就业成功与否的首要因素。因此，熟练掌握与自己职业目标相关的专业知识和专业技能，达到相关职业的要求，是大学生提升职业素养的重要内容。

2. 通用能力

尽管各国对通用能力的表述和对其所包含的基本能力的认识有所差别，但人们对通用能力的本质特征和内涵已达成共识，即通用能力强调的不是某种专业或某职业领域或某一岗位所具有的职业知识和技能，而是所有职业共同具有的方法能力和社会能力，具有普适性、可迁移性、持久性、价值性、难以模仿性和整合性的特征。通用能力包括沟通、团队协作、领导管理等能力。不同职业对通用能力的要求不同，有些职业对从业者的通用能力水平有绝对的要求，如教师、销售人员、公务员等，要求从业者具有很强的沟通表达、领导管理能力。

（三）职业核心能力的含义与内容

1. 职业核心能力的含义

职业核心能力又称职业关键能力和职业通用能力，是职业能力的重要组成部分，是指从事任何活动都需要具备的、能适应技术不断发展和工作岗位经常变换的关键能力或基本能力。职业核心能力与劳动者的专业知识和技能之间没有必然的联系，它更多的是强调一个人的综合职业适应能力。也就是说，即使劳动者的职业或工作岗位发生变化，他也能依靠这种能力胜任新的岗位，并且能在很短的时间内掌握新的技能。

2. 职业核心能力的内容

1998年，原国家劳动和社会保障部（现人力资源和社会保障部）在《国家技能振兴战略》中把职业核心能力分为自我学习、数字应用、信息处理、与人交流、与人合作、解决问题、革新创新、外语应用八项。

（1）自我学习。自我学习是指在工作活动中，个体能根据工作岗位和个人发展的需要确定学习目标和计划，灵活运用各种有效的学习方法，并善于调整学习目标和计划，不断提高自我综合素质的能力。

（2）数字应用。数字应用是指个体能根据实际工作任务的需要，通过对数字的采集与解读、计算及分析，在计算结果的基础上发现问题并作出一定评价与结论的能力。

（3）信息处理。信息处理是指个体能根据职业活动的需要，运用各种方式和技术，收集、开发和展示信息资源的能力，是日常生活及从事各种职业必备的方法能力。

（4）与人交流。与人交流是指个体在与人交往过程中，通过交谈讨论、当众讲演、阅读，以及书面表达等方式，表达观点、获取和分享信息资源的能力。

（5）与人合作。与人合作是指个体根据工作活动的需要，协商合作目标，相互配合工作，并调整合作方式不断改善合作关系的能力。它是个体从事各种职业必备的能力。

（6）解决问题。解决问题是指个体能够准确地把握事物的本质，有效地利用资源，提出解决问题的方法，制订并实施解决问题的方案，并适时进行调整和改进，使问题得到解决的能力。

（7）革新创新。革新创新是指个体在工作活动中，为改变事物现状，以创新思维和技法为主要手段，提出改进或革新的方案，勇于实践并调整和评估创新方案，以推动事物不断发展的能力。它是从事各种职业特别需要的一种能力。

（8）外语应用。外语应用是指个体在实际工作和交往活动中以外国语言为工具与人交流的能力。

（四）职业能力的培养

1. 课内学习

课内学习为大学生培养专业技能创造了良好条件，大学生要充分利用学校的各种资源源，积极培养自身的专业技能，为成就未来的事业打下坚实的基础。

（1）主动参与课堂教学。课堂教学是大学生在校学习的主要形式。大学生应主动参与课堂中的讨论、练习（包括口头、书面等）、实际操作（模仿性的和创造性的）等活动，逐步养成良好的习惯，不断提升自己的专业能力。

（2）广泛参加“第二课堂”。“第二课堂”是指课外的各种学习和实践活动。“第二课堂”的开辟，对大学生就业起到了很好的推动作用。大学生应积极参加各种“第二课堂”，如学术讨论会、读书报告会、朗诵、演讲、写作、书法等，并在此基础上根据自己的爱好和特长，积极参与各种社团活动。大学生可以充分发挥自身的主动性、独立性和创造性，有意识地从事业和未来的工作需要出发培养和锻炼自己。

2. 课外培养

大学生要从实践活动中提升技能，根据实际工作的需求提升相应的知识与能力。获取知识的方式有很多，互联网的进一步发展，为大学生提供了非常广阔的学习平台；课外活动可培养大学生发现问题和运用专业知识解决问题的能力。

提升大学生技能的课外途径主要有以下几种。

（1）积极争取和充分利用各种实习机会，选择与职业目标相对应的行业及岗位实习。

（2）积极参加社会实践活动，参与专业技能大赛、老师的科研项目等。

（3）参加职业技能培训。

第三章　大学生活与职业生涯规划

第一节　大学生活与职业生涯发展的关系

大学时期正处于职业生涯的探索阶段，这一时期大学生的人生观和价值观逐渐形成，受所学专业的影响，大学生的职业兴趣也逐渐稳定，对职业生涯有了一定的认识。通过对大学生活的深入了解，从职业角度对大学生活进行必要的规划，对大学生未来职业的选择和事业的发展有着重要的意义。

大学是人生的一段重要旅程，在大学里我们完成了人生中的两大转变：从中学到大学、从学校到职场。很多毕业的大学生往往会说一句话："如果再给我一次机会重新上大学的话，我一定要……"可惜对我们每个人来说，大学只有一次，只有更多地了解大学生活，更快地融入大学生活，规划好大学生活，才会让我们在毕业的时候少一些遗憾。进入大学，你会发现，无论是教学管理办法，还是生活作息时间，很多事情都与高中有着非常大的差别。新鲜事物层出不穷，有人这样形容大学生活：丰富多彩而又懵懂的大学一年级，意气风发而又忙碌的大学二年级，成熟而又矛盾的大学三年级，充满期待而又茫然的大学四年级。大学生活到底是什么样的呢？首先是学习目标发生了变化。高中阶段，学生唯一的目标就是成绩，为了高考获得好成绩，全力以赴地把几门功课学习好，考高分就是学习的目标；而到了大学阶段，专业方向已确定，按学校要求各门各类课程成绩合格就能毕业，求职与成绩关联度不高，很多人就误以为大学学习简单。殊不知，课内学习只是大学学习生活的一部分，甚至只是一小部分。大学知识的宽度和广度都增加了很多，要了解一个行业、学好一个专业，光靠书本上的知识是远远不够的。大学生活要求我们必须学会自学，掌握收集材料和信息的能力，利用各种渠道获得知识，通过各种方法锻炼专业的能力，掌握科学的学习方法，培养独立思考的能力，能够自主地分析问题、解决问题。更重要的是，要通过大学的学习建立起初步的职业生涯观念，确定学习目标和职业目标，为未来就业做充足的准备。

随着生活水平不断提高，现在的大学生从小学到高中，基本是依靠父母安排生活。到了大学，很多人才正式开始过独立生活和集体生活，要自己计划好每月的生活费，要自己解决好一日三餐，要自己记好要做的每一件事，还要学会与来自五湖四海的同学相处。所以，大学生必须尽快适应新环境，调整好自己的作息时间，既能独立自主地解决生活中的实际问题，又能与同学互相帮助建立友谊，共同度过美好的大学时期。在大学，集体生活要求每个人必须学会处理好与同班、同寝室同学的人际关系。大学里社会活动增多，班委会、学生会、党组织、各种社团组织让大学生与其他人接触的机会大大增加，如何处理好这些关系也成为大学生活中不可或缺的一课。大学生毕业之后就要步入职场，学习处理好多样的人际关系也是为未来处理职场人际关系进行实践，所以，高中那种两点一线、埋头学习的日子不再适合大学。积极参加各类活动，通过各种组织找到志同道合的朋友，提高自己的沟通能力，是大学生活中不可或缺的内容。

到了大学，听课有课堂的管理要求，住宿有公寓的管理规定，毕业有学位授予制度，申请加入各类组织也都有相关的要求。大部分的大一学生刚刚度过了 18 周岁生日，作为成年人，国家的法律法规也需要严格遵守。大学生活对自己的行为有了更高的要求，大学生必须树立法律意识，践行公民守则，遵守学校的各项规章制度，以道德为行为底线，积极践行社会主义核心价值观，成为一名合格的大学生。

作为新一代大学生，我们应该努力适应大学生活。一是要了解专业领域的相关内容，制订行之有效的专业学习计划，从知识、能力、素质几个方面全面发展自己，并涉猎各方面的知识，通过学习和实践不断拓宽视野，提高自己的通识能力，为未来就业做好准备。二是要计划好自己的生活，不攀比，不浪费，合理安排大学生活。三是要熟悉学校有关的规章制度，通过规章制度了解大学对学生各方面的具体要求，顺利完成学业。

第二节　了解大学生的职业生涯规划

一、大学生职业生涯规划的内容

大学生职业生涯规划是指大学生在掌握自己职业兴趣、爱好、特长的前提下，在分析自己性格、能力、特点和内外部环境因素的基础上，结合自己所学专业及知识技能结构，以实现个人发展为目的，对大学的学习生活和职业发展进行持续的系统的计划的过程。它包括大学期间的学业规划、社会实践规划和职业规划。职业生涯规划会直接影响大学期间的学习生活质量，直接影响求职就业，甚至关系未来职业生涯的成败。大学阶段主要是职业的准备期，它是在为未来的就业和事业发展做好准备。

职业生涯是有关工作经历的过程和结果，从某种程度上说，这不仅是客观推动发展的结果，也可能是主观选择的过程，只要我们有足够的动力，拿出足够的精力，就能在进入大学的时候对我们的未来发展作出计划和选择，规划好自己的职业生涯。

马斯洛著名的需求理论与职业生涯规划也密切相关。它把需求分成生理需求、安全需求、社交需求、尊重需求和自我实现需求五类，依次由较低层次到较高层次。职业生涯规划是个人价值和个人需求的体现，追求更好的生活状态是职业生涯规划的基本依据，所以马斯洛的需求理论能让我们更深入地了解职业生涯规划的内容。

职业生涯规划中的就业规划主要是基于生理需求和安全需求。生理需求即对食物、水、空气和住房等的需求，这类需求的层次最低，人们在转向较高层次的需求之前，总是先尽力满足这类需求。人们为报酬而工作，主要包括收入、舒适度等，所以企业常常利用增加工资、改善劳动条件、给予更多的业余时间和工间休息时间、提高福利待遇等来激励员工。安全需求包括对人身安全、生活稳定以及免遭痛苦、威胁或疾病等的需求。与生理需求一样，人们对这种需求的满足也很在意。对许多员工而言，安全需求表现为安全而稳定的工作环境，以及有医疗保险、失业保险和退休福利等，因此，企业强调规章制度、职业保障、福利待遇，并保护员工不致失业。

职业生涯规划中职业发展需求是基于社交需求和尊重需求的。社交需求包括对友谊、爱情以及隶属关系的需求。当生理需求和安全需求得到满足后，社交需求就会凸显出来，进而产生激励作用。在马斯洛需求层次论中，这一层次是与前两层次截然不同的另一层次。这种需求如果得不到满足，就会影响员工的精神，导致高缺勤率、低生产率，员工会对工作不满，情绪低落。工作被人们视为寻找和建立温馨、和谐人际关系的机会，能够提供同事社交往来机会的职业会受到重视。尊重需求既包括对成就或自我价值的个人感觉，也包括他人对自己的认可与尊重。有尊重需求的人希望别人按照他们的实际形象来接受他们，并认为他们有能力，能胜任工作。他们关心的是成就、名声、地位和晋升机会。

职业生涯规划中的事业规划是基于自我实现需求。自我实现需求的目标是自我实现，或是发挥潜能。达到自我实现境界的人，接受自己，也接受他人，他们解决问题的能力增强，自觉性提高，善于独立处事，要求不受打扰的独处。要满足这种尽量发挥自己才能的需求，那么个人应该已在某个时刻部分地满足了其他的需求。

二、大学生职业生涯规划的意义

一直以来，由于经济发展阶段、信息传播渠道不同，大学生做职业选择时常常会出现这样几种类型。一是子承父业型，家庭依靠某种技术或管理生存，并世代相传；或者父母从事某种职业，享有一定的社会声誉和资源，教导子女也从事同行业，比如小商品生产、医生世家等。二是服从分配型，在计划经济时代，大学生毕业后由国家统一分配工作，大学生的职业生涯规划主要是依靠国家、依靠学校。三是自主择业型，当大学生就业走向“自主择业，双向选择”时，很多人没有太多规划，就在毕业前临时准备个人资料，奔向人才市场，有什么选择什么。随着市场经济的不断发展，又出现了一些新的类型：父母规划型，即父母在子女很小的时候，就为子女设计好了职业生涯规划，并有步骤地实施，比如学音乐、体育；也有学生因从小接受的教育而自主产生职业理想，在成年后自主作出职业选择，比如表演；还有一种就是从众型，到了快毕业的时候，看别人做什么，自己就去做什么。更有甚者，一些大学毕业生好高骛远，执着于某种职业，如非大公司不去、非公务员不干或非考研究生不可，而又缺少必要的规划和付出，最终成为新时代的“啃老一族”。

自 1999 年大学扩招以来，大学规模越来越大，大学毕业生人数也逐年增加。教育部公布的数据显示，2018 年大学生毕业人数已经达到 820 万人。高校毕业人数不断创历史新高，加上以往未就业人数，就业形势越来越严峻，每年毕业季都成为最难就业季。大学从精英教育走向大众教育，大学生也不再是用人市场的“香饽饽”，因此，提早规划好大学生涯和未来职业发展规划就是抢占先机，才能科学地安排好大学的学习生活，在求职时才能争得一席之地。大学期间是职业生涯规划的黄金时期，大学生进行职业生涯规划可以提前确定努力的目标，不断激励自己为实现目标而努力。一是职业生涯规划可以督促学生关注自身，关注能力培养。职业生涯规划会使大学生迅速从大学心态转向职场心态，根据职业生涯规划的相关要求，开始关注自我，认识自身的个性特质，分析自己的兴趣，对自己的优势和劣势进行对比，在学与玩的同时关注个人能力的发展和提高，从而促进个性发展和综合素质提升。二是职业生涯规划可以确定阶段目标，提高学习效率。职业生涯规划能让学生从专业的视角关注未来的工作岗位，关注可能涉及的行业的发展，能够找到专业和岗位的区别，针对具体的岗位，明确未来的奋斗目标；不再盲目悲观，也不再盲目乐观，能够脚踏实地地设计职业规划，认清形势，准确定位，合理安排大学的学习生活。三是职业生涯规划引导学生关注职场，提升求职竞争力。在就业难的大环境下，很多人把求职困难归咎于学校的知名度、家庭背景和专业差别，这些因素固然会有一定的影响，但我们要认清的一个事实是：大学毕业生求职时的竞争主要在同层次院校间或同类专业中展开。未来招生录取政策改革后，这种情况会继续加强。职业生涯规划能够帮助大学生提前确定用人单位的需求，更有针对性地开展学习和实践，提升职业品质，认清就业形势，转变就业观念，从而实现“人—职匹配”，提高就业满意度。对企业来说，他们也更愿意聘用对自己成长有规划的人，这样企业才能够有的放矢地给员工提供成长空间。

三、大学生职业生涯规划常用的工具

职业生涯规划在实践和发展过程中形成了很多经典理论，如美国著名职业指导专家约翰·霍兰德的职业兴趣理论。霍兰德把人格可分为现实型、研究型、艺术型、社会型、企业型和常规型六种，称之为 RIASEC 模型。他认为，人的人格类型、兴趣与职业密切相关，兴趣是人们活动的巨大动力，凡是具有职业兴趣的职业，都可以提高人们的积极性，促使人们积极地、愉快地从事该职业，且职业兴趣与人格之间存在很高的相关性。经过多年研究，他编制的兴趣量表——职业自我探索量表，已在教育、培训、企业管理等领域有了越来越多的应用。他的理论对于个人升学、就业具有重要的指导作用，已成为职业生涯规划的重要工具。

（一）R 现实型

共同特点：愿意使用工具从事操作性工作，动手能力强，做事手脚灵活，动作协调；偏好于具体任务，不善言辞，做事保守，较为谦虚；缺乏社交能力，通常喜欢独立做事。

典型职业：喜欢使用工具、机器，需要基本操作技能的工作；对要求具备机械方面才能、体力或从事与物件、机器、工具、运动器材、植物、动物相关的职业有兴趣，并具备相应能力，如技术型职业（计算机硬件人员、摄影师、制图员、机械装配工）、技能型职业（木匠、厨师、技工、修理工、农民）。

（二）I研究型

共同特点：思想家而非实干家，抽象思维能力强，求知欲强，肯动脑，善思考，不愿动手；喜欢独立的和富有创造性的工作；知识渊博，有学识才能，不善于领导他人；考虑问题理性，做事喜欢精确，喜欢逻辑分析和推理，不断探讨未知的领域。

典型职业：喜欢智力的、抽象的、分析的、独立的定向任务；具备智力或分析才能，并将其用于观察、估测、衡量，形成理论，最终解决问题，如科学研究人员、教师、工程师、电脑编程人员、医生、系统分析员。

（三）A艺术型

共同特点：有创造力，乐于创造新颖、与众不同的成果，渴望表现自己的个性、实现自身的价值；做事理想化，追求完美，不重实际；具有一定的艺术才能和个性；善于表达，怀旧，心态较为复杂。

典型职业：喜欢的工作要求具备艺术修养、创造力、表达能力和直觉，不善于事务性工作，如艺术方面（演员、导演、艺术设计师、雕刻家、建筑师、摄影家、广告制作人）、音乐方面（歌唱家、作曲家、乐队指挥）、文学方面（小说家、诗人、剧作家）。

（四）S社会型

共同特点：喜欢与人交往，不断结交新的朋友，善言谈，愿意教导别人；关心社会问题，渴望发挥自己的社会作用；寻求广泛的人际关系，比较看重社会义务和社会道德。

典型职业：喜欢与人打交道的工作，希望能够不断结交新的朋友；喜欢从事提供信息、启迪、帮助、培训的工具，并具备相应的能力，如教育工作者（教师、教育行政人员）、社会工作者（咨询人员、公关人员）。

（五）E企业型

共同特点：追求权力、权威和物质财富，具有领导才能；喜欢竞争，敢冒风险，有野心、抱负；为人务实，习惯以利益得失、权力、地位、金钱等来衡量做事的价值，做事有较强的目的性。

典型职业：喜欢具备经营、管理、劝服、监督和领导才能，以实现政治、社会及经济目标的工作，并具备相应的能力，如项目经理、销售人员、营销管理人员、政府官员、企业领导、法律。

（六）C常规型

共同特点：尊重权威和规章制度，喜欢按计划办事，细心、有条理，习惯接受他人的指挥和领导，自己不谋求领导职务；喜欢关注实际和细节情况，通常较为谨慎和保守，缺乏创造性，不喜欢冒险和竞争，富有自我牺牲精神。

典型职业：喜欢要求注意细节和精确度，有系统、有条理，根据特定要求或程序组织数据和文字信息的职业，并具备相应的能力，如秘书、会计、图书馆管理员。

霍兰德的理论认为职业兴趣是职业选择中最重要的因素，是一种强大的力量。职业选择是人格的一种表现，某一类型的职业通常会吸引具有相同人格特质的人，这种人格特质反映在职业上，就是职业兴趣。实际上，大多数人都并不只有一种类型。霍兰德认为，这些类型越相似，相容性越强，则一个人在选择职业时所面临的内在冲突和犹豫就会越少。人格特质中显示出的主导类型可以为个人在选择职业和工作环境上提供方向。除霍兰德的类型论外，还有很多职业生涯规划理论衍生出的工具，大学生可以选择其中的一项或几项对自己的职业倾向进行测试，从而更加科学地完成大学的职业生涯规划。

生涯彩虹图是舒伯为了综合阐述生涯发展阶段与角色间的相互影响，而创造性地描绘出的一个多重角色生涯发展的综合图形，如图 3-1 所示。他认为，一个人一生中扮演的许许多多角色就像彩虹一样同时具有许多色带。他将显著角色的概念引入了生涯彩虹图，认为角色除与年龄及社会期望有关外，与个人所投入的时间及情绪的程度也有关联，因此每一阶段都有显著角色。

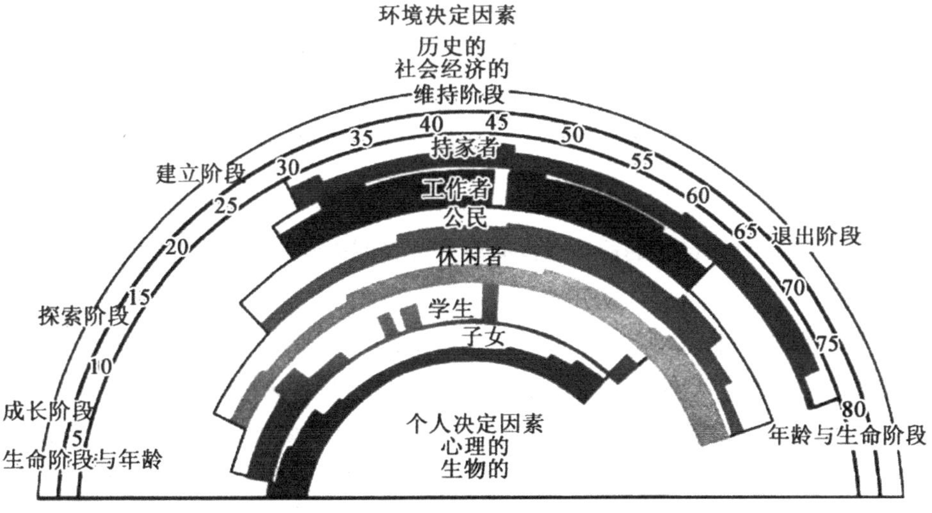

图 3-1 生涯彩虹图

图 3-1 形象地展现了生涯发展的时空关系，更好地诠释了生涯的定义。在生涯彩虹图中，纵向层面代表的是纵贯上下的生活空间，是由一组职位和角色所组成的，分为子女、学生、休闲者、公民、工作者、持家者 6 种不同的角色，他们交互影响交织成个人独特的生涯类型。他认为，个人在发展历程中，会随年龄的增长而扮演不同的角色。图 3-1 的外圈为主要发展阶段，内圈阴暗部分的范围、长短不一，表示在该年龄阶段各种角色的分量；在同一年龄阶段可能同时扮演数种角色，因此彼此会有所重叠，但其所占分量则会有不同。在生涯彩虹图中，横向层面代表的是横跨一生的生活广度。彩虹的外层显示人生主要的发展阶段和大致估算的年龄：成长阶段（约相当于儿童期）、探索阶段（约相当于青春期）、建立阶段（约相当于成人前期）、维持阶段（约相当于中年期）以及退出阶段（约相当于老年期）。在这五个主要的人生发展阶段内，各个时期的年龄划分有相当大的弹

性，应依据个体的不同情况而定。

舒伯认为人在一生当中必须扮演9种主要角色，依次是：儿童、学生、休闲者、公民、工作者、夫妻、家长、父母和退休者。各种角色之间是相互作用的，一个角色的成功，特别是早期的角色如果发展得比较好，将会为其他角色提供良好的关系基础。但是，在一个角色上投入过多的精力，而没有平衡协调各角色的关系，则会导致其他角色的失败。大学生正处于人生的探索阶段和建立阶段，职业生涯规划将对一生产生积极的影响，所以，大学生要对自己未来的各阶段进行调配，做出各种角色的计划和安排，使自己成为自己的生涯设计师。

第三节　职业生涯规划的基本形态及成功法则

一、职业生涯规划的基本形态

日本职业生涯专家高桥宪行将职业生涯形态分为超级巨星型、卓越精英型、劳碌型、中兴二代型、暴起暴落型等18种①。我国台湾学者洪凤仪将职业生涯形态分为步步高升型、得天独厚型等7种②。根据个人进入职业生涯时的起点、退出职业生涯时的成就水平，以及在职业生涯发展过程中的重大转折点，我们认为可以将职业生涯形态分为以下6种。

（一）少年得志型

少年得志型的人对于自己的职业并没有花太多时间去尝试，而是因为家庭关系很早就确定了职业方向。

例如，张宇高中毕业后父母就送他到法国留学，之后又到美国攻读工商管理硕士。他的法语、英语都很好，并具备企业管理知识。工商管理硕士还没毕业，他就在美国实习、工作，以丰富自己的工作经验。在30岁那年，他回国掌管家族企业。在公司里他先从基层做起，只花了1年时间就升到部门经理。张宇是个青年才俊，不到35岁就是公司的总经理了。

（二）逐步上升型

逐步上升型的人在职业生涯发展过程中，认真经营，一步一个脚印地发展。

例如，王强在一家颇具规模的家电公司工作，他从家电业务员做起，由于业绩良好，又能吃苦且服务周到，客户都非常欣赏他。后来，公司派他去南方开拓市场，他业绩突出。几年后，他被提升到总公司担任业务经理、业务副总经理。

（三）大器晚成型

大器晚成型的人在职业生涯发展前期没有取得什么特别的成就，但能在某一领域辛勤

---

① 罗双平．职业生涯规划的含义及其形态［J］．中国青年研究，2003（8）：5-6，

② 洪凤仪．一生的职业规划［M］．广州：南方日报出版社，2002.

耕耘、厚积薄发，在职业生涯发展后期取得了较大成就。

例如，相传姜尚的先世为贵族，在舜时为官，因功被封于吕（今河南南阳）。后来家道中落，至姜尚时已沦为贫民。为维持生计，姜尚年轻时曾在商都朝歌（今河南淇县）宰牛卖肉，又到孟津卖酒。他虽贫寒，但胸怀大志，刻苦学习，始终孜孜不倦地研究、探讨治国兴邦之道，以期有朝一日能够大展宏图，为国效力。直到遇见西伯侯姬昌，被拜为“太师”（武官名），尊称太公望。他辅佐姬昌建立霸业，后来周武王即位后，尊他为“师尚父”，成为周国军事统帅。

（四）大起大落型

大起大落型的人在职业生涯发展中，因多次变换职业或遭受重大挫折，而使职业生涯发展表现出较大的波动性。

例如，5 年前，王霞被看好会升为财务经理，但公司内某些人对王霞所负责的财务工作不满意，王霞气得想要离职。后来，王霞主动请调到分公司工作。几年后，当初对她工作不满意的人有的离职、有的退休。总公司为了发挥王霞的财务专长，再度把她调回，并升她为财务总监。

（五）因故中断型

因故中断型人的职业生涯因为受某些因素的影响而停顿，处于停滞或已退状态。

例如，赵红在广告公司上班，她的丈夫是一名医生，晚上常常值班。如果赵红忙于工作，家中的事情就没有人料理，小孩没有人照顾，无奈之下，她辞掉喜爱的工作。结婚 15 年，她的职业生涯也中断了 15 年。目前，赵红的生活重心在家庭与丈夫的事业上，虽然有些遗憾，但看到孩子的成长与丈夫的成就，她也颇为满足和骄傲。

（六）一生平庸型

一生平庸型的人在职业生涯发展中，职位没有得到很大提升，一直从事基层职位的工作。

例如，佳玲大学毕业后，进入高校从事行政管理工作，面对激烈的职场竞争，她觉得为了晋升而透支自己的身体不值得，而且她认为自己应该将重心放在家庭和健康上。在职业生涯发展中，佳玲虽然没有取得很大成就，但生活幸福感很高。

二、职业生涯规划的成功法则

（一）匹配法则

匹配法则是指人的特质要尽量与职位所需的特质相匹配。匹配法则主要包括人—职匹配和人—组织匹配两个方面，其本质是个人与行业、职业、组织的匹配。匹配的原则是“人适其岗”与“岗得其人”，根据个体不同的素质，将不同的人安排在各自最适合的岗位上，从而做到人尽其才。所以，这里的匹配是双重匹配关系。一是岗位要求与个人知识、技能、能力相匹配。只有任职者具备多于岗位要求的素质并达到规定的水平，才能更好地胜任岗位，获得最大绩效。二是工作供给与个人职业期待相匹配。众所周知，企业与个人是一个利益共同体，企业是个人职业生涯的舞台，要为岗位挑选合适的人，同时提供条件满足个人内在的职业需求，只有个人的职业幸福感提升，人才的作用得到最大发挥，公司才会得到相应的回报，企业和个人才能实现真正的双赢。

（二）命运法则

“命运”一词在《现代汉语词典》（第7版）中的解释是“生死、贫富和一切遭遇”。命与运是两个不同的概念，其中“命”是指先天所赋予的，如出生的家庭、地域、种族、性别等；“运”是指具有获得性、未知性，可以改变的东西，如观念、知识、能力、个人努力等。职业生涯发展的命运法则就是基于对个人职业生涯的认知与探索，扬长避短，通过后天的勤奋和努力，在职业生涯中实现成功。

（三）取舍法则

取舍法则，简而言之就是为了得到某些东西而放弃其他东西。有这样一则寓言：一头毛驴要吃草，毛驴的左右两边各放一堆青草，先吃哪一堆呢？毛驴在犹豫不决中饿死了。其实在职业生涯的各个阶段，都面临着种种选择，都有一个机会成本是大还是小的问题，不同的选择会有不同的职业生涯，也会造就不同的人生。在进行选择时，只有学会放弃，才能使自己更理智，不患得患失。当需要放弃时，就果断地放弃，放得下，才能走得远。我们应该明白：有小失，才能有大得；有局部之失，才能有整体之得。

此外，职业生涯规划的原则还包括利益整合原则、协作进行原则、时间梯度原则、发展创新原则等。无论是哪种原则，我们在思考和制订自己的职业生涯规划时都需要注意以下几点。

（1）我们确立的目标应该是明确的，各阶段的发展目标和总目标应该是一致的。

（2）计划是可行的，预设的目标和实现的路径具有弹性，可依据环境和条件的变化进行调整。

（3）职业发展目标符合自己的性格、兴趣和特长，能够对自己产生内在的激励作用。

（4）个人发展目标与组织目标具有一致性和协同性，个人与他人的发展具有合作性和协调性。

（5）职业发展目标的实现路径应该是清晰的，拟定职业生涯规划时必须考虑职业生涯发展的整个历程。

（6）职业生涯规划的制订应该有一定的阶段性的目标要求和标准，可测评、可检查，自己能随时掌握规划的执行情况，并实时调整行动方案。

第四节　如何进行职业生涯规划

职业生涯规划应包括自我评估和环境评估、职业选择、明确目标、行动计划与措施、职业生涯规划评估五个步骤。这些步骤为制订职业生涯规划提供了基本思路。它与前面所说的要素既有联系又有区别。要素强调的是内容方面的构成要点，步骤强调的是做事的思路和执行的顺序，做事时每一步都会涉及要素，要素是贯穿始终的。

一、自我评估和环境评估

一个有效的职业生涯规划，必须在充分认识自我和相关环境的条件下进行，对自我及环境了解得越透彻，职业生涯规划就会越切合实际。每个人都需要认识自己并进行自我评估，自我评估的内容包括自己的性格、兴趣、特长、学识、技能、智商、情商、思维方式、价值观、道德水准以及个人在社会中的位置等。性格与岗位的匹配，解决的是岗位与个人是否适合的问题；兴趣与岗位的匹配，解决的是岗位积极性问题；特长（特殊能力）与岗位的匹配，解决的是一个人能否成为优秀人才的问题。具体可从以下四个方面入手。

（一）优势分析

首先，分析曾经做过什么，即个人已有的人生经历和体验，如在学校期间曾经担任的职务、曾经参与或组织的实践活动、获得过的荣誉等。在自我分析时，要善于利用过去的经验推断未来的工作方向与机会。其次，分析学习了什么，从学习的课程中获得了什么。专业知识或许在未来的工作中并不起太大的作用，但在一定程度上决定了职业方向。最后，分析过去最成功的是什么。过去可能做过很多职业，但最成功的是什么；为何成功，是偶然还是必然？通过分析，会发现自我性格优越的一面，比如坚强、果断等。也可以依据希波克拉底的气质类型理论，通过《气质类型测量表》大致确定自己的气质模型、性格特点，以便进行较为客观的自我评估。

（二）劣势分析

首先，分析性格弱点。一个独立性强的人可能会很难与他人默契合作，而一个优柔寡断的人很难担当管理者的重任。其次，分析经验或经历中所欠缺的方面。也许曾经多次失败，就是找不到成功的捷径；也许对某项工作从未接触过，这都说明经历的欠缺。欠缺并不可怕，怕的是自己还没有认识到，一味地不懂装懂。

（三）环境分析

首先，是对社会大环境的认识与分析，如当前社会政治、经济发展趋势；社会上较热的情况；自己所选择职业在当前与未来社会中的地位；社会发展趋势对自己职业的影响。其次，是对自己所选企业外部环境的分析，如所从事行业的发展状况及前景、在本行业中的地位与发展趋势、所面对的市场状况等。

（四）人际关系分析

个人从业过程中将与哪些人交往，其中哪些人将对自身发展起重要作用；是何种作用，这种作用会持续多久；如何与他们保持联系，哪种联系方式最可靠；工作中会遇到什么样的同事或竞争者，如何相处、对待。面对这么多需要解决的问题，除了自我探索，找老师、家长、朋友帮助分析外，还可以找专业的人才测评和职业咨询机构进行咨询。后者是未来的发展趋势，因为他们掌握的情况较全面，理念新颖独特，经验丰富，对求助者的帮助更直接、更具建设性。

只有正确地认识自我，才可能对自己未来的职业发展做出正确的分析和选择，确定适合自己的职业路径。自我评估的结论是职业选择的重要依据，因此，学校应当采用一切可能、可行的办法，帮助学生认识到自我评估的重要性，掌握自我评估的方法，并提供评估测量手段有效地引导学生进行自我评估。同时，环境评估一般不是在校生所能胜任的，学校的就业指导部门应当定期向学生发布最新的评估信息，以帮助学生完善职业生涯规划。

二、职业选择

职业选择的正确与否，直接关系到事业的成败。据统计，在选错职业的人当中，有80%的人是事业上的失败者。在职业确定后，还要选择发展方向，主要考虑向行政管理方向发展还是向专业技术方向发展；或是先走技术路线，再转向行政管理路线。选择的方向不同，对职业发展的要求也不相同。因此，在职业生涯规划中，须对此作出抉择，以便更好地为明天做准备，并有计划地沿着职业生涯规划设计好的道路前进。职业选择过程中应当有正确的思路，这种思路至少应考虑以下四点：性格与职业的匹配，兴趣与职业的匹配，特长与职业的匹配，内外环境与职业的匹配。下列规律有助于协调地做好这四个匹配。

（一）三大砝码

“理想职业、高薪高福利职业、现实需求”是择业的三大砝码，其指出了选择职业的三个主要考虑点。正确处理好这三者之间的关系，有利于锻炼自己，充分发挥自身的潜能。一般而言，初入职场，应选择与自己职业方向一致，有利于实现自己近期或中期职业目标的工作。那种单纯以追求更高职务和更多薪水为目的的选择，只能是短期目标，短期目标容易产生短期行为，产生职业泡沫。要相信从事符合自己能力和兴趣，同时社会也需要的职业是最能使自己成长、进步的职业，也是最容易使自己获得成功的职业。因此，在不同的职业生涯期应有不同的择业侧重点，亦即这三大砝码孰轻孰重是动态变化的，是由职业发展主流决定的。

（二）以小见大

善于从小事、从最具体的职业岗位做起。只要这种小事、具体事与自己的最终职业目标一致，有利于个人职业目标的实现，都可以作为自己最初的职业岗位。就具体工作而言，任何人做的事没有大事和小事之分，之所以最后的结果不同，是因为做大事的人所做的每一件小事和所确定的目标都密切相关。上千件小事的完成便意味着目标的达成，而成不了大事的人所做的上千件小事之间是没有关联的、无序的，最后即使完成了上千件小事，也是一事无成。一个人的职业生涯规划就是由若干小事（行为）所组成的大事，立足于小事，才能成就大事。从最基础的小事做起，既可以锻炼能力，又能积累宝贵的经验，是实现长远目标的良好开端。

三、明确目标

职业生涯目标的设定，是职业生涯规划的核心。一个人事业的成败，很大程度上取决于有无正确、适当的目标。目标的设定是在选择职业生涯路径后对人生目标进行抉择，抉择要以自己的最佳才能、最优性格、最大兴趣以及最有利的环境等信息为根据。职业目标分为短期目标和长期目标，长期目标一般是以后职业规划的顶点或较高点，也就是梦想，但梦想不能虚，要细化到具体岗位，如五年后进 IBM 等大公司成为部门经理以上职位的白领；短期目标一般应侧重素质能力的提高，如获取有用证书或通过水平考试等。大学生应该以短期目标为主。大学生在做职业目标选择时，应该考虑以下两个方面的问题。

（1）目标的选择应该是实际可行的，也就是通过自己的努力能够达到的。

（2）目标设立应立足于环境现状并高于个体现状（个人要通过努力才能达到）。

确立目标是制订职业生涯规划的关键，也是职业生涯规划中最重要的一环。有效的职业生涯设计需要切实可行的目标，以便排除不必要的犹豫和干扰，全身心致力于目标的实现。

四、行动计划与措施

所谓行动，指的是落实目标的具体措施。在职业生涯目标确定后，行动便成了关键的策略。行之有效的职业生涯规划需要有切实可行的策略，具体的、可行性较强的行动方案会帮助学生一步步走向成功，进而实现目标。21 世纪对人才提出了更高的要求，要求大学生既能很好适应社会需求，又能充分体现个人特点；既能满足专业要求，又有良好的个人修养；既能发挥群体优势，又能展现个人专长。因此，大学生的行动计划与措施主要包括知识、能力、素质等方面的培养。

行动计划的要点是：为达到目标，在专业学习方面如何完成自己的学业；学习哪些知识，掌握哪些技能，提高哪些实际操作能力；在工作方面，应采取哪些措施来提高工作效率，预计提高多少；在潜能开发方面，通过哪些措施提高自己的决策能力、心理调适能力、社交能力、创造能力等。这些都要有相应的表格进行跟踪，以便定期进行检查和纠偏。

五、职业生涯规划评估

实践是检验真理的唯一标准，对职业生涯规划进行评估也需要我们通过亲身经验来进行。由于在实施职业生涯规划的过程当中，无论是外部环境中的社会环境、行业环境，还是个人因素中的兴趣、价值观等都会产生变化，有许多变化是我们无法事先预测和设想的，因此，我们要对自身的职业生涯规划不断进行评估与调整。通过修订职业生涯规划目标，来确保职业生涯规划的可行性，从而实现职业生涯设定的目标。

职业生涯规划评估是用一套客观的方法或措施去检测一个人在职业生涯中的发展状况和行为表现等。这就需要在实践过程当中，根据主客观情况的变化来进行评估与修订，并且要运用科学系统的评估方法来认识自我的发展状况。职业生涯规划评估一般围绕以下四点进行。

（一）职业生涯规划评估的内容

1. 对职业生涯规划目标的评估

对职业生涯规划目标的评估也就是我们要思考是否需要更改我们的职业生涯规划目标。如果一直无法找到和自己目标职业相关的实践实习活动，没能获得所希望的学习和工作机会，或在实践过程当中发现自身一直无法适应或胜任该职业，不仅不能得到相应的发展，反而会导致自身的压抑与痛苦，此时就应该考虑更换或调整我们所设定的职业生涯规划目标，以使其更符合自身成长发展的规律。

2. 对职业生涯规划前景的评估

对职业生涯规划前景的评估指我们要思考是否需要调整自身职业发展的方向。当原先规划的职业方向的前景随着社会环境的变化而变得不太明朗时，或是我们在实践过程中找到了更适合自己发展的职业发展方向时，就应当考虑是否应该对我们的职业发展方向进行调整。

3. 对职业生涯规划实施方法的评估

对职业生涯规划实施方法的评估指我们要思考是否需要改变我们达成目标的行动方法。如果发现自己的目标达成方法在实施过程中有难度，或阶段目标设置不合理，或现实中客观因素的变化导致不得不修改职业方向时，就需要相应地修改我们的职业生涯规划实施方法。

4. 对其他因素的评估

对其他因素的评估指我们需要对诸如家庭情况、身体健康状况、意外突发事件因素做出及时的评估。如果发现家庭需要我们投入更多的精力去经营照顾，就要在家庭和工作之间做出权衡；如果身体健康状况不太好，我们就不得不降低自己的职业目标和要求。

（二）职业生涯规划评估的作用

职业生涯的发展不可能是一帆风顺的，规划也不是万能的，在实践过程中，必然存在各种问题或不适应。职业生涯规划评估与实践是相辅相成的，在实践时产生的问题能够帮助我们更好地评估与修改职业生涯规划，而评估与修改职业生涯规划能够帮助我们更好地规避更多问题的产生。

1. 能够让我们更加全面地认识自我

评估是一个不断深化自我认识的过程，它能使大学生在自己动态的成长过程当中正确而全面地认识自己。随着大学生心智的不断成熟和阅历的丰富，以及兴趣、价值观的变化，原本的自我认识已经滞后，进行职业生涯规划评估能让大学生进一步认识自己。同时，大学生在评估的过程中能够更加清楚地看到自身的优势与劣势，对自己认知的丰富能不断激发自身的潜能。因此，我们要及时在各个阶段对自己进行职业生涯规划评估，明确自己在不同阶段的发展方向和目标，明确自身所需要进一步加强的知识、技能，从而激发自身潜力，促使个人不断成长，提高个人职业生涯成功的概率。

2. 能够抓住职业生涯发展中的重点

由于职业生涯规划评估是一个全方位的评估，不仅是对自身进行评估，还要对整个职业生涯发展过程中的方方面面进行分析，因此它能够帮助大学生科学客观地分析职业生涯中出现的问题和困惑，让大学生在职业生涯发展的各个阶段趋利避害，找到每个阶段应该完成的重点任务，激发工作潜力与动力，促使大学生有顺序、有条理地实现规划目标，以最佳的状态来完成职业生涯，并更上一层楼。

3. 能够调整职业发展的方向与目标

在实践活动中对自身职业生涯规划进行评估，能使大学生更深刻了解和认识自己。在开始制订职业生涯规划时，就要对自己有充分的认识。然而一切事物都是发展变化的，应该通过自我评估来不断地认识动态变化的自己，完善对自己的认知，从而对职业生涯的方向与目标进行相应的调整。这样，才能做出最适合自己的职业生涯规划，为自己职业生涯的成功奠定基础。

4. 有助于落实职业生涯发展过程中的具体措施

制订了职业生涯发展规划后，还需要采取具体的措施去实现职业生涯规划的目标。

（三）职业生涯规划评估的方法

要对职业生涯规划进行客观理性的评估，就需要运用科学的评估方法。不管是自我评估、他人评估还是过程与结果评估、内外部评估，其评估的要点都是为了判断自己与现实环境、职业目标的兼容性，并找出其中的差距，以提高评估的准确性。管理学中有一个著名的木桶理论，又称为短板效应，指的是一个木桶的容量大小，不在于最长的那块木板的长度，而取决于最短的那块木板的长度。这启发了我们在进行职业生涯规划评估时，需要找准突破方向，评估出自己最弱的环节，从而找准自身与现实的差距，只有这样才能更有针对性地进行调整与修改。常见的职业生涯规划评估方法有对比反思法、交流反馈法和分析总结法。

1. 对比反思法

对比反思法指在规划职业生涯的过程中，要善于思考和向他人学习。每个人都有自己的职业生涯规划方法，要学会对他人的职业生涯规划进行分析，汲取有用的方法，再对自己的职业生涯规划进行反思，看是否有他人在做职业生涯规划时出现的问题，有则改之，这样有助于评估和修改自己的职业生涯规划。在职业生涯规划开展的过程中，也需要对自身职业生涯规划进行不断的反思，比如，职业生涯规划中的某些计划按时完成了没有？通过实践活动有没有收获？与预期效果的差距是什么？为什么会产生这些差距？这些都是需要我们不断思考的问题，然后，再根据回答和客观事实对自身职业生涯规划进行调整与修改。

2. 交流反馈法

交流反馈法又称为360度反馈方法，其是由英特尔企业率先提出并实施的。在这套评估法中，评估者包括所有与被评估者有密切接触的人，也就是说，评估者的上司、同事、下属、客户和自己都需要参与到整个评估中来，被评估者通过评估者对自己职业生涯的评估反馈意见来对自己的职业生涯规划进行修改。作为大学生，交流反馈法的评估者应该包括学校、老师、同学、朋友和自己，其中，最重要的是同学和朋友之间的评估和自我剖析评估。

（1）同学和朋友的评价。同学和朋友是个人在大学生活中相处时间最长的人，不同的同学和朋友给出的评价各不相同，这有助于我们集思广益，让我们更清楚地发现自身的优势和不足，从而对我们的职业生涯规划加以修正和完善。

（2）自我剖析。自我剖析是对自我进行反思总结，这是充分发挥主观能动性的过程，可以促使自我不断完善。在不断自我剖析中，可对我们的职业生涯规划作出相应的调整。

3. 分析总结法

分析总结法指我们对自己职业生涯规划分类别地进行分析，该方法如表3-1所示。

表3-1　分析职业生涯规划的评估方案

类别	分析问题
1. 分析基准	（1）我的人生价值观是否发生了变化？
	（2）外部环境是否发生了变化？
	（3）我目前遇到的最大问题是什么？
	（4）我在实践过程中发现了自己的哪些不足？
2. 目标和标准	（1）我现在处于职业生涯的哪一个阶段？这一个阶段的特点是什么？
	（2）我先前制定的职业生涯规划目标是否可行？有没有其他更佳的目标出现？
	（3）如何来判断自己是否成功？
3. 生涯策略	（1）我是否需要调整职业生涯规划的实施策略？
	（2）我对相应职业能力的获取和吸收能力如何？
	（3）我在职业目标的角色转变方面有什么问题？
	（4）对我而言，现在还有什么问题是暂时无法解决的？
4. 生涯行动计划	（1）我的目标达成计划是否合理？
	（2）我的目标达成需要哪些人的帮助？
	（3）我在达成目标过程中的最大障碍是什么？
5. 生涯考核	（1）在目前职业生涯规划开展的过程中，我有哪些做得好，哪些做得不够好？
	（2）我现在最欠缺的是什么？是知识水平、技能，还是人脉？
	（3）我应该如何应用我所学到的技能？
	（4）我现在应该立刻去做的是什么？应该停止做什么？

续表

类别	分析问题
6. 生涯修正	(1) 我是否需要创新选择职业方向？
	(2) 我是否需要创新调整职业生涯规划目标的实施线路？
	(3) 我是否需要更换人生目标？
	(4) 我是否有其他需要更正的方面？

对自己进行系统的分析，能够帮助我们深层次地认识和思考自己职业生涯规划的若干问题。只有在分析出问题后，才能进一步地去解决，从而完善我们的职业生涯规划。

（四）评估结果与规划目标存在偏差的原因

在对职业生涯规划进行评估后，我们往往会发现评估的结果与规划的目标之间有一定的差距，这种差距往往是由以下三个方面的原因造成的。

1. 目标设置不合理

有的大学生把自身目标设置得过高或者过低，当目标过高超出自己的能力时，再努力也没有用，反而会伤害自己的自信心；而目标设置过低时，自己不需要太多的努力就能实现，这样的目标是没有价值的，也无法提升自己的能力。

2. 目标实施方案不合理

目标实施方案的不合理，往往会导致目标的无法实现，更甚者会出现南辕北辙的状况。比如，将职业目标设置为要成为高级工程师，可是在目标实施方案中并没有。

3. 目标执行力度不够

在目标设置和实施方案都合理的情况下，却由于自身的执行力度不行，造成评估结果与目标之间的差距。比如，员工按照公司提供的职业发展线路努力工作、稳步提升的话，可以在两年之内晋升，但由于自己的懒散，工作能力没有得到稳步的提升，就达不到晋升的要求。

六、职业生涯规划的修正

在对职业生涯规划各方面进行了评估后，若有必要，我们需要对其进行修正。对职业生涯规划的修正包括对职业生涯规划目标的修正、对职业生涯实施策略的修正和对阶段目标的修正等。但是，这并不意味着我们在每次评估过后都要对目标和方向有改动。“无志者常立志，有志者立长志”，对职业生涯规划进行评估与修正，是为了帮助我们更好地去实现我们职业生涯目标，而不是为了修改而不停地评估，大学生在进行职业生涯规划的评估与修正过程中，切莫本末倒置。

（一）职业生涯规划修正的目的

对职业生涯规划进行修正，通常是为了达到以下四个目的。

1. 清楚自己的优势

在进行职业生涯规划修正的过程中，我们应该清楚自己具备的优势和强项，并对自己所具有的优势充满自信。

2. 了解自己的不足

找到自己的不足之处，对这些不足作出相应的修正或进行完善，了解自己还有哪些方面值得改进，还有哪些方面可以更进一步地提升。

3. 找出重点需要改进的地方

需要重点改进的地方是我们进行职业生涯规划修正的关键部分，只有对需要重点改进的地方有一个正确的认识，才能完善与优化我们的职业生涯规划。

4. 作出具体改进计划

既然找出了职业生涯规划中需要修正的地方，就需要拿出具体的改进方案和措施。这个计划的制订要科学合理，从实际出发，要确保该计划通过一定的努力可以实现，具有可行性。

（二）职业生涯规划修正应考虑的因素

在职业生涯规划修正的过程中，大学生需要结合一定的因素进行考虑。其中，基本因素为外部环境因素和自身实际情况。在这两个因素的基础上，可根据个人需要来结合更多的因素进行考虑。

1. 外部环境因素

外部环境因素包括社会环境、行业环境、职业环境、学校环境和家庭环境。由于外部环境一直处于变化中，我们需要从宏观的角度来认识和把握这些变化。而且，外部环境的变化并非个人能力所能改变的，因此，我们需要使自己努力适应这些变化。

2. 自身实际情况

在做职业生涯规划修正时，要密切联系自身的实际状况，不要脱离现实。不要想当然地给自己定一个很渺茫的目标，要充分联系个人的实践实习经历、学历、家庭背景、兴趣爱好和价值观念等因素。同时，也要求我们对自己有正确的认识，并且要不断地完善自己。需要注意的是，虽然我们的职业生涯受到诸多外部因素的影响，但是内因才是事物变化发展的依据，要想自己的职业生涯取得成功，就需要不断提升个人素质并朝着目标拼命努力。有学者从20世纪美国几百位名人成功的经验中总结出了他们共有的特征，分别是良好的心态、明确的目标、勤于思考、多走路、自律、集体主义、创新精神、平易近人、热情、注意力集中、团队精神、善于总结反思、见多识广、保持身心健康、规划时间与金钱、尊重普遍规律。

大学生可以从现在开始就努力提升个人素质与能力，多参考借鉴他人的优秀品质，要见贤思齐，在自我提升的同时，取得学业与职业生涯的成功。

第四章 大学生职业期待

第一节 就业信息认知

一、组织信息认知

组织，从广义上讲，是由诸多要素按照一定的方式相互联系起来的系统；从狭义上讲，是指人们为实现一定的目标，互相协作结合而成的集体或团体，如党团组织、工会组织、企业组织、军事组织等。本书主要针对企业组织而言。

（一）探索组织的五个维度

维度一：组织文化。企业文化对于员工的招聘、评估、提拔、培训、奖励等都有直接影响，企业文化的好坏决定了企业未来的发展，也直接影响员工自我价值的实现。

维度二：组织性质。企业组织主要分为国企、外企和民营企业三类，组织性质不同，工作环境、薪资水平等都会有较大差异。

维度三：地域差异。沿海地区、东北地区、珠三角地区等各个地域的公司，在自然环境、社会人文环境及区位发展趋势等方面都有所不同。

维度四：组织规模。大型企业、中小型企业及微型企业，在组织结构、管理模式、企业文化等方面都有各自的优势和劣势。

维度五：发展类型。对于求职者来说，侧重了解组织发展在结构与人文上的偏好，考虑企业是否符合自己的职业兴趣倾向是至关重要的。

（二）组织的信息

一般情况下，组织会通过门户网站介绍自己的概况、组织架构、企业文化、行业地位、竞争情况等信息。但是，还有一些其他重要的组织信息，如核心岗位、校招职位、薪酬福利水平、职业发展等，不一定能够通过网站查询得到，这就需要求职者通过其他途径获得。

（三）收集组织信息的渠道

1. 公司网站

公司网站是企业对外宣传的窗口，求职者可以在公司网站查到最权威、最真实的信息。在搜索公司网站时，要谨防虚假冒名网站，不要通过第三方网站随意点击公司的网址链接。

2. 权威期刊

为扩大组织影响力和发布招聘信息，一些公司会在期刊上刊登组织信息。建议大家在收集组织信息时，将权威期刊作为重点。

3. 管理咨询公司

例如，通过人才服务机构、人才市场、猎头公司等，了解你想了解的组织信息。

4. 相关人士访谈

这里的相关人士是指行业人力资源部门的人士，他们对行业发展趋势、员工培训管理、职业发展通道、福利待遇等有专业的认识，通过访谈可以得到比较中肯的建议。需要注意的是，在访谈前一定要做好访谈提纲。

5. 师兄师姐

师兄师姐在专业领域有独到见地，通过师兄师姐，既可以得到理想组织的信息，又可以避免走很多弯路。

6. 就业老师

在日常的就业工作中，就业老师对组织的认识水平较高。通过咨询就业老师既可以了解相关组织信息，又可以得到一些个性化的专业辅导。

7. 实习

通过最真实的亲身体验去感受和认知组织。

此外，常用的获取信息的方式还有亲戚朋友介绍、网络平台等。

二、职业目标

（一）职业目标的含义

职业目标是指个人在选定的职业领域内，在未来时点所要实现的具体目标，包括短期目标、中期目标、长期目标和人生目标。职业目标的确定包括人生目标、长期目标、中期目标与短期目标的确定，它们分别与人生规划、长期规划、中期规划和短期规划相对应。一般来说，我们首先要根据个人的专业、性格、气质、价值观及社会发展趋势来确定自己的人生目标和长期目标；然后把人生目标和长期目标进行分解，根据个人经历和所处的组织环境制定相应的中期目标和短期目标。

1. 人生规划

人生规划是指时间长至 40 年左右的规划，主要设定整个人生的发展目标。例如，规划成为一个有数亿资产公司的董事长。

2. 长期规划

长期规划是指 5~10 年的规划，主要设定较长远的目标。例如，规划 30 岁时成为一家中型公司的部门经理；规划 40 岁时成为一家大型公司的副总经理等。

3. 中期规划

中期规划是指 2~5 年的规划，主要设定中期的目标。例如，规划到不同的业务部门做经理；规划从大型公司的部门经理到小公司做总经理等。

4. 短期规划

短期规划是指 2 年以内的规划，主要设定短期目标。例如，设定自己 2 年内掌握哪些业务知识等。

在确定以上各种类型的职业目标后，就要制订相应的行动方案来实现它们，把目标转化成具体的方案和措施。这一过程比较重要的行动方案有职业生涯发展路线的选择、职业的选择和相应的教育和培训计划的制订。

（二）职业目标对专业技能的要求

专业技能是指依据专业培养目标，通过一定的实践训练，使学习者熟练掌握专门技术及运用能力。例如，教师需要具备语言表达、板书书写、信息处理、标准普通话、扎实的“三笔（钢笔、粉笔、毛笔）一画”基本功、应用现代教学媒体等技能；公务人员需要具备语言表达、组织管理、公文书写、计算机应用等技能；IT 人员需要具备编程、网络维护、动漫设计等技能。专业技能的培养建立在个体主动学习的基础上，主要有以下几种方式。

1. 课内学习

课内学习为大学生学习专业知识、培养专业技能创造了良好的学习环境和条件。大学生要充分利用学校的各种优质资源和条件，积极学习专业知识，培养专业技能，为将来择业和职业生涯发展奠定坚实的基础。

（1）主动参与课堂教学。大学生在校期间的主要学习形式是课堂教学。大学生要积极主动地参与课堂上的各种讨论，表达自己的思想和观点、认真完成各种形式的练习，在情景模拟和实践中夯实知识、提高技能，并养成自觉、良好的学习习惯，不断提升专业能力。

（2）广泛参加“第二课堂”。“第二课堂”是指课堂教学之外各种形式的学习或实践活动。“第二课堂”的开辟，对大学生择业就业起到了强有力的助推作用。大学生应该积极参与学校开展的形式丰富的“第二课堂”，如学术研讨会、读书分享会、英语演讲比赛、诗歌朗诵、志愿者服务等，在课外学习和实践活动中，锻炼自己的自主性、独立性和创新性，并有意识地根据职业规划目标及职业发展方向培养和锻炼自己各方面的能力。

2. 课外培养

知识的巩固和运用以及技能的培养，都离不开积极的实践。大学生应该在实践过程中去寻求新的知识、习得新的技能。大学生可以通过以下课外途径培养自己的技能。

（1）争取实习机会。充分利用各种实习机会，选择与职业发展目标和方向相适应的岗位进行实习。

（2）积极参加各种社会实践活动，如专业技能大赛等。

（3）参加课外职业技能培训。

（三）职业目标对通用技能的要求

一个人在职场中要获得成功，不仅在于他的专业技能，还在于他所具有的通用技能。良好的通用技能是个人事业成功的基础。

通用技能是人们除岗位专业技能之外的基本能力，是个人最能持续运用和最能依靠的技能。通用技能适用于各种职业，适应职位的不断变换，其是伴随人终生的可持续发展能力。它包括以下 10 项技能：自我管理能力、学习和适应能力、解决问题能力、创新能力、团队工作能力、语言表达能力、信息处理能力、人际交往能力、系统化工作能力、自我规划能力。表 4-1 为五大类能力的名称及描述。

表 4-1　五大类能力的名称及描述

序号	五大类能力	名称	描述
1	理解与交流能力	理解性阅读	理解工作文件中的句子和段落
		积极聆听	理解对方讲话的要点，并能适当地提出问题
		有效的口头沟通	交谈中有效地传递信息
		积极学习	理解信息中的启示，用于解决问题，帮助作出决定
		学习方法	在训练和指导工作时选择方法与程序
		理解他人	关注并理解他人的反应
		服务他人	积极地寻找方法来帮助他人
2	科学思维能力	针对性写作	根据读者需求有效地传递信息
		数学解法	用数学方法来解决问题
		科学分析	用科学原理和方法来解决问题
		批判性思维	运用逻辑推理来判定问题的建议、结论和方法的优缺点
3	管理能力	绩效监督	监督和评估自己、他人或组织的绩效，以采取改进行动
		协调安排	根据他人的需要调整工作安排
		说服他人	说服他人改变想法或行为
		谈判技能	与他人沟通并达成一致
		指导他人	指导他人怎样去做一件事
		解决复杂的问题	识别复杂问题并查阅信息，以发现和评估解决方案
		判断和决策	考虑各方案的成本和收益，确定最合适的方案
		时间管理	管理自己和他人的时间
		财务管理	决定怎样花钱以完成工作，并为这些开支记账核算
		物资管理	如何按照工作的特定需要获得设备、厂房和材料，以及监督其合理使用
		人力资源管理	在工作中激发潜能和指导人们的工作，寻找适合各项工作的人

续表

序号	五大类能力	名称	描述
4	应用分析能力	新产品构思	分析需求和生产的可能性以及开发出新产品
		技术设计	按要求设计和修改设备与技术
		设备选择	决定使用哪一种设备来做一项工作
		质量控制分析	对产品、服务或工作程序进行测试和检查，以评价其质量和绩效
		操作监控	监视仪表、控制器和其他指示器，以保证机器的正常运行
		操作和控制	控制设备和系统的运行
		设备维护	对设备进行日常维护并决定什么时候进行何种维护
		疑难排解	判断操作错误的原因并决定纠错对策
		系统分析	判定变化对一个系统运行结果的影响
		系统评估	识别系统绩效的评估方法或指标，根据系统目标制定措施来改进系统表现
5	动手能力	安装能力	按照特定要求来安装机器、设备、管线或程序
		计算机编程	为各种目的编写计算机程序
		维修机器和系统	使用必要的工具来修理机器和系统

（四）职业目标对个人素质的要求

个人素质的内涵很广，包括学习能力、总结能力、学识经验、进取精神、社交能力、责任心、自我控制、成就动机、灵活性、创造性潜力、管理潜力、工作态度、诚实水平等。个人应根据自身特点发挥自己的特长，要有真才实学，有职业操守；要真诚、敬业，有团队合作意识、良好的沟通能力和亲和力；要善于学习，有积极主动地解决困难的态度和能力；要有良好的组织能力和协调能力等。

我们在选择职业时，一方面，需要根据社会需要、个人意愿和能力等选择适合自己发展的职业或工作岗位；另一方面，职业或工作岗位也对求职者进行选择，不同的职业对求职者的知识、能力、性格等心理品质也有不同的要求。

下面是部分常见的职业类型，现将其相关素质要求介绍如下。

1. 教师

（1）具有思想品德修养，忠诚于人民的教育事业。

（2）遵守宪法、法律和职业道德，为人师表。

（3）关心爱护全体学生，尊重学生，促进学生的全面发展。

（4）具有较强的组织管理和协调能力。

（5）具有相应的学科专业知识。

（6）具有合格的教育教学能力。

2. 商业经营人员

（1）信息处理能力：善于处理市场信息，辨别其价值，并能及时作出反馈。

（2）情绪表达能力：对周围世界的感受比较灵敏，善于表达自己的意向。

（3）文字表达能力：涉及经济合同等经济文书，考虑周到，用词准确。

（4）组织管理能力：对进、销、储、运业务活动组织协调得当。

（5）果断决策能力：能够及时对经营作出正确的抉择。

（6）改革挑战能力：不满足于现状，勇于开拓新领域。

3. 自然科学研究人员

（1）喜欢独立思考。

（2）数学能力较强，推理能力突出。

（3）好奇心、进取心强。

（4）抽象思维能力和判断能力强。

（5）坚持真理，尊重事实。

（6）具有丰富的想象力和直觉敏感性。

（7）具有坚韧不拔的精神。

（8）善于收集信息和发现问题。

（9）具有强烈的自我意识和自我情结。

（10）独创性强。

4. 社会科学研究人员

（1）性格外向，善于处理自己与他人的关系。

（2）能够有效地观察事实，观察力和预测力很强。

（3）独立自主，不满足于现状，也不因遭受打击与经受挫折而沮丧。

（4）对生活总是感到新奇，有执着的追求。

（5）以问题为中心，而不以自我为中心。

（6）对各种各样的人都一视同仁。

（7）具有较强的社会责任感和奉献精神。

（8）富有创造性。

5. 工程技术人员

（1）具有扎实的专业知识和较宽的知识面。

（2）不满足于现状，具有较强的创造革新能力。

（3）在试验操作、模型制造、解决操作难题等方面的实践能力强。

（4）具有较强的组织能力，能够保证技术的攻关和实施。

（5）求知欲旺盛，不断学习新知识、新技术。

（6）对科技的发展和应用具有敏锐的洞察力和预测能力。

（7）具有严肃认真、实事求是的工作态度。

6. 广告策划与设计人员

（1）具有较强的创造力，能够别出心裁。

（2）具有丰富的知识，对复杂事物具有鉴别、识别的能力。

（3）具有战略眼光和预见能力。

（4）法治观念强，不发布虚假广告。

（5）诚实守信，具有较强的人际交往能力。

（6）具有全局观念和开拓新领域的能力。

（7）具有较强的想象力和绘画能力。

7. 推销与采购人员

（1）独立性和自我管理能力较强。

（2）善于捕捉信息，灵活应变。

（3）时间观念强。

（4）善解人意，劝说能力强。

（5）诚实、守信。

（6）性格外向，人际交往能力强。

（7）口头表达能力和洞察能力较强。

8. 企业管理人员

（1）愿与他人一起工作，富有合作精神。

（2）具有决策能力，能够依据事实而非依据想象进行决策。

（3）具有组织能力，能够发挥部署的才能，善于组织人力、物力和财力。

（4）精于授权，能够抓大放小，自己抓大事，把小事分给部属。

（5）善于应变，不墨守成规，积极进取。

（6）勇于负责，对上级、下级、用户及社会抱有高度的责任心。

（7）勇于求新，对新事物、新环境、新观念有敏锐的感知。

（8）能够承担风险和责任，具有改变企业面貌、创造新局面的雄心和信心。

（9）尊重他人，重视和采纳他人意见，不狂妄武断。

（10）品行端正，为社会、企业员工所信任。

9. 编辑

（1）具有扎实的专业知识和宽广的知识面。

（2）具有较强的社会活动能力和人际交往能力。

（3）具有较强的鉴别能力和对信息的快速反应及筛选能力。

（4）责任感强。

（5）具有较强的文字水平。

（6）具有较强的学术价值观念和经济效益观念。

10. 金融财会人员

（1）廉洁奉公，有正义感，坚持原则，能够抵制各种诱惑。

（2）责任心强，时间观念强，工作严谨细致。

（3）具有较强的数字反应能力和汇总规划能力。

（4）具有扎实的专业知识和宽广的知识面（如经营、制造、推销、采购等）。

（5）具有较强的理解、分析、综合、判断和推理能力。

11. 律师

（1）具有坚持真理、坚持原则、不畏权势的人格品质。

（2）具备扎实的法律学、心理学、社会学、经济学、逻辑学等方面的知识。

（3）具有较强的理解国家有关法律条文的能力及准确的判断能力。

（4）具有较强的文字表达能力和语言表达能力。

（5）具有较强的稳定性和自我控制能力。

（6）具有敏锐的观察力和较强的抽象思维能力。

12. 外贸工作人员

（1）保守国家机密，维护国家利益，责任心强。

（2）反应灵敏，待人热情，具有较强的社会交往能力和涉外能力。

（3）外语水平高，语言表达能力强。

（4）具有扎实的外贸专业知识和较宽的知识面。

（5）具有较强的协调能力和合作共事能力。

13. 政府机关公务员

（1）具有较高的政治素质，遵纪守法，保守国家秘密，公正廉洁，有责任感。

（2）具有扎实的基础知识、专业知识、管理知识和宽广的知识面。

（3）具有较强的组织、管理、协调和决策能力。

（4）具有较强的调研能力和较高的政策水平。

（5）具有良好的思维能力。

（6）具有较强的文字表达能力和应变能力。

（7）具有一定的社会交往能力，能够坚持原则性和灵活性的统一。

14. 法官与检察官

（1）执行党的路线、方针、政策和国家的法律法规，坚持四项基本原则。

（2）具有扎实的法律专业知识和较宽的知识面。

（3）具有较强的文字表达能力和口头表达能力。

（4）具有较强的自我控制能力。

（5）具有敏锐的知觉能力、观察能力。

（6）具有较强的分析能力和准确的判断能力。

（7）具有较强的调研能力和应变能力。

15. 咨询人员

（1）具有实事求是和为他人服务的精神，具有高度的责任心。

（2）具有多方面的理论知识、专业知识和实践知识。

（3）具有较强的语言表达能力。

（4）具有较强的社会调查、系统分析和逻辑推理能力。

（5）具有较强的想象力和察言观色的能力。

（6）乐于与人接触，善于与人合作。

（7）具有较强的记忆力和创造能力。

（8）具有较强的谈判能力。

三、人—职匹配

在职业生涯中，幸福莫过于做着自己喜欢的工作。那么，如何觉察所做的工作是不是自己喜欢的呢？这就需要了解人—职匹配。不同的个体有不同的个性特征，而每一种职业由于其工作性质、工作环境、工作条件、工作方式不同，对工作者的能力、知识、技能、性格、气质、心理素质等也有不同的要求。因此，在求职过程中选择适合自己的职业就显得尤为重要。在求职过程中，许多大学生会有这样的困惑：招聘现场职位比比皆是，该如何去做选择、做决策呢？不同的职业，其优势和劣势有哪些呢？下面对人—职匹配的思路设计、人—职匹配的决策方法、不同性质企业的特点进行介绍。

（一）人—职匹配的思路设计

首先，需要了解工作做什么。大学生可以通过职位描述来了解工作环境、工作内容和工作重点。其次，要了解职位对个人的要求，如性格、学历要求、能力要求、心理特点等。再次，要明确工作收益和奉献程度。这需要关注不同职位的收入阶梯、人际关系、工作成就与挑战等。最后，要清晰地看到职位的未来发展，如职位的晋升渠道、发展方向，未来的发展空间及目标等。

（二）人—职匹配的决策方法

在人—职匹配的决策方法中，采用最多且最容易的是决策平衡单。决策平衡单的主体框架是工作对求职者在物质、精神层面的满足程度。下面以武汉国企技术员和中学教师这两个工作为例，来介绍如何做决策。首先，明确自我内在期待，如期待：①月收入达到6000元；②有假期，最好有寒暑假；③和亲人在一起；④工作压力不要太大。其次，来看两个工作对这4个内在期待的满足程度，用1~10分表示满足程度。1分最低，10分最高。武汉国企技术员这个工作，月薪4000元，距离6000元的期待低了一些，得5分；有法定节假日，得6分；能够和亲人在一起，完全符合和亲人在一起的期待，得10分；按部就班地工作，压力不大，得8分；最后得分总计为29分。中学教师这个工作，月薪5000元，达不到6000元的期望值，但比国企技术员高，得7分；有寒暑假，完全符合对假期的期待，得 10 分；与女朋友天各一方，得 3 分；工作上要做好教学，还要做班主任，要应对学生和家长，工作复杂且压力大，得 3 分；最后得分总计为 23 分。最后，比较这两项工作得分的高低，武汉国企技术员分数高，说明其满足内在期待的程度更接近，符合自己的职业选择目标。

（三）不同性质企业的特点

下面介绍 3 种不同性质企业的特点，供大家作决策时参考。

1. 国有企业的特点

社会地位高，美誉度高；社会保障好；福利待遇好；人脉资源广；工作任务带来的压力相对较小；工作相对稳定；工作、生活平衡感好；工作环境相对舒适等。

2. 外资企业的特点

收入高；工作环境好；培训机会多；专业能力提升快；培养国际视野；自由度高；公平，靠能力吃饭；社会认可度高；平台高；学习先进文化、理念；企业管理规范等。但是，外资企业也存在一些不足：工作压力大，节奏快；入行门槛高；竞争激烈；晋升空间有天花板现象；归属感不强等。

3. 民营企业的特点

机会多；能力提升快；升迁快；工作灵活；创新空间大；创业基础比较好；流动性较强；人际关系处理也相对简单等。

第二节　大学生相关就业准备

一、知识与能力的准备

职场人士经常为一件事情苦恼：是做一个所有领域样样皆通的“全才”呢？还是做精通一个领域的“专才”呢？其实对于大学生而言，只要自己在就业前做好了充足的准备，拥有较多的知识和能力、良好的职业素养，不管是“全才”还是“专才”，都有用武之地。

（一）知识准备

知识是从事各种职业所必须具备的基础，而且每个职业所需要的知识内容是不一样的。在当代，要想成为一个优秀的职业人，应储备以下几方面的知识。

1. 专业知识

专业知识主要指该职位所必须具备的专业技能。一般来说，专业知识优秀的毕业生更容易找到理想的职业。由于用人单位在实际工作中更加注重大学生的工作能力，某些学生会产生专业知识并不重要的错觉，认为专业知识在以后的工作中基本用不上，因此学习起来就很懒散，不用心。实际上，在同等条件下，如果用人单位无法直观地发现具体哪个人更优秀的情况下，会根据大学生在校的成绩来进行人才选择，特别是专业课的成绩。因为专业知识是大学生在就业时最重要的资本之一，所以大学生在校期间应注重知识的积累，特别是专业知识的积累。

2. 英语等外语知识

随着全球化的发展，掌握一门或一门以上的外语是每个大学生增加竞争力所必须具备的能力。越来越多的跨国公司来我国投资，若求职者没有良好的外语能力，连简单的日常工作沟通都没法完成，求职的成功率就会很低。因此，熟练地掌握一门外语能让你在众多的求职者中脱颖而出。

3. 其他知识

现在是一个多元化的社会，需要的知识结构也呈多元化。因此，大学生除了牢固掌握专业知识外，还需要掌握一些其他有助于职业发展的知识。

（1）基础通用知识。它是指除专业学术知识之外的基础知识，诸如人文知识、法律知识等。基本的法律知识是每个大学生都必须了解和掌握的。作为国家未来的建设者，大学生一定要知法懂法、遵法守法。人文知识涉及的面很广，各行各业都会用到，如文员、秘书、助理等文职工作者，以及导游、教师等职业。从某种意义上说，基础通用知识是一个人综合职业素养的体现。

（2）办公知识与技能：电子办公与企业运营管理方面的知识与技能等。现代企业办公基本离不开互联网与计算机，这就要求大学生掌握网络与办公软件的应用，如 WPS、Office 系列办公软件，简单的图像处理软件等。

在日常工作中，每个人都会不知不觉地参与企业的运营与管理，因此熟悉与企业相关的知识，能够帮助你正确地理解公司的动态和决策，使你与企业共同成长、共同进步。

（二）能力准备

一个人在某个岗位上是否胜任，除了可以从知识方面考察外，还可以从能力方面考察。大学生除了提升个人能力，还要锻炼和提升沟通与协作、创新、决策等方面的能力。

1. 沟通与协作能力

良好的沟通能力有助于培育大学生健康的心理，让大学生走出自我封闭的禁区；有利于学生消除孤独感，使大学生形成良好的情绪体验，让大学生更好地掌握人际交往的艺术。同时，沟通与协作能力是大学生未来事业成功的必备条件。沟通与协作能力主要考察一个人在团队中是否可以很好地与他人相处合作，并且发挥其自身最大的作用。当今社会，一个项目、一项事业能否成功，依靠的不再是一个人的个人能力，而是团队的力量。沟通与协作能力要求一个人在团队中首先做好自己的事情，然后要信任他人，包括信任他人的工作能力、工作方式。个人在团队合作工作中应注意换位思考，这是高效发挥团队能量，提高自身协作能力的关键。

2. 创新能力

创新是人类社会进步的源泉，它以现有的思维模式提出有别于常规的见解，通过利用现有的资源，改进或创造新的事物（包括产品、方法、元素、路径、环境），并获得一定有益的效果。影响创新能力的因素有很多，除了长期形成的社会因素外，还包括个人因素。个人因素主要指因为缺乏创新意识、创新欲望和创新兴趣而形成的思维定式。

培养创新能力是时代的要求，从某种意义上来说，具备良好的创新能力，就意味着具有较高的潜在价值和发展空间。当今社会，不管是大学生还是职场人，都应将创新能力看作一种非常强大、不可超越的能力。其实，创新可以是一项发明，也可以是一项举措的小改变。对个人而言，不让思维受限，善于发现新事物，善于从新事物中获取信息，并应用于现有事物，就是一种创新。

3. 决策能力

在职场中，不管是一般岗位还是关键岗位，肯定都会碰到各种需要当事人当机立断处理的情况，这就需要当事人具有决策能力。决策能力是指个人对未来行为目标的决断和选择的能力，良好的决策能力可以让个人、企业少走弯路、少犯错误，以较小的代价达成目标。培养决策能力应从日常小事做起，不能事事让父母、朋友拿主意。虽然决策能力需要培养，但决策能力的培养也是有章可循的。决策能力主要由以下三个方面构成。

（1）开放的提炼能力。开放的提炼能力指以开放的态度吸收各种方法、方案，然后准确、迅速地提炼出解决问题的各种方案。该能力包括两个方面：一是不要局限于传统的思维中，要以开放和包容的态度尽可能获取更多的决策方案；二是对获取的决策方案进行对比、提炼，把握各种方案的本质，正确评估每个方案的条件、效果及可行性。

（2）准确的预测能力。预测是决策的基础，决策是预测的延续。要具备卓越的决策能力，首先应具备准确的预测能力。

（3）准确的决断能力。准确的决断能力指从众多的决策方案中选择最有利方案的能力，以及在危急时刻当机立断的能力。要保证决断的事情对企业是有利的，在进行决断时应把握五点。一是选择的方案是可以实施操作的；二是选择的方案应与企业的宗旨和目标相符；三是选择的方案要能被决策方案的受益人所接受；四是选择的方案要能被决策方案的执行者所接受；五是正确评估决策方案的风险，多方面分析决策的优缺点，为选择方案的后续工作做准备。

4. 实践操作能力

实践操作能力，也称动手能力，它是把创造性思维变成实际的物质成果。这种能力对于大学生来说是最需要培养的，因为在校大学生更多的是注重专业理论知识的学习，或在一些基础理论实验室进行简单且常规的动手训练，实践能力较弱。作为一名大学生，如果只懂得专业理论，而不具有实践操作能力，是不可能赢得用人单位青睐的。因此，大学生在校期间不仅要学好理论知识，而且要通过参与实验、科研活动及利用实习、勤工俭学等机会，着重培养和提高动手能力，以满足日后工作的需要。

5. 信息处理能力

现代社会是信息社会，大学生必须具备灵活处理信息的能力。这种能力主要体现在以下三个方面。

（1）对各种信息具有高度敏感性，能广泛地接收各种信息。

（2）对有用信息具有简化、归类、存档和联想发挥的能力，并能把这种经过筛选和加工的信息连同自己的认识、评价运用到学习、生活和工作实践中。

（3）熟悉现代化的信息工具，特别是会利用计算机来检索和提取自己需要的信息。

二、就业信息的准备

大学生具备了良好的职业素养，拥有较多的知识和较强的能力，就业就会高枕无忧吗？能力和素养是一个人职业生涯成功的基石，大学生要想进入喜欢的行业，获得理想的职位，就业前，还应当广泛收集各类就业信息，然后从众多的就业信息中找到适合自己的职位。

（一）就业信息的收集

随着社会的发展，就业渠道越来越多，一般情况下，大学生可以利用以下渠道收集就业信息。

1. 学校就业渠道

各高校一般都专门设立为毕业生提供就业服务的机构，如毕业生就业指导中心、就业工作处或就业办公室等。这类机构所提供的信息，无论是全国性的、地方性的，还是行业性的，一般都来自政府部门或大型企业，主要是由用人单位根据高校学科专业设置提供的。该途径的准确性、权威性、可信度非一般就业渠道可比，而且通过这个渠道获取的信息，专业对口性强，就业成功率高，是大学毕业生放心的就业信息渠道。

2. 双选会

双选会，顾名思义即双方选择的招聘会，是专门为大学毕业生准备的，它搭建起了毕业生与用人单位之间的桥梁，在双方都愿意的前提下可以签订三方协议。双选会一般是当年 11～12 月、下一年 3～4 月在各高校举行，每年年底各大城市也会举办相应的大型双选会。

3. 计算机网络

随着互联网的不断普及，通过互联网获得就业信息成为现代大学毕业生就业的主要渠道。互联网有大量的招聘就业信息，提高了招聘、就业的便捷性，使大学毕业生可选择的范围更广。通过网络获取信息有以下几种渠道。

（1）通过专业的招聘网站。互联网上有大量的招聘网站，如智联招聘、前程无忧、猎聘网、中华英才网、58 同城等，每个网站均能提供就业信息。大学毕业生可通过各网站提供的岗位，结合自身情况与用人单位经计算机网络联系，传达就业意向。

（2）通过企业官方网站。一些较大型的公司或企业都有自己的网站，招聘信息也会发布到其网站上。大学生可通过企业发布的信息，寻找到适合自己的岗位后，与对方联系。

（3）通过地方政府及学校的就业平台。这就像网络版的“双选会”，为了方便学生就业，越来越多的学校和地方政府都设立了这种网络就业平台，将用人单位的招聘信息发布在网上，供学生选择。

4. 社会人际关系

个人的接触面总是有限的，拓宽社交范围可得到许多有价值的信息。亲朋好友、家人及其他社会关系是最直接的社交范围。由于他们分布在社会的各个领域、各条战线，因此，通过他们了解和收集社会需求信息的针对性更强，信息的可信度和有效度也会比较高。

5. 实习、实践活动

大学生寒暑假的社会实践单位及毕业实习单位一般都是与专业对口的。在参与实践过程中，毕业生不仅能将自己所学的知识直接用于管理、生产或其他社会服务，而且可以了解到服务单位的人员需求情况。同时，服务单位对你也会有一定的了解，假如单位有意招人而你又积极主动，这就是一个很好的机会。

（二）就业信息的筛选

由于就业信息的来源和获取的渠道不同，内容也会存在虚实兼有的情况，因此，对收集的信息进行去粗取精、去伪存真的整理、筛选就成为使用信息的必要前提。

1. 挖掘重要信息

一般来说，学校发布的一些就业信息是比较有针对性的，可以作为重点信息分类保存；对于国家和政府对本专业的毕业指导意见及相关政策的资料收集也不能忽视。

2. 类比同类信息

大学生在查看招聘广告时要多留一个心眼，对于应聘者年龄、学历、工作经验等条件都要求过低，但工资却较高，或者招聘内容过于简单，只留下电话就要求应聘者直接去面试的，要特别留意，这很可能是广告陷阱。

因此，大学生一定要善于对比同类信息，学会换位思考。换作你是老板，你会招聘什么样的员工、发什么样的薪水，如果这些信息与实际差别太大，那很可能是不真实的，应主动摒弃。

3. 科学分析和取舍

大学生要对所获得的就业信息进行分析鉴别，科学取舍。分析就业信息包括三层含义，分别如下。

（1）可信度分析。一般来说，学校毕业生就业主管部门提供的信息可信度比较高，通过其他渠道收集到的信息，由于受时间性或广泛性影响，还需要进一步核实，才能判断其可信程度。

（2）有效度分析。有效度分析是对信息的可用性进行鉴别，如该信息是否与自己的兴趣、特长、专业、爱好，甚至收入、工作环境、地域等要求相符，更要注意用人单位对生源地、性别、学习成绩、个人素质等各方面的要求。

（3）内涵分析。内涵分析包括用人单位的性质、要求及限定条件等。通过分析，对就业信息去粗取精，剔除无用的信息，保留与自己的兴趣或专长有关的信息。

4. 虚心向他人询问了解

大学生刚走入社会，没有太多的经验和阅历，对于招聘广告中一些不实或夸大的信息，不容易分辨，此时，可以向有经验的师长或朋友请教，多学习一些分辨是非的技巧。一些招聘单位喜欢玩文字游戏，在某些苛刻的条件下，用词比较模糊或带有歧义，引导求职者往好的方向理解，而一旦签约就后悔莫及。对于拿不准的求职信息，可以多找几个人商讨，肯定有利无弊。

5. 避免盲目从众

每个人的特长、专业千差万别，因此，在求职时，大学毕业生千万不要有随大流的想法，寻找什么样的工作岗位，一定要结合自己的特长和兴趣爱好，切不可盲从。如听说现在教师工资待遇不错，很多大学生就放弃自己的专业，也不管自己有没有教师资格证、普通话证等，一窝蜂地去各大学校应聘。求职时不要有盲目从众的心理，如果只是听别人说这个岗位好，就盲目签约，结果可能工作不久就想毁约，也可能在工作中产生消极怠工的现象，严重的还会导致失业。

6. 留下适合自己的信息

大学生用各种各样的方法从不同途径收集的信息，当然不可能全部保留，要经过筛选、比较，然后按照自己拟定的求职方向及计划，留下适合自己的信息。将这些信息分门别类地进行整理，厘清应聘顺序和应聘重点后，再各个击破，相信一定会有一个理想的工作岗位在等着你。

筛选重要的求职信息时，应寻根究底，仔细了解具体内容，如岗位的历史、现状、前景、要求条件等。对该职位的待遇、进修培训、晋级晋升等信息要通过合适的方式侧面了解，了解得越深、越透彻，就越能找到适合自己的职业。

（三）就业信息的利用

1. 促进毕业生离校前充分就业

多渠道搭建毕业生与用人单位对接的平台，使毕业生离校前基本就业。充分利用国家“一带一路”倡议，挖掘更多的适合毕业生的就业岗位，搭建线上线下、综合性和专业化相结合的招聘平台。各地、各高校应该充分利用民营企业招聘周，毕业生就业服务月、周，大中城市联合招聘及省级毕业生就业集中招聘等活动载体，努力搭建好用人单位和毕业生的人才供需平台，开展专业性、行业性等招聘活动，提高毕业生就业的成功率。充分利用各高校毕业生就业信息网、各省教育厅高校毕业生就业网公共就业人才服务网、高校校园网等互联网络平台，充分打造优质高效的“互联网+就业服务”的新模式，提升用人单位和毕业生的对接效率。

2. 进一步健全完善离校未就业毕业生统计机制

各高校要按照未就业毕业生统计工作的要求，切实把有就业意愿且尚未就业毕业生（求职、签约中、拟参加公招考试、拟创业、拟应征入伍）、暂不就业毕业生（暂不就业、拟升学、拟出国出境）作为统计服务工作的重点对象，组织其在离校前完成未就业实名登记，并确保登记信息的完整准确。各地要联合社保信息平台、就业信息平台进行比对，有效获取社保信息、享受就业政策及服务的毕业生信息，并及时录入统计系统，以便为其提供专门性的服务。

3. 积极做好离校未就业毕业生服务工作

各地要依托离校未就业实名制登记管理服务系统，精心组织并实施毕业生就业促进计划。要积极与高校对接，建立信息衔接机制，及时、全面地掌握毕业生基本情况，联合开展就业服务活动，力争使每一名有就业意愿的毕业生年内实现就业或参加到就业准备活动中来。对信息登记不全的毕业生，各地要通过查找档案、公安户籍比对以及基层人户摸排等多种方式取得联系，并对未就业毕业生提供就业服务；对已登记的未就业毕业生，各地应该主动服务，针对其特点和需求推送岗位信息、职业指导信息，提供技能培训、就业见习等服务。

4. 确保毕业生就业水平不降低

要根据相关决策部署，善于结合实际情况做好创新性工作，加强就业市场供需衔接和精准帮扶，深入推进简政放权和商事制度改革，加快发展新经济，不断催生新技术、新产业、新业态、新模式，创造更多适合大学生的就业岗位。要紧密结合“大众创业，万众创新”的要求，引领更多毕业生投身创业创新，以创业带动就业。

5. 完善落实政策，大力促进高校毕业生多渠道、多形式、多方法就业

（1）认真贯彻落实国家促进毕业生就业创业的系列政策。结合实际进一步落实好就业见习补助、求职创业补助、一次性创业岗位开发补助、一次性创业补助、一次性创业场所租赁补助、社会保险补助、岗位补助行政事业性收费减免等政策，实现毕业生多渠道就业和创业的梦想。

（2）多渠道开拓毕业生就业岗位。拓宽重点领域就业渠道，鼓励和引导毕业生到基层、到新兴领域、到小微企业就业。统筹实施好“三支一扶”和“社区就业”计划等基层项目，认真落实基层岗位服务人员岗前培训、生活补助、社会保险职称评定、服务期满就业等一系列政策，做好人事档案、人才集体户口免费管理的服务工作，确保毕业生能够“下得来，留得住”。各地、各高校要简化审批办理流程，充分利用微信等信息化平台，推行一站式网上办理服务，为所有毕业生和用人单位提供便捷优质服务。

（3）加快推进创新创业教育改革方式。加快推进创新创业教育改革，需构建“课程—实践—保障”三位一体的培养体系。在课程设置上，打破专业壁垒，开设创新思维训练、创业沙盘模拟等跨界课程，将案例教学与项目驱动贯穿教学全过程；实践层面，整合校内孵化基地与校外企业资源，通过“创业工作坊+实战项目+产业对接”模式，让学生在真实场景中锤炼创新能力；保障机制上，建立多元评价体系，把创新成果纳入学分认定，联合政府、企业设立创业扶持基金，同时打造“双师型”教师队伍，邀请企业家与专业教师共同指导，形成从知识传授到项目落地的全链条培育模式。

(4) 强化大学生创业培训实训。面向在校大学生，开展网络实战、沙盘模拟、创业团队协作等实训项目活动。建立创业导师组织，对有创业意愿的大学生提供创业信心、项目、规划和技巧等“一对一”的指导。积极与专业培训机构合作，创新培训实训方式，推行创业模块培训、创业案例教学和创业实践模拟。高校实验室、实验设备等各类资源，原则上向在校大学生开放。进一步拓宽服务方式，为大学生提供项目对接、产权交易、培训实训等多种服务。

(5) 升级发展大学生创业实践和孵化平台。各地、各高校要统筹利用科技企业孵化器、高新技术开发区、经济技术开发区、工业技术园、农业产业园、城市配套商业设施、闲置厂房等资源，建设大学生创业孵化基地、大学生创业园区、大学科技园、大学生校外实践教育基地等优质创业平台，为大学生提供创业孵化或经营场所。各高校要通过合作、转让、许可等方式，向毕业生创设的小微企业有限转移科技成果；要通过学校自设校外合作、风险投资等多种渠道筹集项目资金，扶持大学生创新创业。

6. 强化精准帮扶，多渠道提供毕业生就业服务

(1) 加强就业创业指导服务。各地、各高校要针对不同层次专业毕业生的特点和需求，充分利用就业 App、微信、校园网、人才服务网站等新媒体渠道开展个性化的咨询推介服务。各高校要建立和完善以课堂教学为主，以讲座、论坛培训为辅，以大学生职业生涯规划大赛、技能大赛、创新创业设计大赛、创业大赛等活动为载体的多种形式的就业指导课程体系；要重视就业创业指导工作队伍建设，做到机构、人员、办公场所、经费“四到位”体系。

(2) 妥善进行毕业生就业帮扶工作。各高校要准确掌握家庭困难毕业生、少数民族毕业生、农村生源毕业生、残疾毕业生等各类就业困难群体的实际情况，实行“一生一策”动态管理体系，开展信息咨询服务和个性化指导项目。切实做好困难毕业生求职创业补贴的申领发放工作，确保补贴在毕业生离校前发放到位，杜绝虚报冒领现象的发生。

(3) 健全协调体制机制。各地要健全毕业生就业工作协调机制，发挥部门合力作用，协同优化营商环境，共同推进毕业生就业创业工作。各高校要与各地做好信息接续和衔接工作，确保未就业毕业生离校后能够真正继续得到就业创业指导帮扶，尽快实现就业创业理想。

(4) 完善各项督查机制。各地各高校要建立毕业生就业创业工作督查机制，定期对毕业生就业创业工作情况开展自查，把各项政策落实和年度重点工作完成情况作为督查重点开展经常督查和不定期抽查，以督查促整改、抓落实，确保完成总体就业率和创业人数的年度计划目标任务。加大对毕业生就业创业工作问责力度，对落实不力的，要限期整改并追究领导责任。

三、自荐材料的准备

自荐在很大程度上决定了自己是否能够获得进一步面试的机会，这就要求大学毕业生

在选择求职信息、决定应聘之前，一定要准备好必要的自荐材料。自荐材料一般包括封面、求职信、导师推荐信、毕业生推荐表、个人简历及一些辅助材料。

（一）自荐材料的要求

准备自荐材料的目的是增加用人单位对自己的兴趣，使其给予自己面试的机会。用人单位最初是通过自荐材料来了解求职者的，因此，自荐材料的质量对用人单位决定是否与求职者进一步接触起着至关重要的作用。一份好的自荐材料应遵循以下几个通用的原则。

1. 内容翔实，格式规范

自荐材料既要全面反映自身的基本情况，又要反映求职目标与意向等内容。所以，自荐材料的内容应全面，突出重点，切忌长篇累牍。尤其要注意的是，切忌为了赢得用人单位的好感而弄虚作假，那样只会画蛇添足、弄巧成拙。同时，自荐材料在格式设置方面应尽可能统一、规范，不用特殊、生僻的字体，字号大小应符合日常公文的要求，给用人单位留下良好的印象。

2. 富有个性，针对性强

由于不同的用人单位对求职者的要求不尽相同，求职材料的准备也要根据不同的单位有所差异。下面分别介绍几种不同类型单位对自荐材料的要求。

（1）如果想去“三资”企事业单位，那么最好准备中英文对照的自荐材料。

（2）如果想去少数民族地区择业，使用少数民族文字撰写自荐材料效果会更佳。

（3）如果想去广告设计类企业，那么自荐材料最好能体现求职者的个性和创意。

（4）如果想去文化类企业，那么自荐材料最好能体现出较好的文字功底。

3. 设计美观，杜绝错误

自荐材料无论是手写还是计算机打印，都要注重大方、整洁和美观。现在大多数用人单位在进行招聘时都比较重视应聘者自荐材料的美观性，非设计类专业的学生想做自荐材料可考虑在网上下载比较符合自己特点的自荐材料模板，然后在模板基础上修改为自己希望的效果。

除了设计的美观性外，自荐材料最重要的一点是要杜绝错误。无论是语法错误，还是错别字、标点符号错误或印刷错误，都应尽量避免。因为任何一个小小的错误都可能给人留下不认真、不负责的印象。

（二）自荐的方式与技巧

毕业生要想让用人单位认识自己、了解自己、选择自己，通过自荐方法宣传自己、展示自己、推销自己是最有效和最直接的方法。如果毕业生在进行自荐时，能巧妙运用相应的自荐技巧，打开就业之门的可能性就会大大增加。

1. 自荐的方式

自荐最常见的方式分为直接自荐和间接自荐两种。其中，直接自荐是由本人向用人单位做自我介绍、自我评价、自我推销；间接自荐是借助中介机构或相关材料推荐自己，即不必亲自出马，只需将自己的想法和条件告诉第三方，或形成材料就能达到推荐自己的目的。综合起来，自荐的方式主要包括以下几种。

（1）参加人才招聘会自荐。带上个人自荐材料到人才招聘会上推荐自己。

（2）登门自荐。带上自荐材料亲自到用人单位推荐自己。

（3）在实习或社会实践过程中自荐。通过各种实习和社会实践的机会推荐自己。

（4）书面自荐。通过邮寄或递送自荐材料的方式推销自己。此种方式扩大了推荐范围，不受时空限制，不受“临场发挥”和“仪表效应”等的影响，是毕业生求职择业过程中常用的自荐方式。

（5）他人推荐。请老师、父母、亲友、同学推荐以达到自我推荐的目的。

（6）广告自荐。借助新闻传播媒介进行自荐。这种形式覆盖面广、时效性强。

（7）学校推荐。这是一种间接的自荐方式。

（8）网络推荐。这是近年来新出现的一种自荐方式，是借助互联网进行自荐。这种自荐方式时效性好、覆盖面广，今后会被越来越多的毕业生和企业招聘人员所接受。

上述几种自荐方式并非独立存在，在现实的求职活动中，需要综合应用方能达到自我推荐的目的。一般来说，几种方式并用效果会更好，但因人而异，究竟采取哪种自荐方式，应从自身的实际需求出发。

2. 自荐的技巧

求职过程中的每一个细节都将决定面试的成败。在毕业生招聘会上，我们常常会看到这样的景象：有的毕业生在规定时间里连自己的基本情况、就业意向都讲不清楚；有的不修边幅；有的讲话态度不礼貌等。这样的人，用人单位自然不会接受。归根结底，还是因为求职者缺乏起码的求职方法和技巧。

（1）自荐只是手段而不是目的。大学生自我推荐，首先需要解决认识问题，清楚自荐仅仅是一种说服手段，即让用人单位认可、接受、肯定自己的知识、技能和理想，从而获得成功的机会。如果以推荐自己为目的，不管结果怎样，只是一味地推荐，结果只会得不偿失。

（2）自荐要积极主动。自荐是求职者的主动行为，任何消极、等待的态度都是不可取的。因此在推荐自己时，必须积极主动。例如，不等用人单位索要材料，便主动呈送。这样，往往给人一种态度积极、求职真诚的感觉。

（3）自荐要有自信和勇气。毕业生在求职时应该具备自信和勇气。自信是现代人所必须具备的心理素质。一位心理医生曾说过：“你越自信，就越能造成一种你很行的氛围。”大学生自我推荐，首先必须相信自己，清醒地知道自己的实力，并完全依靠自己的实力进行竞争。

（4）自荐要诚恳、谦虚、有礼貌。这是为人处世的基本条件，是赢得用人单位好感的应有态度，对大学毕业生应聘十分重要。

①诚恳。诚恳即做到言而有信。大学生自荐应以“信”为本，在介绍自己时，要讲真

话、有诚意，不吹牛撒谎，给对方以信任感。例如，自己对某题目不明白时，可告诉考官："对不起，我不知道这个题目。"这恰恰反映出你直率、诚实。

②谦虚。谦虚是一种美德，是尊重对方的一种态度。在就业市场上，常有不少学生口若悬河、夸夸其谈而吃了"闭门羹"。因此切记，任何时候，虚心、谦逊都是最受用人单位欢迎的态度。

③礼貌。礼貌是道德的一种外在表现形式，它在人际关系调节中具有不可忽视的作用。大学生自荐时，无论是神态表情，还是一句称呼、一个小动作或一声感谢，都能反映出一个人的内在修养和素质，都会被用人单位看在眼里，作为评价的话题。

（5）自荐要留意对方的需要和感受。自我推荐，应注重对方的需要和感受，并根据他们的需要和感受说服对方，从而被对方所接受，如自己所告诉的正是对方所要的，自己所问的正是对方要告诉的。要做到这点，事先要有所准备，想一想一般用人单位需要什么、他们会提什么问题、对什么最感兴趣等。除此之外，要学会临场的"察言观色"，把握对方心理，随机应变。

（6）自荐要善于展示自己。善于展示自己，即"展示适时，展示适度"。"热门"的用人单位往往门庭若市，要想在强手如林的竞争者中脱颖而出，就必须做到以下几点。

①会介绍自己。"良好的开端是成功的一半。"自荐时，要先入为主，一开始就简明扼要说明来意；介绍自己时要言简意赅、有理有据。

②会提问题。提问题是为自我服务，除了想弄清楚某些情况外，还可以借助提问展示自己。

③会回答问题。回答问题是为了说明情况，展示自己，因此，要学会正确运用技巧，如模糊应答、引申等回答问题的方法。

④会发挥优势。发挥优势指展示自己要有特色。自荐必须从引起别人的注意开始，如果对方都不在意你的存在了，如何能推荐自己呢？引起别人注意的关键是要扬长避短，展示自己时，要尽量使对方对自己产生兴趣。大学生自身特点因人而异，关键在于会表现，能"技高一筹"。

（7）学会使用自荐材料。再好的自荐材料，也要会使用，不会使用，则势必影响自荐效果。而如何使用，就需要根据实际情况来定。

（8）自荐要"知难而退"。各有所需，量材录用。假如你已竭尽全力却仍然说服不了对方，没能被对方所接受，此时你就应该"知难而退"，另找门路；倘若期望值过高，就应该适当地降低期望值。

（9）自荐要把握好时间。自荐时间不宜过长，因为在招聘会上，人往往很多，有时还要排队，你必须在最短的时间内最大限度地推销自己。

（10）善于"包装"自己。在竞争激烈的今天，包装不再局限于外部的功效，更在于它能弥补个人的不足，提高个人的价值。包装分为外包装和内包装。

①外包装是通过一些非语言媒介对自荐发挥作用，如衣着发型、动作、行为举止、体

态气质等的得体适度，给人以大方、端庄、涵养、自信，符合大学生身份的感觉。

②内包装是建立在有真才实学的基础之上的，是将多种抽象和具体相结合进行自我推销的一种方法。其内容主要包括出色的口才、个人知识的累积及扎实的专业基本功等。内包装如果运用得当，则能给人形成完美的第一印象。

（11）自荐要注意控制情绪。人的情绪有振奋、平静和低潮三种表现。实践表明，无论是谁，心情紧张时，说话总是节奏过快，使听者很费力，容易厌烦。大学生初次接触社会，缺乏说话技巧，因此在自荐时，一定要学会控制情绪，说话节奏要适中，可以表露出自己的才华、学识，能力及社会阅历，增加对方对自己的了解。

（三）毕业生就业推荐表

就业推荐表是学校为毕业生统一设计、印制的求职材料，一般由以下三部分组成。

（1）毕业生本人的情况介绍（附学校教务部门提供的在校学习成绩单）。

（2）毕业生所在院系的推荐意见。

（3）毕业生所在学校就业主管部门的推荐意见。

用人单位往往对就业推荐表比较重视，在发给学生录用通知或正式签约前一般要求提供该表的原件。该表要求手写，毕业生在填写时应认真仔细、字迹端正、内容翔实，切不可马虎潦草，更不能弄虚作假。

（四）简历的编写和制作

简历是大学生学习生活、工作经历的一个缩影。通过简历，用人单位对毕业生的工作经历、受教育程度、兴趣、特长等情况有一个初步了解。简历的真正目的是让用人单位全面了解自己，从而为自己创造面试的机会。它一般和求职信及其他材料一起送到用人单位。

1. 简历的格式

简历的格式应便于阅读，使用人单位对自己有良好的印象。简历一般采用表格形式，这样可以比较直观、清晰地将求职者的个人情况、经历表达出来。

简历的书写格式一般有两种：一种是按年月顺序列出自己的学习工作经历；另一种是根据需要有选择地列出自己的学习、工作经历，充分表露自己具有的技能、素质。对于刚毕业的大学生来说，学习经历较简单，所以一般采用第一种格式，如有几年工作经历后，可选择第二种格式。

2. 简历的组成部分

简历是毕业生向用人单位自我展示、自我推销的手段和形式。简历按不同分类方法可以分成多种，并没有固定的格式，但无论哪一种简历都应包括以下几部分的内容。

个人简历模板

求职意向：________________________________

个人概况：________________________________

姓名：____________________________________

性别：________________________

出生年月：______________________

健康状况：______________________

毕业院校：______________________

专业：________________________

电子邮箱：______________________

联系电话：______________________

通信地址：______________________

邮编：________________________

教育背景：（______年______大学______专业学习）

主要课程：______________________

英语水平：______________________

计算机水平：____________________

论文情况：______________________

获奖情况：______________________

实践与实习：____________________

个性特长：______________________

3. 简历填写的基本原则

个人简历虽然没有固定的格式，但在填写过程中也应遵循一定的原则：内容一定要真实；以一个工作目标为重点；将个人简历视为一个广告；尽量陈述有利条件以争取面试机会。

（1）真实性。简历是大学毕业生交给企业的第一张“名片”，不可以撒谎，更不可以夸夸其谈，但可以进行优化处理，即可以把自己的强项突出展示，将弱势进行忽略。比如你是一位应届毕业生，可以重点突出在校时的实习、志愿者等工作经历，但不单单是陈述这些经历本身，更重要的是提炼出自己从中汲取的经验，而这些收获很可能会在今后的工作中持续发挥效用。

（2）突出重点。一个招聘者希望看到求职者对自己的事业采取的是认真、负责的态度。不要忘记用人单位在寻找的是适合这一特定职位的人，这个人将是多个应聘者中最合适的。因此，如果简历的陈述没有工作和职位重点，或把自己描述成一个适合于所有职位的人，那么很可能将无法在任何求职竞争中胜出。

（3）把简历看作广告。最成功的广告通常要求简短且富有感召力，并且能够多次重复重要信息。因此，求职者的简历应该限制在一页以内，个人概况的介绍最好不要以段落的形式出现，尽量运用短语使语言鲜活有力。在简历页面上端可以写一段总结性的语言，陈述自己在求职上的最大优势，然后在个人介绍中，将自己职业发展与选择岗位的优势以经历和成绩的形式加以展示。

（4）陈述有利信息。要陈述有利信息，争取成功的机会，也就是说要尽量避免在简历阶段就遭到拒绝。在自荐阶段，相应的教育前景、技术水平和能力是应聘者在求职过程中取得成功的关键，应聘者只有符合这些关键条件，并将这些信息在简历中进行有力陈述，才能打动招聘者并赢得面试机会。

综上所述，在编写简历时，要强调工作目标和重点，语言简练，多用动词，并且尽量避免可能会使你被淘汰的不相关信息。

4. 简历填写的要求

个人简历对于求职者获取初步面试极其重要，因此，在填写简历时一定要真实，符合自己实际的情况，保证简历的内容都是属于自己的。同时，也要注意相关的填写要求。

（1）个人基本信息。个人基本信息主要包括姓名、性别、出生年月、身体状况、政治面貌及自己的联系方式（包括通信地址、联系电话、电子邮件）等。一般来说，填写个人基本信息时，应讲究条理性和点到即止，关键信息写出即可，不要让招聘者感觉个人信息比“户口本”还详细。

（2）求职意向。希望从事的行业或职业一定要写清楚，以使用人单位了解求职者从事该行业的决心。在填写求职意向时要直截了当地表明应聘职位，如“求职意向：行政助理”。

（3）教育背景。“教育背景”对大学生简历来说是排在第一位的重要信息，包括毕业学校、所学专业、所获学位等。填写时，注意时间上应该是倒序，即把最近获得的学位或最高学历写在前面，即大学—中学、博士—硕士—学士、所学专业等。

（4）主要课程。毕业生应将在校学习的主要课程（主修课、辅修课与选修课）进行罗列，尤其是体现与所谋职位相关的课程。当然，不必面面俱到，如果用人单位对你的大学成绩感兴趣，还可以给他们提供全面的成绩单，但不需要在求职简历中进行过多描述，做到有的放矢即可。为了强调专业特长，尤其是特殊专业，也可以把与应聘工作相关的课程集中起来，特别是专业课程，以使用人单位能够一目了然。

（5）工作、实践经历。工作经历是简历中的重头戏，无论是全职还是兼职，是校园实习还是社会实践，是发表的文章还是成果等，都可以算作工作经历。

①社会活动和课外活动。近年来，越来越多的用人单位，尤其是商贸型公司、国家机关等，渴望招聘到具有一定应变能力、能够从事各种不同性质工作的大学毕业生。而在这些社会活动中，你的责任心、协调能力、社交能力及人格修养将得以充分展示，所以社会实践活动和课外活动，对于仍在求学尚无社会经历的毕业生来说，是应聘时简历内容中相当重要的一部分。

②勤工俭学经历。即使勤工俭学的经历与应聘职业无直接关系，但打工赚钱可以显示你的意志，并给人留下能吃苦、勤奋、负责、积极的好印象。

③生产实习。生产实习为学生提供了理论联系实际的机会，可以增加阅历，积累工作经验。描述该内容时，应尽可能写得详细、具体，并可强调取得的收获。如果入学前有较多的工作经验，也可有选择地列出与应聘职位有关的经历。书写的内容一般包括：职务、

职责及业绩。其中，工作成就一定要数字量化表达，让人感到你的真实经历，避免使用许多、大量、一些、几个这样模糊的词汇。

（6）获奖情况。在校期间获得的各种奖励、奖学金或其他荣誉称号是学生生活的闪光点，应列举出来。如果多次获得多项奖学金，也可一一列出，以增加分量。但需要注意的是，在罗列奖项时一般应采用时间倒叙的形式，或者按价值从大到小的顺序进行排列。

（7）能力、特长。能力、特长应包括教育培训的程度，因为教育和培训可以转化为能力、特长。能力是求职择业和事业成功的重要保证，其包括的内容很多，主要有以下两个方面。

①思维能力。主要包括思维的独立性、抽象性、敏锐性、批判性、创造性、灵活性等诸多方面。

②工作能力。主要包括言语表达（包括外语）能力、写作能力、学习能力、专业能力及发明创造能力等。

（8）兴趣与爱好。兴趣是爱好的推动者，爱好是兴趣的实行者。人们对职业的选择往往以自己的兴趣和爱好为出发点，这就更应该认真分析自己的兴趣和爱好。例如，在工作、学习之余，是爱好读书还是闲聊；是爱好跑步还是打球；是爱好舞蹈还是音乐等，这些是在求职择业前必须考虑的因素。因为有的职业需要某种兴趣爱好，而有的职业则明确禁止和反对某种爱好。如果没有兴趣爱好也可不写，可直接描述你的性格特点。性格特点与工作性质关系密切，所以，用词要贴切，以展示你的品德、修养或社交能力及协作能力等。

（9）自我鉴定。一般是概括自己的突出优势、工作态度或座右铭等，表达不能太啰唆，应言简意赅，力求有总结升华的效果。

自我鉴定正确的方式是采用分句表达，并对重点内容添加着重号，这样便于突出重点且让人记忆深刻。如以下表达方式。

①诚实、性格坚毅，做事从不会半途而废。

②喜欢一心二用甚至多用，这一缺点已经努力纠正。

③对于新事物的掌握能力很强，并具有较强的交际能力。

5. 简历的撰写技巧

编写简历是一门艺术，许多求职者因不会编写简历而在求职中马失前蹄。那么，如何编写简历，才能让自己的简历在众多简历中脱颖而出呢？其实，一份好的简历除了版面清晰规整、内容有针对性外，还应运用一些技巧，这样才能打动招聘者。

（1）一页为宜，针对性强。应届毕业生基本都还没参加正式工作，所以经历有限，一般一页简历就能将各方面情况说清楚。即使经历较丰富的大学生，采用两页简历也完全足够了。如果超过两页，很可能说明你的信息中无用的内容太多。比如应聘销售岗位的简历，重点表达自己的销售能力和最终成果，自己曾经的科研经历和能力及成果应作为绿叶，衬托一下即可，不必浓墨重彩。总之，简历要针对不同岗位的能力要求，突出自身的优势及能力。

(2) 突出关键，吸引目光。简历的整体内容较多，在一些需要引起重视的地方，或者某些关键词上，可以采用粗体、标红、添加下划线等方式进行突出强调。整个简历一般可有三四处采用此方法。

(3) 表达客观，语言朴实。简历是一种客观表达求职者经历和能力的材料，措辞一定要诚恳、朴实，不要过于华丽。比如“我希望拥有这样一个人生，它在经历了无数风雨后仍是一道最亮丽的彩”，这类句子最好不要使用。

(4) 结构分明，阅读舒适。招聘人员每天要阅读大量的简历，已经养成了一种阅读习惯和逻辑。一般简历的逻辑顺序是个人信息—求职意向—教育背景—工作实践—获奖情况—自我鉴定。有的大学生独树一帜，将顺序颠倒或者重大调整，违背了招聘者的阅读习惯，使他花更多时间寻找信息而不是阅读信息，最终只会弄巧成拙。

(5) 消除错字，预防歧义。由于目前的简历大多是采用计算机打字，易出现错别字现象，比如将“师范大学”错打成“示范大学”等，有的错别字甚至还会产生歧义。避免错别字和歧义的方法是在投递前和同学互换简历，互相查看，查漏补缺。

(五) 求职信的编写和制作

求职信是求职材料的一部分，实质上就是简短的自我介绍信。它通过表述求职意向和对自身能力的概述，引起用人单位的重视和兴趣。如果能让招聘人员把自己的求职信从一大堆信件中挑选出来，那就成功了一半；如果能让招聘人员乐意且集中心思看下去，那就成功了 90%。因此，写好求职信是十分重要的。求职信是展示个人才能、自身个性的主要方式，求职者可根据应聘职位的需求重点描述自己与该职位匹配的特长或事件。一份成功的求职信具有以下特点。

(1) 着眼现实，有针对性。最好能对单位的情况有所了解，以免脱离实际说外行话。

(2) 实事求是，言之有物，优点要突出，缺点也不要隐瞒，不可夸夸其谈，弄虚作假。当然，对缺点的论述要适度，点到为止。

(3) 富有个性，不落俗套。如果能谈一谈行业前景展望、市场分析或提出建设性意见会有更好的效果。在这方面没有什么成规，需要求职者动脑筋发挥。

(4) 言简意赅，用语得当，文法及标点准确无误。废话连篇的求职信会引起反感。自荐材料是文字形式的自荐，要将自荐材料送到用人单位手上还必须有一定的方式。常规的自荐方式包括面对面交流，电话、邮件、他人推荐。其实在实际求职过程中，求职者不应拘泥于自荐的形式，而应当根据各种环境、具体情况，采取不同的方式进行自荐。这往往能够抢先一步取得成功。但也要注意，由于不同领导看人的角度不同，思维模式也不同，不走寻常路的自荐方式可能会有不好的效果。

1. 求职信的格式

求职信属于书信的范畴，因此，其格式应当符合书信的一般要求，主要内容包括称呼、正文、结尾、落款和附件。

（1）称呼。求职信的称呼往往比一般书信的称呼更正规，例如“先生”“女士”“同志”等。

（2）正文。正文是求职信的核心部分，主要包括求职缘由、自己的条件、专业特长、业务技能、其他潜在能力和求职目标等内容。大学生要根据用人单位的招聘信息或要求，通过对自己能力的描述，有针对性地推荐和介绍自己，表明自己拥有胜任某个工作岗位的能力。其正文开头应表示对用人单位的敬意，然后通过直叙的方式详略得当地进行表述。

（3）结尾。结尾一般应写明希望对方给予答复，期望能有机会参加面试，并简单地表示敬意、祝愿，然后换行顶格写“敬礼”“祝工作顺利”“事业发达”等相应词语。

（4）落款。落款包括署名和日期两部分。署名，如“求职人×××”“自荐人×××”或“愿成为您部下的×××”等，应注意与信首的“称呼”相对；日期一般写在署名右下方，建议用阿拉伯数字。

（5）附件。求职信一般都要求同时包含一些有效证件，如外语等级证书、计算机等级证书、获奖证书的复印件及简历、近期照片等。最好有附件目录。

2. 求职信的内容

求职信的内容主要包括以下四个方面。

（1）开头。开头一定要抓住阅信者的心，调动起他的注意力，使他有想继续往下看的冲动。不要写套话、空话、过多客气的话，如“尊敬的×××领导：首先感谢您在百忙之中”等。

此外，在求职信的开头，要注意对收信人的称呼，如果知道招聘单位的负责人，可以写出负责人的职务、职称等，如“尊敬的人力资源部赵总监”；如果不知道招聘单位的负责人，可以用“尊敬的销售主管”等用语，并且还要有问候语，如“您好”。

（2）正文。正文是求职信的核心部分，应包括个人的基本情况、自荐目的，条件展示即个人的才能和特长，阐明自己对该单位感兴趣的原因，并表明自己希望到该单位供职的愿望等。首先，介绍个人的基本情况，如姓名、性别、年龄、政治面貌、就读学校和专业等。注意详略得当，最好有近期全身照片，使用人单位对求职者的基本情况有大致的了解。其次，说明求职信息的来源，做到师出有名。假如没有掌握用人单位的求职信息，而你又非常希望到该单位工作，也可写信投石问路，但必须表明你对该单位的印象和你愿意到该单位从事某种工作的强烈愿望。再次，表述自己对该单位的招聘岗位很感兴趣的原因，以及自己能够胜任该岗位工作所具备的条件、能力。主要是向用人单位说明自己具有该工作岗位所需的各种专业知识和技能，并且有一定的实践经验，让用人单位感到不论从何种角度，你都能胜任此项工作，是应聘该岗位最合适的人选。最后，介绍自己的潜能，如向用人单位介绍自己曾经担任过的各种社会工作及取得的成绩，表明自己有管理方面的才能，有发展和培养的前途。例如，向宣传和公关部门推荐自己时，介绍自己在文艺、摄影、书法和口才等方面的潜能，表明自己可以承担相应的工作任务。

（3）结尾。求职信的结尾部分有几个方面需注意。

①表示希望得到面试的机会，如“盼复”“期盼贵公司回音”等；毕业生还可以主动表示面谈的愿望，以显示毕业生对应聘此岗位的重视和诚意。

②表示祝愿或敬意，如“祝您身体健康”“祝工作顺利”等，以体现毕业生的良好素质。

（4）落款。落款是求职信的最后部分，包括署名和日期两个部分。其中，署名写在右下角，要写全名，并且字迹要清晰、工整，名字前可写上应聘者字样；日期写在名字下面（年月日）。

3. 求职信的撰写原则

一封好的求职信，无论在形式还是内容上都必须给阅读者留下好印象。那么毕业生在撰写求职信时，有哪些写作原则呢？

（1）语气自然。语句要简单明了、直截了当。求职信所用词语要生动，使句子有力，不要依靠词典，特别是不能出现一些从未用过的令人费解的词语或难懂的句子。写信就像说话一样，语气要正式但不能僵硬。

（2）通俗易懂。求职者要考虑阅读对象的知识背景，切记不要使用生僻词语、专业术语。因为人事经理不是你这个专业的行家，所以，不能用太过专业的字眼。一方面，人事经理会对自己看不懂的东西失去兴趣；另一方面，未免有卖弄之嫌。

（3）言简意赅。在重点突出、内容完整的前提下，尽可能简明扼要，切忌面面俱到。招聘人员不仅工作量大且时间宝贵，他们不可能花费大量时间在你冗长的履历上，冗长的简历反而可能招致招聘工作人员的反感。所以，多用短句，每段只表达一个意思。

（4）具体明确。不要使用模糊、笼统的字眼，多使用实例、数字等具体的数据。比如，“我设计的捕鱼神人 App 为公司创收超过 50 万元”会比“我设计的捕鱼神人 App 为公司创收颇丰”更有说服力。

4. 求职信的撰写技巧

目前，很多应届毕业生在求职时，只注重个人简历，而忽略了求职信。其实，一封准备充分、有的放矢的求职信，不仅可以吸引招聘者的目光，而且可以提高求职的成功率。那么如何才能让求职信脱颖而出呢？那就需要掌握以下技巧了。

（1）态度真诚、摆正位置。写求职信时，首先应该想清楚公司要我来干什么，而不是写自己需要什么；其次应该写自己能为公司做什么，而不是写该职位对自己有什么益处。有了这样的态度，才能摆正位置。

（2）整体美观、言简意赅。求职信文字的整洁、美观很容易引起用人单位对求职者的好感，相反如果字迹潦草、龙飞凤舞，则会给用人单位留下不好的印象。

（3）恰如其分、有的放矢。求职信的主要目的是吸引招聘者，引起招聘者的兴趣，因此在开头应尽量避免客套话、空话。求职信的核心部分是自己胜任工作的条件，这并非多多益善，而要有针对性，有的放矢，所以在动笔之前要着眼于现实，并对应聘单位和岗位情况有所了解，才可能使写出的内容恰如其分。

（4）以情动人、以诚服人。语言有情，有助于交流思想，感动对方。

（5）要有新意、拒绝平庸。现在写信求职的人很多，如果没有特色，平庸又毫无新意，就难以给招聘者留下深刻印象。求职信的新意可以从凸显你特长、展示你文采、表现你能力等方面来展现，但需要注意的是，这并不是要你自吹自擂，而是要用事实说话。

最后，求职者在写求职信时，还要记住图 4-1 所示的六点注意事项。

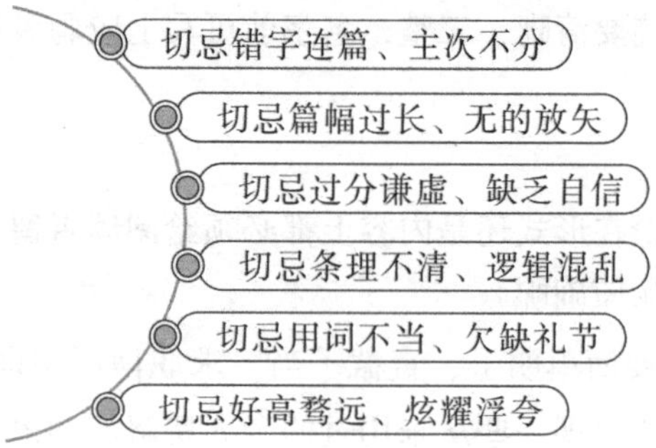

图 4-1　写求职信的注意事项

5. 英文求职信

现在，越来越多的企业对毕业生的英语水平要求很高，英文求职信也被越来越多地使用，特别是应聘外资企业，要求必须使用英文写求职信。英文求职信的书写与中文求职信是有区别的，这不仅是两种文字本身的差异，还有两种文化传统、习惯的不同。英文求职信的格式与要求如下。

（1）英文求职信的开头，每句话的第一个单词首字母必须大写，所有专有名词（如人名、地名、公司名等）的首字母也要大写，还要注意标点符号。

（2）英文往往一词多义，要准确运用，语言以庄重为好。

（3）无论手写或打印求职信，必须亲自签名，以表示郑重。

（4）如要邮寄，注意信封的写法。

第五章　大学生职业技能提升

第一节　团队合作

一、团队合作的意义

在企业中，团队合作的工作方式可以提高企业的凝聚力，增强企业的核心竞争力。团队合作要发扬团队精神，团队精神就是大局意识、协作精神、服务精神的集中体现。团队精神要求团队成员有统一的价值观和共同的目标，且团队成员之间能够高度信任、相互协作，能自觉认同肩负的责任，并愿意为达成共同目标而持续努力。团队合作的主要作用如下。

（一）目标导向功能

企业培养员工的团队精神，就是让员工“心往一处想，劲往一处使”，能相互协作，朝着一个目标努力。对于个体而言，团队的目标就是自己努力的方向。团队整体目标要分解成各个小目标，要将对应每个小目标的具体任务分配到具体的团队成员，让每个成员完成具体的工作任务。

（二）凝聚功能

任何企业都需要具备高度的凝聚力。传统的管理方式是通过组织系统自上而下的行政指令实现对员工的管理，这种管理方式忽视了员工的个人情感和心理需求，而团队精神重视的是团队意识的培养，通过员工在长期实践中发挥团队精神，使团队成员对企业产生归属感，从而形成强大的凝聚力。

（三）激励功能

团队精神也需要员工在团队协作中实现自己的进步，即促使团队中每个成员向团队中最优秀的成员看齐。因为员工之间的正常竞争可以发挥激励作用，这种激励作用不能仅仅停留在物质层面，更要反映在精神层面，每个团队成员都力求获得团队的认可，获得其他成员的尊重。

（四）控制功能

团队中每个成员的个体行为都需要受到控制，群体的行为也需要进行协调。团队精神产生的控制功能，能促进团队内部形成一种源于价值观认可的精神力量，构建积极向上的良好氛围，而这种精神力量、良好氛围将给予团队成员约束，从而规范和控制个体的行为。这种控制不是自上而下强制性的，而是以软文化的方式规范和引导，即由强制性的制度措施向软性控制转变，从控制团队成员的短期行为向控制团队成员的长期价值观和长期目标转变。因此，这种控制更具备可持续性。

二、团队精神的培养

作为团队中的一分子要具备良好的团队精神，必须注重对以下能力和品质的培养。

（一）培养表达与沟通能力

表达与沟通能力是非常重要的，不论你的工作多么优秀，不会表达与沟通，就不能让更多的人理解。例如在一场比赛中，不论是竞赛选手，还是裁判、评委、主办方，都需要重视团队成员之间的交流与合作，才能使整个比赛获得成功。

（二）培养主动做事的品格

任何人都渴望获得成功，但是成功不是等出来的，而是脚踏实地做出来的。任何团队成员都不能被动地去等待别人告诉你要干什么，而应该主动了解团队目标，知道自己要做什么，然后做好周密的规划和部署，全力以赴地达成目标。

（三）培养敬业精神

团队成员要具备良好的敬业素养、高度的敬业精神，要将团队中的事情当作自己的事情，并以高度的责任心来完成任务。如此才能发挥自己的优势，才能更好地实现目标。

（四）培养包容与合作的品质

很多人不能取得成功的原因是忽视了人与人之间的合作。虽然有些人具备良好的动手能力，也具备良好的职业素养，但是他们忽视了人与人之间的合作。例如，当自己的想法与别人不同时，不是寻求两种意见的和平共处，而是固执己见；有些团队成员在谈到自己同事时，没有以客观的态度去看待，总是挑剔同事存在的缺点；等等。事实上，团队中的每一个成员都有自己擅长的部分，也有自己不擅长的部分，关键是以怎样的态度去看待，如何发现他人的优点，而不是挑剔别人的缺点。因此，培养团队成员求同存异的品质，对团队的发展至关重要。这需要在日常工作和生活中，能以良好的心态与他人和平共处，学会为人处世之道。

（五）培养大局意识和全局观念

良好的团队精神不要求团队成员个性张扬，而需要团队成员的个性与团队的目标保持一致。团队成员要具有大局意识和全局观念，既能考虑团队的内在需求，又要与其他团队成员和平共处、相互帮助、相互配合，共同为团队目标而努力。

三、团队合作的技巧

（一）平等友善

在团队中，学会与同事和平共处是团队建设的重要一步。无论是老员工，还是新员工，都要坚持与其他团队成员和平共处的思想。同事之间相处的关键在于长期稳定性，同事之间要相互了解、彼此尊重，能够做到真诚相待。相互信任同样重要，信任是维系同事关系的基石。同事之间只有相互信任，才能有效合作，共同完成团队目标。在团队中，即使某个团队成员有突出的能力和过人的胆识，也不能太过张扬，只有平等真诚地对待每一个人，才能赢得同事的尊重。

（二）善于交流

同事之间由于存在着一定的差异，有可能是知识，也有可能是学历，这种差异会造成大家在工作中产生不同的看法或想法。通过交流，可以使这种分歧降到最低。因此，善于交流对于同事之间共同完成任务，保持良好关系，彼此理解等是非常重要的。

（三）谦虚谨慎

法国作家罗曼·罗兰曾说："如果你要树立仇敌，就要表现得比你的朋友卓越；如果你要得到朋友，就让你的朋友比你优秀。"当同事表现得比我们优秀时，同事就会被肯定；当我们表现得比同事优秀时，同事就会产生自卑，甚至会嫉妒我们。所以，在与同事相处时要谦虚谨慎，只有这样，我们才会赢得尊重，才能受到他人的欢迎。

（四）化解矛盾

通常情况下，同事之间难免会发生小摩擦、小矛盾，这是正常的事情。但要及时化解矛盾，千万不能将小问题放大，一旦放大，同事之间就可能成了敌对的关系，这对于个人、对于企业都是不利的。

（五）接受批评

在团队发展过程中，每个团队成员都要学会接受批评。如果真的是自己的错误，就要虚心接受并改正，并应对批评自己的人表示感谢，不能因为别人的批评而与同事对立。

第二节　职场沟通

沟通是人与人之间、人与群体之间思想与感情的传递与反馈过程，以求思想达成一致和感情的通畅。从用人单位调研的结果来看，沟通能力被用人单位认定为核心就业力之一。职场上良好的沟通不仅可以提升工作效率，而且可以增强企业凝聚力，使企业得到更好的发展。

一、职场沟通与校园沟通的区别

职场沟通与校园沟通的区别如下。

(1) 在沟通的内容上。在校园中，沟通最多的是与学习、生活有关的事情，如上课、作业、考试等；在职场中，沟通最多的是与工作相关的内容，如工作计划、工作进度、会议通知、工作报告等。

(2) 在沟通的渠道上。校园沟通以非正式渠道为主，以正式渠道为辅；职场沟通以正式渠道为主，以非正式渠道为辅。

(3) 在沟通的对象上。在校园沟通中，沟通的对象多为同学和老师；在职场沟通中，沟通的对象多为领导、同事、下属、客户、合作伙伴等。

(4) 在沟通的方式上。有口头沟通和书面沟通两种方式。在口头沟通中，校园沟通主要是在上课、聊天、打电话时进行；职场沟通主要是在开会、培训、工作、打电话等时进行。在书面沟通中，职场沟通多以电子邮件、即时通信为主；校园沟通多以口头沟通为主，电子邮件使用得比较少。

总的来说，职场沟通相较校园沟通，沟通的对象更加多元、复杂，使用面谈、电话、电子邮件等方式较为普遍，沟通的内容专业性较强，体现出沟通的及时性和准确性。

二、职场沟通中常见的问题

对于初入职场的大学生来说，职场沟通是一项较大的挑战。在职场沟通中，常见的问题有：①在沟通的内容上，不知道如何组织工作计划、进度或报告；②在选择沟通渠道上，是选择正式渠道还是非正式渠道，容易出现错误；③对沟通对象的情况不了解，或者在上行沟通或下行沟通的方向问题上出现沟通障碍；④在沟通过程中出现问题，不能有效地传递信息；等等。这些问题都是职场新人在职场沟通中经常出现的问题。

伴随这些问题的行为，主要表现为：①在工作中常常被动等待对方来询问；②沟通中注意力不集中；③不能很好地理解别人的意思；④说话啰唆没有重点，或淡漠回应，或喜欢打断别人；⑤在有些场合不知如何与别人进行沟通，因而沉默或让话题难以继续，甚至发生不愉快；⑥缺少沟通技巧，常常让别人感到不被尊重；等等。

沟通是一种信息的积极交流。在沟通中，我们要积极与领导、同事或客户进行沟通，改正沟通中出现的错误行为，运用自己的沟通能力促进问题的解决、工作的改进。在职场沟通中，要认真倾听，准确理解对方的观点、立场和意图，积极地回应对方，清晰简洁地表达自己的观点；要学会运用沟通技巧，使沟通对象感到被重视和被尊重。

三、提升沟通能力的基本方法

我们随便翻开一本提升能力的培训书籍，会发现沟通都是重点讲解的内容，因为有效沟通对统一思想、提振士气乃至解决问题都有重要的推动作用。沟通能力的提升需要系统培养，包括洞察力训练、信息处理能力训练、语言组织能力训练、逻辑推理能力训练等。对于职场新手，如果没有时间进行系统训练，只要掌握职场沟通的一般方法，就可以在工作中边体会边学习，达到逐步提升的目的。下面来介绍简单易懂的“3F”基本沟通方法。所谓3F，即事实（Fact）、感受（Feeling）、意图（Focus），也就是在沟通中要倾听事实、觉察感受和聚焦意图。

（一）倾听事实

首先是积极倾听，即积极主动地倾听对方所讲的事情，掌握真正的事实，借以解决问题。倾听的原则是站在对方的立场仔细倾听，不要预设立场确认自己所理解的是不是对方所讲的。例如，可以用“你刚才所讲的是不是”“我不知道我理解的对不对”等这些句式，要以诚恳、专注的态度倾听对方的话语。倾听事实的关键是要分清沟通事件是事实还是判断，比如，“他生病了，他旷工三天”，这属于事实；而“他总是生病，他总是迟到”，这属于判断。

（二）觉察感受

一般人都不太注意这个步骤，因为大多数人只关心对方说话的内容，不太注意非内容性的内容。其实对于沟通来讲，沟通的方式比内容更重要，因为方式连接的是感受。在沟通表达时，除了注意沟通的内容外，还要注意沟通时的语调和表情。语调和表情就是沟通时的表达方式。当我要表达什么内容时，不仅要把内容说清楚，还要用适当的语调和表情将内容演绎出来。为什么要这么做呢？因为这与倾听方的感受相关，你的说话方式会影响对方的感受。良好的沟通一定要照顾对方的感受，不仅说话方要注倾听方的感受，倾听方也要关注说话方的感受。例如，“我很难过”“我很失望”“我很担心”就是感受，而“我觉得”“我认为”就是看法。

（三）聚焦意图

聚焦意图是有效沟通的核心，它要求我们在交流中不仅关注自己表达的内容，更要深入理解对方的需求、目标和关注点。

在职场沟通中，3F沟通法是最基本的方法，在这个过程中，相互信任、提前了解、信息明确、换位思考及互通反馈等，能够有效促进沟通。所以，要把沟通建立在信任的基础之上，沟通双方才能消除羁绊，进行坦诚交流；要提前了解沟通对象的期望、心态及其他相关情况，才能使沟通更顺畅；要掌握明确的信息，才能避免信息传递“失真”。

第三节　情绪管理与时间管理

一、情绪管理的关键和方法

情绪是人们在内心活动过程中所产生的心理体验，或者说，是人们在心理活动中对客观事物的态度体验，也是我们心理状态的晴雨表。当我们把情绪毫无保留地发泄在我们周遭的人身上时，那种和谐的关系无形中就被破坏了，就好像是被打破了的水晶杯一样，就算接合后也是会有裂缝的。所以，我们一定要小心处理自己的情绪，要学会在职场中合理地表达自己的情绪，增加正面情绪，控制负面情绪。

首先，要合理地表达情绪。情绪没有表达出来就会出现一系列问题，比如，你无法对周围的人传递信息，可能会失去自己达成希望的可能，而且会在很大程度上影响你的身体健康和人际关系。所以，你有充分的理由去表达情绪，但这并不意味着你应该表达你所有的情绪。在情绪表达的选择上，要适时、适地、适人。掌握良好的时机表达自己的情绪很重要，要在对方方便时请他倾听你的感受，而我们表达情绪的有效方式是选择平静、非批判的方式叙述情绪的本质，而不是直接地发泄。

其次，要增加正面情绪。例如，每天定时有规律地运动，日常生活中学会幽默，锻炼自己的包容心，有意识地保持微笑，经常帮助他人，与积极乐观的人交朋友等，都是增加正面情绪的有效方法。

最后，控制负面情绪。负面情绪包括愤怒、恐惧、焦虑、嫉妒、孤独、悲伤、沮丧、抑郁等。我们要重新认识这些情绪，每一个负面情绪的背后都有其正面的意义。比如，嫉妒是一种渴望成长，悲伤是对情感的珍惜，因此，我们要懂得控制和转化自己的负面情绪。

二、时间管理的定义和方法

我们可以把工作按照重要和紧急的程度进行划分，基本上可以分为 4 个象限：第一象限是既紧急又重要的事务（如人事危机、客户投诉、即将到期的任务、财务危机等），第二象限是紧急但不重要的事务（如电话铃声、不速之客、行政检查、主管部门会议等），第三象限是既不紧急也不重要的事务（如闲谈、无聊信件、个人爱好等），第四象限是重要但不紧急的事务（如建立人际关系、新的机会、人员培训、制定防范措施等）。时间管理坐标体系如图 5-1 所示。

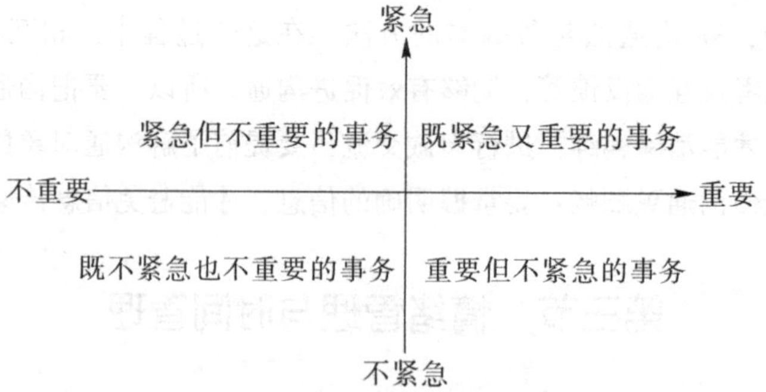

图 5-1　时间管理坐标体系

时间管理理论的一个重要观念是应有重点地把主要精力和时间集中放在处理那些重要但不紧急的工作上，这样可以做到未雨绸缪，防患于未然。在人们的日常工作中，往往有机会去很好地计划和完成一件事，但常常又没有及时去做，随着时间的推移，就造成工作质量下降。因此，把主要精力放在重要但不紧急的事务上是必要的。

有这样一个故事：在一次课堂上，教授在桌子上放了一个玻璃罐子，然后从桌子下面拿出一些正好可以从罐口放进罐子里的鹅卵石。教授把石块放完后问学生："你们说这个罐子是不是满的?"所有的学生异口同声地回答："是。"教授笑着从桌底下拿出一袋小碎石，把它们从罐口倒下去，摇一摇，问："现在罐子是不是满了?"大家都有些不敢回答，只有一位学生怯生生地说："也许没满。"教授不语，又从桌子下面拿出一袋沙子，慢慢倒进罐子里，然后又问学生："现在呢?""没有满!"全班学生很有信心地回答说。"是的。"教授又从桌子底下拿出一大瓶水，缓缓倒进看起来已经被鹅卵石、小碎石、沙子填满的玻璃罐。一个平常的玻璃罐就这样装下了这么多东西，但如果不先把最大的鹅卵石放进罐子，也许以后永远没机会把它们再放进去了。生活中那么多事情，其实都可以像往这个玻璃罐里放东西那样，先进行时间级别分类。如根据大学生的日常安排，按照"轻重缓急"进行组合，确定先后顺序，做到不遗不漏。

（1）A 级别。时间紧，具有一定的挑战性，非常重要的事情。需要注意的是，很多人惧怕 A 级别的事情，觉得太复杂，要耗费太多的精力；或因为怕完不成或者完成得不完美而采取逃避的态度。

（2）B 级别。很重要，但在时间上没有特别要求。这一级别的事情当前不需要马上交差，但又非做不可，容易在不紧急的心理中被人遗忘，在最后关键时刻演变成 A 级别事件。

（3）C 级别。时间上紧迫，但并不是很重要的事情。这一级别的事情可以请别人代劳。

（4）D 级别。时间上不紧迫，也不是很重要的事情。这一级别的事情有的可以请别人做，有的可以降低标准，有的放在零碎时间完成，有的对生活没有益处，建议放弃。

第六章　大学生职业生涯决策

第一节　认识职业生涯决策

一、职业生涯决策风格

在生活中，你可能已经注意到不同的人使用不同的方法作决策，人们的决策风格和类型各不相同。1968 年，丁克里奇通过访谈研究，将职业生涯决策风格归结为以下 8 类。

（一）烦恼型

烦恼型的人会花很多时间和精力来收集信息，确认有哪些选择，向专家询问，反复比较，却迟迟难以作出决定，他们常常爱说的一句话是“我就是拿不定主意”。出现这种情况时，收集再多的信息进行分析比较也无济于事。

（二）冲动型

冲动型的人在遇到第一个选择时就紧紧抓住不放，不再考虑其他选择或进一步收集信息，他们的想法是“先决定，以后再考虑”。例如，先找到一份工作做了再说。冲动型的决策方式可能是出于对困难的回避，不愿意花时间和精力去探索。这种方式的危险在于风险太大，等看到有更好的选择时会追悔莫及。

（三）直觉型

直觉型的人将自己的直觉感受作为决策的基础，他们通常说不出什么理由，一味地表示“就是觉得这个好”。人们在择业时常常采用这种方式。直觉在人们对环境情况无法获得充分信息时会比较有效，但它可能不符合事实。有时，我们的判断可能会因自身先入为主的偏见而产生较大的偏差。因此，我们不能仅仅将直觉作为决策的依据。

（四）拖延型

拖延型的人习惯将对问题的思考和行动都往后推迟，“过两天再考虑”是他们的口头禅。大学生常见的“我还没有准备好找工作，所以打算先考研”，就是这种方式的体现。拖延型的人心中暗暗抱有这样的希望“也许事情过几天就自动解决了”。然而，问题并不会自动解决，有时甚至会越拖越严重。如果你现在不知道该怎么找工作，那么读完研究生也未必就能知道。

（五）宿命型

宿命型的人不能自己承担责任，而将命运寄托于外部形势的变化，他们会说“该怎么就怎么吧”或者“我这个人永远也不会走运”之类的话。人生态度不积极，往往将决定权留给命运，需要做出决定和努力的时候无力感就会非常明显。这样的人容易成为环境的受害者，怨天尤人，却没想到自己的处境正是由自己造成的。

（六）顺从型

顺从型的人倾向于顺从别人的计划而不是独立地做决定，他们常说“只要他们觉得好，我就觉得好”。例如，很多大学生一窝蜂地争取出国、进外企、考研、参加各种培训班，只因为“大家都这样做”。顺从型的人在追随群体的过程中获得一种虚假的安全感，但忽略了自身的独特性，这就造成他们的选择在很大程度上并不适合自己。他们在不必费心思考的同时，也牺牲了对生命可能的满足感。

（七）瘫痪型

瘫痪型的人在理性上接受了应当自己做决定的想法，却无法开始决策过程，他们知道自己应该开始了，可内心深处总笼罩着“一想到这事就害怕”的阴影。事实上，他们无法真正为决策和决策的后果承担责任，而这种害怕承担责任的心理可能源于家庭在其成长过程中长期的不当养育方式。

（八）计划型

计划型的人能够冷静且客观地分析各种选择的利弊得失，在作决策时使用标准化决策模型所推荐的理性策略。

二、职业生涯发展的影响因素

一个人在做职业生涯决策时，除了自身因素之外，还会受其他因素的影响，归纳起来，包括个人因素、家庭因素、职业因素、社会因素四个方面。

（一）个人因素

职业生涯发展的主体是决策者本身，决策者个人的特征会极大地影响其生涯决策。

决策者个人因素包括生理特质、心理特质、教育程度。

（1）生理特质。它包括性别、年龄、身高、体重、健康状况等。

（2）心理特质。它包括性格、能力、兴趣、成就动机、价值观念等。

（3）教育程度。教育是获得知识和技能的主要途径，个体受教育的层次越高，就业或升学的选择机会也就相对越多。一个人的教育程度直接影响其职业选择方向和获取喜欢职业的概率。

（二）家庭因素

家庭因素包括家庭生长环境、家人的期望、与家人的关系、家庭经济状况等。

1. 家庭生长环境

每个人所生长的环境，对其就业都会有较大影响。具体体现在以下三个方面：①教育方式不同，造成个体认知世界的方法不同；②父母的职业是孩子最早观察模仿的角色，孩子必然会受到父母职业技能的熏陶；③父母的价值观、态度、行为、人际关系等对子女的职业选择有直接和间接的影响。因此，在现实社会中，我们常常会看到艺术世家、教育世家、商贾世家等。

2. 家人的期望

一般父母对子女都有较高的期望，有的把自己当年没有实现的期望寄托在子女身上，希望他们去实现，但这可能与子女本人的理想、兴趣不一致。

3. 与家人的关系

我们每个人都是家庭中的成员，有的与父母关系很亲密，在做重大决定时会考虑父母的意见。在家庭中，子女与父母关系的亲疏会直接影响他们的职业生涯决策。

4. 家庭经济状况

有的学生家庭经济状况不太好，在学校读书时经济比较困难，费用主要靠助学贷款。这种情况下，毕业时就要考虑先就业，等到家庭经济条件改善后再继续深造。

（三）职业因素

职业因素包括工作性质、条件、时间、福利、升迁、人际关系等。随着社会的发展、科技的进步，一些传统的职业在不断消失，新的职业不断涌现。这些新职业的性质、工作环境与条件、工作后的升迁与前途、工作的福利待遇等都是大学生在作职业生涯决策时要重点考虑的因素。

（四）社会因素

社会因素包括社会的经济、文化、风气、习惯等。在经济发展水平较高的地区，各类企业相对集中，优秀企业比较多，个人职业选择的机会也比较多，因而有利于个人职业的发展；反之，在经济发展水平落后的地区，个人职业发展也会受到一定限制。社会文化环境包括教育条件和水平、社会文化设施等。在较差的社会文化环境中，个人无法接受到好的教育，从而对自身的职业发展产生不利影响；反之，在良好的社会文化环境中，个人能够接受良好的教育，因而能够为自身的职业发展打下良好的基础。每个人都有不同的价值观，生活在一定的社会环境中，必然会受到社会价值观的影响。大多数人的价值观都被社会主流价值观所左右，一个人的思想发展、成熟的过程，就是认可、接受社会主流价值观的过程。社会价值观正是通过影响个人价值观而影响个人职业选择的。朋友、同龄群体的职业价值观、工作态度、行为特点等不可避免地会影响个人对职业的偏好，以及个人选择从事某一类职业的机会和变换职业的可能性等。当一个人在思考、决策时，如果能够尽量多地从内、外两个方面进行理性分析和思考，就能有效地进行职业生涯决策，日后职业生涯成功的可能性就越大。

三、大学生常见的职业生涯决策问题

不是每个人都能成功地做出职业生涯决策，其中会有一些阻碍因素使人们职业选择不顺利，或是造成人们职业发展困境且长久无法突破。这些阻碍因素主要包括以下几个方面。

（一）意志薄弱

个人职业生涯决策受父母、他人影响的情形相当普遍，这会导致个人忽略真正适合自己的选择。或虽有少数人能立定志向，但因为不能持之以恒或失去毅力而放弃想要发展的方向。这时，应该去想一想：我的理想是什么？我的职业生涯目标是否投射了他人的期待？真正适合我发展的方向在哪里？哪些因素影响我做适当的决定？我应该坚持哪些部分，然后朝自己掌握的方向去努力？

（二）行动犹豫

许多人虽然有自己的想法与目标，但可能因为担心、害怕或缺乏信心等而迟迟无法展开实际行动。像这种只想、只计划却没有实际行动的人，就属于“行动犹豫”者。

（三）信息探索不足

目前社会或工作环境的信息不足或不清楚获取信息的渠道，就属于“信息探索不足”。这时，应强化信息的收集与了解，因为只有了解到丰富的信息才能有效地进行职业生涯决策。

（四）特质表现不佳

个性积极且有主见者，在职业生涯发展上较容易为自己铺一条合适的路。但有些人个性过于被动且缺乏主见，抱持“船到桥头自然直”的态度，这样长久下去则不利于职业生涯决策，就属于“特质表现不佳”。

（五）方向选择未定

有些学生对自己未来发展的方向不明晰，导致无法明确地做出决策，也无法为将来做出预期努力，就属于“方向选择未定”。这时，应多花时间去探索自己的兴趣、能力及所处社会状况等，找出自己的发展方向，这样才能作出正确的选择。

（六）专业选择不当

如果个人的专业领域能与自己未来的职业生涯相契合，则有助于进入专业领域的职业生涯发展中。然而，许多大学生因某些因素而进入非原先所期待的专业就读，就属于“专业选择不当”。这时，应先给自己一些时间沉淀，再通过其他方法（如做兴趣测验、与师长讨论等）寻找适合自己的专业，如可以考虑转专业或修读双学位等。

（七）学习状况不佳

在大学生涯中，学习是最重要的一件事。如果大学生对所处的学习环境不满意，或学习心态不正确，则可能无法有好的学习态度，而“学习状况不佳”。这时，需要去查找这种现象背后的原因，在认知与行动上有所调整，这样才能自然地投入学习，从而作出更好的决策。

（八）学习困扰较大

有些学生会因为与同学、老师互动状况不佳或异性交往等问题而无法全身心地投入学习，恶性循环的结果导致无法达到自己理想的成绩，就属于“学习困扰较大”。这时，亟须回到根源去寻找困扰的问题或调整学习习惯，才不致错过适当的学习和决策时机。

我们每个人都可能因为一些阻碍因素的存在，而使自己的职业生涯停滞。若自己能接触、觉察这些因素，则会对自己的决策和未来发展带来莫大的帮助。我们可以问自己以下几个问题，去觉察这些阻碍因素。

（1）在个人的学习成长过程中曾经或目前出现过哪些生涯阻碍因素？

（2）哪些因素对目前所学的专业或从事的工作有负面影响？

（3）这些因素存在了多久？

（4）个人曾经想过要改变或克服这些阻碍因素吗？

（5）如果这些阻碍因素一直保持下去，则未来的蓝图将会如何？

（6）如果你改变了，周围人的看法、感觉又将会如何？他们可能会有哪些反应呢？

职业生涯阻碍因素的探索，可以帮助我们了解自己职业生涯中可能存在的阻碍因素，从而进一步针对自己的瓶颈与困境加以突破，开创新局面。

四、职业生涯决策的原则

（一）生存优先原则

面对复杂严峻的就业形势，如果在求职择业上不能摆脱传统观念的束缚，认为读了大学，手握文凭，就应做个“白领”，除了“白领”的位置，其他一切岗位都不屑一顾；又或者对报酬收入、福利待遇的期望值过高，不是高薪职位概不考虑，那就会自误其事。毕业生应该要先找到一份可以维持生活、达到经济独立的工作，然后再谋求进一步的职业发展。

（二）兴趣所在原则

职业定向要遵循自己热爱、择己所爱的原则，是指在选择职业方向时要适当考虑自己的兴趣与爱好。从事一项自己喜欢的工作，工作本身就能给人一种满足感，职业生涯也会从此变得妙趣横生。兴趣是最好的老师，所以，大学生在做职业生涯决策时，要珍惜自己的兴趣。但是，兴趣爱好也并不总是起正向的驱动作用，有时也可能是一种耗散力。比如，有的大学生对什么都感兴趣，没有形成自己的特长，就不能形成职业优势；有的大学生兴趣与所学专业不一致，给职业生涯决策带来困惑。这就要求大学生在进行职业生涯设计时，对自己的兴趣应有一个客观分析。

（三）自身优势原则

职业选择要遵循发挥个人优势、择己所长的原则。不同职业对从业者有不同的素质要求，而一个人不可能将所有技能全部掌握，所以在选择职业时，应考虑能否发挥自身特长。根据自己的所长选择职业，不仅有利于出色完成本职工作，还有利于在职场竞争中占据制高点。大学生都经过一定的专业训练，具有某一专业的知识和技能，这是大学生的优势所在；大学生都有自己的专业，每个专业都有一定的培养目标和就业方向，这是大学生职业生涯设计的基本依据。用人单位对毕业生的需求，一般首先选择的是大学生专业方面的特长，大学生对社会的贡献主要靠运用所学的专业知识来实现。如果职业生涯设计离开了所学专业，无形之中就增加了许多“补课”负担，个人的价值就难以实现。需要强调的是，大学生对所学的专业知识要精深、广博，除了要掌握宽厚的基础知识和精深的专业知识外，还要拓宽专业知识面，掌握或了解与本专业相关、相近的若干专业知识和技术。

（四）社会需求原则

职业选择作为一种社会活动，必定受到一定的社会条件的制约，任何人选择职业的自由都是相对的、有条件的。如果择业脱离社会需要，他将很难被社会接纳。我们强调大学生求职是社会与个人利益的统一、社会需要与个人愿望的有机结合。所以，大学生在职业生涯设计时，应积极把握社会人才需求的动向，把社会需要作为出发点和归宿，以社会对个人的要求为准绳，既要看到眼前的利益，又要考虑长远的发展；既要考虑个人的因素，也要自觉服从社会需要。社会的需求不断演化，旧的职业不断消失，新的职业不断产生，所以在进行职业生涯决策时一定要分析社会需求，择世所需，目光长远，这样才能准确预测未来行业或者职业发展的方向。

第二节　职业生涯决策理论与方法

一、克朗伯兹职业生涯决策理论

美国心理学家克朗伯兹在其职业生涯决策理论中指出，职业选择过程受四类因素的影响：①遗传天赋和特殊能力（如内在素质、身体障碍、音乐和艺术能力等）；②环境条件与事件（如劳动法规、技术进步、社会结构变化、家庭资源等）；③学习的经验（如各种工具性学习、行为和认知反应、观察学习等）；④完成任务的技能（如设定目标、工作习惯、情绪反应方式等）。

克朗伯兹提出的职业生涯决策理论包括 7 个步骤。

（1）界定问题。描述必须完成的决策，估计完成所需时间并设定确切的时间表。

（2）拟订行动计划。描述决策所需采取的行动，并估计所需时间及完成的期限。

（3）澄清价值。描述个人将采取的标准，以作为评价各种可能选择的依据。

（4）描述可能做出的选择，以确认选择方案。

（5）依据所定的选择标准、评分标准，逐一评价各种可能的选择，找出可能的结果。

（6）比较各种可能选择符合价值标准的情况，从中选择最能符合决策者理想的决策。

（7）描述将采取何种行动以达成选定的目标。

二、职业生涯决策方法

（一）职业生涯决策平衡单

职业生涯决策平衡单将重大事件的思考方向集中到四个主题上：自我物质方面的得失、他人物质方面的得失、自我精神方面的得失和他人精神方面的得失。也就是说，从“自我—他人”及“物质—精神”所构成的四个范围来考虑。图 6–1 为职业生涯决策平衡的主题。

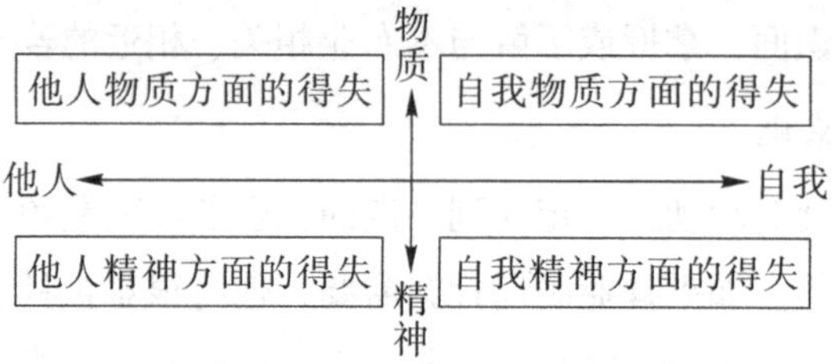

图 6–1　职业生涯决策平衡的主题

职业生涯决策平衡单如表 6–1 所示。

表 6–1　职业生涯决策平衡单

考虑项目（权重–5～+5）		选择一				选择二			
		得（+）		失（–）		得（+）		失（–）	
		原始分	加权分	原始分	加权分	原始分	加权分	原始分	加权分
个人物质方面的得失	1. 收入								
	2. 工作的难易程度								
	3. 升迁的机会								
	4. 工作环境的安全性								
	5. 休闲时间								
	6. 生活变化								
	7. 对健康的影响								
	8. 就业机会								
	9. 其他								

续表

<table>
<tr><td colspan="2" rowspan="3">考虑项目
（权重-5～+5）</td><td colspan="4">选择一</td><td colspan="4">选择二</td></tr>
<tr><td colspan="2">得（+）</td><td colspan="2">失（-）</td><td colspan="2">得（+）</td><td colspan="2">失（-）</td></tr>
<tr><td>原始分</td><td>加权分</td><td>原始分</td><td>加权分</td><td>原始分</td><td>加权分</td><td>原始分</td><td>加权分</td></tr>
<tr><td rowspan="4">他人物质方面的得失</td><td>1. 家庭经济</td><td></td><td></td><td></td><td></td><td></td><td></td><td></td><td></td></tr>
<tr><td>2. 家庭地位</td><td></td><td></td><td></td><td></td><td></td><td></td><td></td><td></td></tr>
<tr><td>3. 与家人相处的时间</td><td></td><td></td><td></td><td></td><td></td><td></td><td></td><td></td></tr>
<tr><td>4. 其他</td><td></td><td></td><td></td><td></td><td></td><td></td><td></td><td></td></tr>
<tr><td rowspan="7">个人精神方面的得失</td><td>1. 生活方式的改变</td><td></td><td></td><td></td><td></td><td></td><td></td><td></td><td></td></tr>
<tr><td>2. 成就感</td><td></td><td></td><td></td><td></td><td></td><td></td><td></td><td></td></tr>
<tr><td>3. 自我实现的程度</td><td></td><td></td><td></td><td></td><td></td><td></td><td></td><td></td></tr>
<tr><td>4. 兴趣的满足</td><td></td><td></td><td></td><td></td><td></td><td></td><td></td><td></td></tr>
<tr><td>5. 挑战性</td><td></td><td></td><td></td><td></td><td></td><td></td><td></td><td></td></tr>
<tr><td>6. 社会声望的提高</td><td></td><td></td><td></td><td></td><td></td><td></td><td></td><td></td></tr>
<tr><td>7. 其他</td><td></td><td></td><td></td><td></td><td></td><td></td><td></td><td></td></tr>
<tr><td rowspan="4">他人精神方面的得失</td><td>1. 父母支持</td><td></td><td></td><td></td><td></td><td></td><td></td><td></td><td></td></tr>
<tr><td>2. 师长支持</td><td></td><td></td><td></td><td></td><td></td><td></td><td></td><td></td></tr>
<tr><td>3. 男（女）朋友支持</td><td></td><td></td><td></td><td></td><td></td><td></td><td></td><td></td></tr>
<tr><td>4. 其他</td><td></td><td></td><td></td><td></td><td></td><td></td><td></td><td></td></tr>
<tr><td colspan="2">合计</td><td></td><td></td><td></td><td></td><td></td><td></td><td></td><td></td></tr>
<tr><td colspan="2">得失差数</td><td></td><td></td><td></td><td></td><td></td><td></td><td></td><td></td></tr>
</table>

职业生涯决策平衡单的使用方法如下。

（1）在第一行列出你的职业生涯方向的方案。

（2）在“考虑项目”一列中，根据个人关注的内容，填入在选择中需要考虑的因素。（以上表格所列项目仅为参考范例，个人可根据各自的实际情况进行罗列）

（3）将表中各项加权打分。

①根据各方案具有的优势（得分）、缺点（失分）来考量，给出每个项目的得分或失分，计分范围为1～10分。

②给每个“考虑项目”赋予权重：重要性因人、因时、因地而不同。对于此刻的你，可以根据考虑项目的重要性与迫切性，乘权数，加权范围为-5～+5。

（4）合计每个方案的优点总分和缺点总分，正负相加，算出得失差数。

（二）SWOT 分析法

SWOT 分析法又称为态势分析法，SWOT 英文字母分别表示优势（Strengths）、劣势（Weaknesses）、机会（Opportunities）、威胁（Threats），是指将与研究对象密切相关的各种主要内部优势、内部劣势、外部机会和外部威胁通过调查列举出来，并依照矩阵形式排列（见表6-2），然后用系统分析的思想，把各种因素相互匹配起来并加以分析，从中得出一系列相应的结论，而结论通常带有一定的决策性。

一般来说，求职者在进行 SWOT 分析时，应遵循以下 4 个步骤。

表 6-2　SWOT 分析法

内部因素分析	优势 1. 2. 3. 利用优势和机会的组合	劣势 1. 2. 3. 消除劣势和威胁的组合
外部因素分析	机会 1. 2. 3. 改进劣势和利用机会的组合	威胁 1. 2. 3. 利用优势和监视威胁的组合

1. 评估自己的长处和短处

每个人都有自己独特的技能、天赋和能力，请大家做个表，列出自己喜欢做的事情和自己的长处（如果觉得界定自己的长处比较困难，可以找一些测试题进行测试。测试完之后，可以发现自己的长处）。同样，可以通过列表找出自己不喜欢做的事情和自身的弱点。找出自己的短处与发现自己的长处同等重要，因为可以基于自己的长处和短处做两种选择：①努力去改正自己常犯的错误，提高自身技能；②放弃那些对自己不擅长技能要求很高的职业。列出自己所具备的重要强项和对自己职业选择产生影响的弱项，然后再标出那些对自己很重要的强项和弱项。

2. 找出自己的职业机会和威胁

不同的行业（包括这些行业里不同的公司）都面临不同的外部机会和外部威胁，找出这些外部因素对于大学生成功地找到一份适合自己的工作是非常重要的。因为这些机会和威胁会影响大学生的第一份工作和今后的职业发展。如果公司处于一个常受外部不利因素影响的行业里，那么这个公司能提供的职业机会是很少的。相反，如果公司处于一个有许多积极外部因素的行业里，则这个公司能为求职者提供广阔的职业前景。

3. 提纲式地列出今后 5 年自己的职业目标

请仔细对自己做一个 SWOT 分析评估，列出自己从学校毕业后 5 年内最想实现的 4～5 个职业目标。这些目标可以包括：你想从事哪种职业，你将管理多少人，你希望自己拿到的薪水属于哪个级别等。

4. 提纲式地列出今后 5 年自己的职业行动计划

请拟出一份实现上述每一目标的行动计划，并详细说明为了实现每一目标需要做的每一件事，以及何时完成这些事。如果觉得自己需要一些外部的帮助，请说明需要何种帮助和如何获得这些帮助。例如，个人 SWOT 分析可能表明，为了实现自己理想中的职业目标，需要进修更多的管理课程，那么在职业行动计划中应说明自己何时进修这些课程。

三、职业选择的策略

（一）从客观现实出发

职业选择必须从客观现实出发。首先要将个人的职业意愿、自身素质与能力结合起来充分地考虑，估计一下自己能否胜任某项职业，认真评价个人职业意愿的可能性，即进行准确的自我评价和定位；其次是对职业的岗位空缺与需求做出客观分析。

（二）比较鉴别

首先在职业和就业之间进行比较，将职业对人的要求具体化，比如教师职业要求有较强的语言表达能力，艺术工作者要求有丰富的创作力等。其次在选出的多种职业目标中进行比较。自己的条件可能适合好几种职业，应当选出那些更符合自己特长和专业发展的，经过努力能很快胜任的职业。最后将职业提出的各种条件进行比较。因为从事某种职业所需要的各种条件是有主次的，每个人进行职业定向时也是需要多方面考虑的。当个人的素质符合某种职业的主要条件时，职业选择就比较容易成功。

（三）扬长避短

在选择职业时，要清楚地知道自己的长处是什么，短处是什么。一般来讲，当职业与个人的理想、爱好、个性特点、专业特长最接近时，个人的主观能动性更容易激发出来。因此，在选择职业时如果充分考虑到最大限度地发挥自己的专长、有利于个人全面发展等因素，走上工作岗位后，才有可能热爱自己的工作，才能把工作当作一件愉快的事情去做，才能更有成效地开创未来。

（四）适时调整

依据以上三个策略作出的选择就不需要变化了吗？有的人可能当时的选择是对的，但后来情况发生了变化；还有的人在选择时考虑不够全面，在实践中行不通，这时就要依据新的情况适时调整，以实现自己的职业生涯设计方案。适时调整的引申含义是：对于自己心目中的理想单位和职业，如果不能一步到位，可以采取打好基础、抓住机会、分步迈进、逐渐逼近的策略。为了理想甘愿终身追求的例子不胜枚举。作为大学毕业生，应该树立有所作为的思想，如果客观现实不具备，就应该适时调整，创造时机使条件成熟。大学毕业生的职业选择只是职业发展计划中的第一步，走好第一步固然重要，但未来的路还很长，也许还会面临更多的选择，正如管理大师彼得·德鲁克所说：对你而言，你所做的工作选择是正确的概率大概是百万分之一。因此，一个人必须大量地、不断地搜寻和转变，才可能发现一条在心理上和经济上都令自己满意的职业发展道路。

第三节　职业生涯决策的目标与行动

目标是一切行动的总指挥。没有目标，人生就没有方向，动力就无从释放。确定生涯目标对大学生而言是十分重要的。生涯目标也就是人生的目标，关系着一个人要成为什么样的人，该怎样度过人生才更有意义，怎样才能取得成功，怎样才能拥有幸福的生活。

一、目标确立的“三定”原则

对大学生来说，职业生涯目标的确定是复杂而艰苦的过程，有时甚至是痛苦的过程。而解决大学生职业生涯规划目标确立的问题，必须遵循“三定”原则。

（一）定向原则

大学生职业生涯规划首先要“定向”。方向定错了，则南辕北辙，距离目标会越来越远，还可能走回头路，付出较大的代价。因此，职业生涯决策决不能犯“方向性错误”。通常情况下，职业方向由本人所学的专业确定，但现实的情况是，很多人毕业后，并不能完全按照自己所学的专业来选择工作，有的甚至与专业风马牛不相及。“学非所用”“用非所学”“专业不对口”的情况比比皆是。这种情况下，就需要认真考虑，选择适合自己的职业岗位。

（二）定点原则

所谓“定点”就是定职业发展的地点。比如，有些人毕业后选择去大城市，有的则选择到国家最需要的地方，这都无可非议。俗话说“人各有志”，但应当综合考虑多方面因素，不可一冲动感情用事。比如，有的人毕业去了南方，认为那里是改革开放的前沿，经济发达，薪资水平较高，但忽略了竞争激烈、观念差异、心理承受能力，甚至气候、水土等因素，结果时间不长跳槽离开。如果一开始就选准方向，就可以在一个地方，围绕一个职业长期稳定地发展，这样不仅对自己资历和经验的积累有益，还有望成为某一领域的资深人士。如果频繁更换工作，今天在这儿，明天到那儿，对职业晋升肯定弊多利少。

（三）定位原则

择业前要对自己的水平、能力、薪资期望、心理承受能力等进行全面分析，做出比较准确的定位。要成就什么样的事业，就要做什么样的打算和计划。在技术、管理、科研等不同的领域有不同的发展规划、不同的发展道路。在体育保健方面学习研究，会成为一个健康咨询专家；学习研究金融财务，会成为一个理财专家。

在定位过程中，既不可自卑，对自己定位过低，更不要高估自己，期望值过高。刚毕业就被知名大公司选中，而且薪资福利不菲，当然是自己的运气。如果没有这种好运气，也无须气馁。不要过分在意公司的名气、薪资的高低，只要这家公司、这个专业岗位适合你，是你所向往和追求的，就应该去试一试。确立从基层做起，逐步积累经验，循序渐进谋求发展的思想理念，对一生都会有好处。

除了这“三定”外，其实还有很重要的“一定”，就是“定心”。心神不定，朝三暮四，就无法准确地“定向、定点、定位”，不论做什么，都需要“定心”。

从哲学角度看，“三定”实际上就是解决大学生职业生涯规划中“干什么”“何处干”“怎么干”这三个最基本的问题。这三个问题解决好了，职业生涯发展就会比较顺利。

二、大学生生涯目标的分析

大学生生涯目标最常见的就是考研、出国留学或就业，三种选择各有各的精彩，无所谓优劣高低之分。考研、出国留学，还是就业，哪一条路更合适，要根据自己的实际条件来选择。除了名牌大学的毕业生毕业后有半数继续读研或出国深造外，一般普通院校的毕业生毕业后绝大多数还是直接进入社会参加工作，可见，就业是在校大学生的最常见目标。

面对严峻的就业形势，抓住机遇及早就业成为大学生的主要目标。在就业目标确立过程中要注意以下问题。

（一）就业观念的转变

目前，我国的职业结构已经发生巨大变化，但大学毕业生的就业观念仍较为陈旧。比如，绝大多数大学毕业生都以留在大城市，进入国家机关、国有企业、外资企业和各种大型机构为第一就业选择。因此，打破传统求职观念，多一双善于发现机会的眼睛，就能开创求职新思路，为实现人生目标做好准备。

首先，拓宽视野，选择可以发挥自己能力的天地。毕业后，有许许多多的大学生为了进入北京、上海、广州和深圳这几个大城市而激烈竞争；有些学生为了留在这些所谓的“宝地”而一直在求职，为生计发愁；还有一些学生为了得到这些城市的户口，甚至去做一些无任何技术含量的工作。他们舍弃了原来自己的职业生涯规划，荒废了专业知识，最后才发现，不仅一直在不停追求的东西没有得到，反而失去了更为珍贵的东西——经验和能力的提高。与此同时，已经有人慢慢向外围发展，为了自己的目标而去寻找合适的地方。

其次，改变对职业的认识，不断寻找新的职业领域。当村干部逐步进入大学生的脑海中的时候，当越来越多的大学生选择为了农村的发展而进入这个领域的时候，人们逐渐意识到，现在有越来越多新兴的职业。随着职业范围的拓展，大学生有了更多的求职机会。因此，大学生应该对这些新的职位给予更多关注，以缓解激烈的竞争压力。同时，不要盲目地追寻，在选择职位的时候，应该收集相关职位信息，看与自己的性格、专业是否匹配，以在新的领域发挥自己的潜力。

最后，好的东西不一定适合自己，不是选择最好的而是选择适合自己的职业。大学生在选择目标企业的时候最大的疑惑是到底去大企业还是小企业。大部分学生倾向于大企业，觉得规模大、机制健全，可以学到更多的东西。但在大企业里，刚刚走出校门的大学生很少能和企业的高层领导交流；在人才济济的大公司里，新进入的大学生也很少能得到重视，发展的步伐也会因此受到一定的阻碍。而规模相对较小的企业有着更为和谐的工作环境，新人更容易得到领导的关注，一般工作的覆盖面也相对广些，可以扩大知识面，做个多面手，因此对自身素质和能力的提高有很大帮助。

（二）找到合适的支点

在强大的就业压力面前，越来越多的大学生觉得自己怀才不遇，觉得自己能力太差，其实，如果能够找到合适的支点，也可以找到满意的职业，且看专家们给出的具体分析。

首先，眼光不能过高或过低，目标要切实可行。有的大学生觉得以后给别人打工没有希望，不如自己当老板，对自己和社会环境过于自信，目标脱离实际；有的大学生认为自己家庭条件不错，找份好的工作不成问题；还有的认为就业形势严峻，研究生尚且找不到工作，本科生有份工作就不错了，自暴自弃，完全没有目标。大学生要客观看待周围和自身的条件，树立切实可行的目标。

其次，避免过于执着和盲目跟风，把事情理想化。追求高薪是年轻人择业的盲点，自己的目标才是第一位的，不要盲目跟风。年轻人还是要以提高自身素质为前提，不要盲目追求利益，理想也需要能力来支撑。对于大学生来说，自己的职业还是一片空白，首先要为自己定下职业目标，明确该往什么地方发展。刚毕业的大学生不应该把薪资等作为好工作的首要标准，而是要更快地提升自身素质，积累工作经验，为丰富自己的工作经历打下良好的基础。其实没有完美的工作，每个工作都有好与坏两面，要学会平衡和知足。同时也不要过于执着，如果不能直接实现自己的既定目标，就可以寻找别的工作机会，为以后的求职“充电”。

（三）拓展就业途径，树立合适的就业目标

为了顺利就业或在激烈的竞争中有一席之地，越来越多的大学生采用以下方式拓展就业途径，树立合适的就业目标。

首先，参加职业资格考试，掌握求职的第二块“敲门砖”。参加职业资格考试是现在大学生比较热衷的“充电”方式之一，有很多学生把职业资格认证视为除大学毕业证之外的第二块“敲门砖”，如参加教师资格认证考试、会计从业资格考试等。为了给自己找到出路，很多学生抱着“这山不亮那山亮”的态度，报考了很多培训辅导班，拿了很多证书，却没有用处。专家建议，大学生不要盲目地去参加职业认证考试，要有计划，结合自己的专业和目标职业发展考取相关职业资格证书。

其次，辅修第二专业，增加就业砝码。随着网络的普及，远程教育在短短的时间内迅速普及。网络教育时间、地点的灵活性使其成为大学生掌握更多知识的很好的方式。大一新生选择网络教育，利用课余时间攻读完相关课程，到毕业时就可以拿到两个都是国家承认的毕业证书。专家表示，网络教育要求学生有较强的学习能力和自制能力，大家在选择时要因人而异，同时应该选择应用范围广的专业，如英语、管理等。

再次，利用课余时间打工，积累工作经验。众多用人单位在招聘员工时，常常会要求“有从事某工作两年或三年以上的经验”。这道门槛对于应届毕业生来说，是无法逾越的。所以在校大学生应及早做好准备，利用课余时间兼职，积累工作经验。这也是提高自己竞

争能力的一种手段。专家建议，学生还是以学习为主，兼职的时间和学业课程安排一定不能起冲突，要分清主次，在不耽误自己学业的前提下进行社会实践。

最后，参加职前培训，掌握求职技巧。很多学生的基本功很扎实，但是过不了面试的“临门一脚”，因此，大学生在平时应加强求职技巧方面的知识积累。目前，学校就业指导中心和一些职前培训机构都可提供如面试技巧、职位描述、行业知识等方面的培训，培训费用也不高。随着高等教育大众化的到来，高端岗位的就业压力也随之增大，大学生必须从多方面提高自己的竞争能力。每一个大学生都要根据自身的条件和优势，找到适合自己的“充电”方式，再利用这个优势在市场竞争中找到适合自己的位置。

三、职业生涯目标的确定方法

经过自我识别定位和职业环境分析后，大学生要能够确定一个总体目标。这个总体目标是我们的最终目标，即人生目标。职业生涯目标的确定方法主要有目标的分解和目标的组合两种。

（一）目标的分解

目标的分解是将目标清晰化、具体化的过程，是将目标量化成可操作的实施方案的有效手段。我们可以采用按时间分解和按性质分解这两种途径来分解目标；按时间分解可分解为短期目标、中期目标和长期目标；按性质分解可分解为外职业生涯目标和内职业生涯目标，具体如图 6-2 所示。

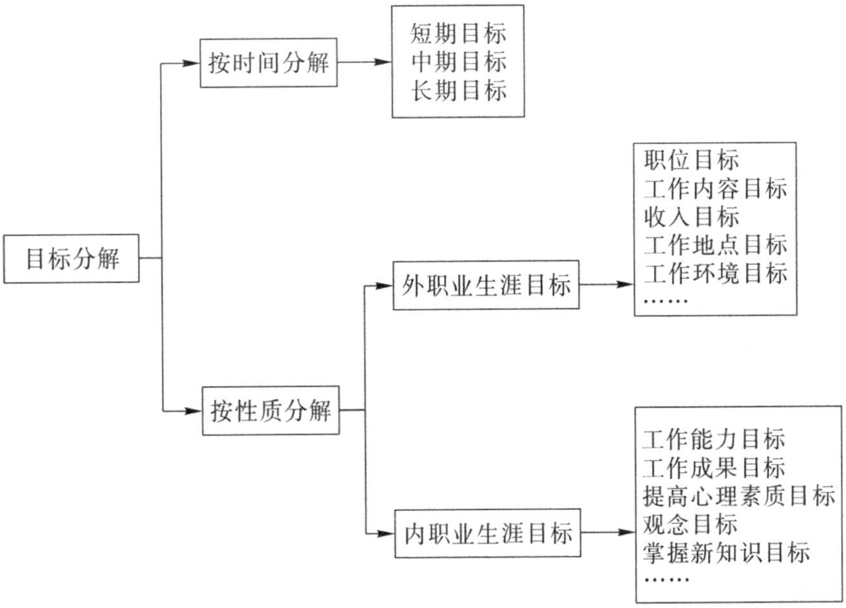

图 6-2　职业生涯目标的分解

1. 按时间分解

职业生涯目标按时间可以分解为短期目标、中期目标和长期目标，如图 6-3 所示。我们常说的“我打算本学期通过英语四级考试”是短期目标；“我打算大学毕业后继续深造”是中期目标；“成为一名经理或高级主管”是长期目标。

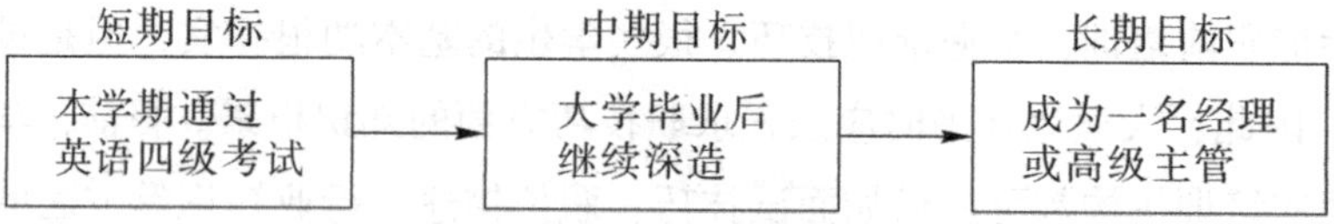

图 6–3　按时间分解目标

短期目标是一些具体的、可操作层面的，是为实现中、长期目标而采取的步骤。短期目标要切合实际，有明确的完成时间，越具体越有操作性。

中期目标是许多短期目标完成的结果，又为实现长期目标打下基础。中期目标有比较具体的完成时间，也可作适当的调整。

长期目标是自己认真选择的，符合自己的价值观，与自己未来的发展相结合的愿望。长期目标有实现的可能性，又具有挑战性。

2. 按性质分解

职业生涯目标按性质可以分解为外职业生涯目标和内职业生涯目标。外职业生涯目标侧重于职业过程的外在标记；内职业生涯目标侧重于职业过程中的知识、经验的积累，观念、能力的提高和内心的感受。

（1）外职业生涯目标。

①职位目标。具体、明确、清晰的职位目标应该是专业和职务。

②工作内容目标。在现实生活中，能够达到高层职位的人毕竟是少数，而且能否晋升在很大程度上并不取决于我们自己。所以，建议把职业生涯目标的重点转移到工作内容目标上来，即把在某一阶段计划完成怎样的工作内容详细列出来。工作内容目标对于选择了专业技术型发展路线的人格外重要，因为这些人的发展体现在本专业技术领域取得的成果及相应的职称晋升上。所以，具体可行的工作内容目标才是规划的重点。

③收入目标。获得经济收入是我们工作的一大目的，毕竟每个人都离不开生存的物质基础。在职业生涯规划中列出收入期望无可非议，但要注意的是，要切合自己的能力素质和实际，大胆规划出一个具体的数字。这个数字将在今后成为你的重要激励源，不要含混不清或压根就不敢写。

④工作地点目标和工作环境目标。如果你对工作地点或工作环境有特殊要求，就要在规划中列出这两项内容。总之，尽可能根据个人喜好来规划，但切勿太过细碎，以免影响选择面。

（2）内职业生涯目标。

①工作能力目标。工作能力是对处理职业生涯中各种工作问题的能力的统称，如组织领导能力、策划能力、管理能力、研究创新能力、人际沟通能力、与同事协调合作的能力等。衡量一个人的职业生涯成功与否，在于他在工作的过程中是否创造了具有实际意义的成果。所以，在制订个人职业生涯规划时，工作能力目标应当优于职位目标。当然，工作

能力目标应当切合实际，具有挑战性，并与该阶段的职务职称目标所要求的条件相匹配。

②工作成果目标。工作成果是进行绩效考核的重要指标，优异的工作成果不仅能带给我们荣誉感和成就感，也铺砌了通往晋升之路的阶梯。

③提高心理素质目标。在职业生涯中，只有心理素质合格的人才能正视现实，努力克服困难，追求卓越。为了使职业生涯规划变成现实，就要不断提高自己的心理素质。提高心理素质目标包括提高抗挫折能力、包容他人的能力，也包括在暂时的成功面前能够保持冷静清醒，做到能屈能伸、宠辱不惊。

④观念目标。当今是个强调观念的社会，各种各样新的观念层出不穷。这些观念影响我们的行动，也影响组织、领导、同事、客户对我们的态度。随时更新自己的观念，也是我们规划个人职业生涯的重要一环。

内职业生涯的发展是外职业生涯发展的前提，内、外职业生涯目标主要因素之间的关系如图 6-4 所示。

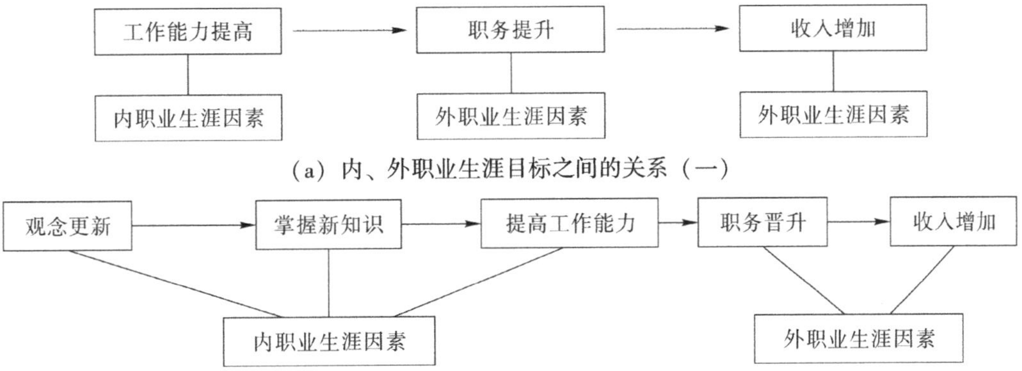

（a）内、外职业生涯目标之间的关系（一）

（b）内、外职业生涯目标之间的关系（二）

图 6-4 内、外职业生涯目标主要因素之间的关系

从图 6-4 可以看出，内职业生涯目标各因素的发展是因，外职业生涯目标各因素的发展是果，只有内职业生涯发展了，外职业生涯才能获得提升。

（二）目标的组合

目标的组合是处理不同职业规划目标之间相互关系的有效措施。目标的组合有三种方法：时间组合、功能组合和全方位组合。具体如图 6-5 所示。

1. 时间组合

职业生涯目标在时间上的组合可以分为并进和连续两种情况。

（1）并进。职业生涯目标的并进是指同时着手实现两个平行的工作目标，或者建立和实现与目前工作内容不相关的职业生涯目标。有时候，外部环境给予我们的机会很多，这让我们面临着多个选择，只要处理得好，又有足够的精力和能力来应付，在一定的范围内是可以做到鱼与熊掌兼得的。这里所说的“同时着手实现两个平行的工作目标”指的是在同一时期内进行不同性质的工作，如上大学时参加社会实践就是目标的并进，它是指同时实现两个以上的目标。

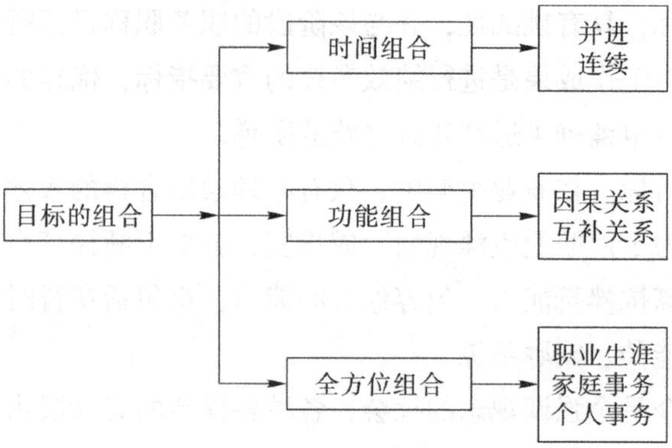

图 6-5　目标的组合方法

（2）连续。连续是以时间坐标为节点，将多个目标前后连接起来，实现了一个目标再进行下一个。一般来说，较短期目标是实现较长期目标的先决条件。目标的期限性也是相对的，随着时间的推移，长期目标成为中期目标，中期目标成为短期目标。只有完成好每一个短期目标和中期目标，长期目标才有可能实现。如通过了大学英语四级，再考英语六级；攻读完硕士学位后，再攻读博士学位等就是目标的连续。

2. 功能组合

很多职业生涯目标在功能上存在因果关系或互补关系。

（1）因果关系。有些目标之间存在着明显的因果关系，如获得工商管理学位与成为一名经理就存在因果关系，获得工商管理学位是因，而成为一名经理则是果。通常情况下，内职业生涯目标是因，外职业生涯目标是果，一般因果排序为：观念更新目标>掌握新知识目标>提高工作能力目标>职务晋升目标>收入增加目标。

（2）互补关系。职业生涯目标的互补关系是显而易见的，如一般高校教师往往同时肩负教学和科研两项任务，教学为科研提供了理论基础和方法指导，科研实践又促进了教学内容的丰富和质量的提高。

3. 全方位组合

全方位组合是指个人的职业生涯目标与家庭生活、个人其他事务均衡发展、相互促进，它涵盖了人生的全部活动。比如一个大学生一边担任学生干部，一边兼职，还要攻读第二学位，这是具有长远眼光的，它有助于个人未来的发展，但是稍微处理不当就会发生冲突，因为对大多数学生而言，学习是最重要的任务。在担任多重社会角色的同时，处理不当势必影响到学习，所以在处理这些角色时要有全局意识。

四、职业生涯目标的确定过程

确定自己的职业生涯目标不是一件容易的事，大多数人都是经过一番努力才找到自己的目标的。可以试着对自己提出以下问题，它们能够帮助你在一团迷雾中找到方向。

问题 1：我的梦想是什么？我最喜欢干什么？我的兴趣爱好是什么？

诺贝尔物理学奖获得者丁肇中说过：“兴趣比天才重要。”兴趣会直接影响你的职业生涯。你对某种职业感兴趣，你就会对该种职业表现出肯定的态度，并积极地思考、探究和追求。你也可以通过测试来发现你的梦想和兴趣爱好，测试能帮助你厘清这些兴趣与职业生涯目标的关系，现在常用的是霍兰德“职业自我探索量表”等工具。

问题2：我最适合做什么？

性格是你对现实的一种总体的态度以及与之相适应的习惯了的行为方式。它不仅表现在对人对自己的态度上，同时也表现在对职业生涯目标的选择和态度上。开朗、活泼、热情、温和的性格，一般比较适合从事演艺以及其他与交往有关的行业；多疑、好问、深沉、严谨的性格比较适合从事科研、教学方面的工作。如果你从事的工作与你的性格相适应，你工作起来就会感到得心应手、心情舒畅，也容易在工作中取得成就；反之，你就会感到缺乏兴趣、被动并难以胜任，即使完成了工作任务，常常也会感到力不从心、精神紧张。你也可以通过职业个性测试来了解你的性格，并发现你适合从事哪类工作。

问题3：我能做什么？

能力是一个人顺利完成某种活动所必须具备的心理特征。能力是影响活动效果的基本因素，你进行任何一项活动，都要具备一定的能力；你从事任何一种职业，也必须具备相应的能力。能力倾向指的是一个人的潜能，即从未来的训练中获益的能力。职业分为不同的类型，因而对人的能力也有不同的要求。在选择职业的时候，你要注重能力类型与职业类型的匹配。如果你擅长形象思维，就比较适合文学艺术方面的工作，而不太适合从事科学研究方面的工作。如果你从事的职业与你的能力类型不适应，甚至相排斥，你工作起来不但心情不舒畅，而且难以取得成就。你也可以通过测试来了解你的能力。现在，画3个圆圈把每一个问题和它的答案圈起来，每一个圆圈代表一个集合，那么，你要找的职业生涯目标就是这3个圆圈的交集，即你最喜欢和最适合你的事，也是你能做到最好的事，这就是你的职业生涯目标。

第四节　评估、反馈与调整

不少人是在一段时间的职业生涯实践之后，才了解到自己到底适合于哪个领域、哪个层面工作的。在缺乏反馈和调整的情况下，这个时间可能长达十几年，或者需要较大的挫折才能使人猛然醒悟到自己的职业瓶颈，或者是通过继续的学习才能使人更清楚地发现自己的潜能、长处和短处。当个人目标设定正确时，反馈和调整可以纠正分阶段目标中出现的偏差，同时极大地增强其实现目标的信心。职业生涯的反馈与调整，是职业生涯中不能回避的问题，也是保证职业生涯目标实现的重要手段之一。

要想对职业生涯成功进行全面的评价，必须综合考虑个人、家庭、企业、社会等各方面的因素。有人认为职业生涯成功意味着个人才能的发挥以及为人类社会作出贡献，并认为职业生涯成功的标准可分为“自我认为”、“社会承认”和“历史判定”。对于职场人来说，按照其人际关系范围，可以将职业生涯成功标准分为自我评价、家庭评价、企业评价和社会评价四类。如果一个人能在这四类评价体系中都得到肯定的评价，则其职业生涯无疑是成功的。

一、职业生涯规划的评估、反馈与调整

评估与反馈是指在实现职业生涯目标的过程中，根据实际情况自觉地总结经验和教训，修正对自我的认知，确定最终职业目标。评估与反馈的过程就是注意内、外部环境的变化，不断地审视自我、调整自我、修正策略和目标。评估、反馈过程确保了个人职业生涯规划的有效性。人只有在工作实践中才能更清楚、更透彻地自我认知和定位，才能弄清自己喜爱并适合什么职业。研究表明，许多人都是经过了一段时间的尝试和寻找之后，才了解自己到底适合从事什么领域的工作，这段时间在缺乏反馈和修正的情况下可能长达十几年。

在行动的过程中，需要通过不断的评估与反馈来检验与评价行动的效果；在职业发展的过程中，往往需要不断地对职业发展计划进行调整。这种调整可能是对具体的行动计划的调整，也可能是对职业发展路线的调整，甚至可能是对职业目标的调整，而这些调整和完善都离不开职业生涯的评估与反馈。

事物都是处在运动变化中的，由于自身及外部条件的变化，职业生涯规划也要随着时间的推移而变化。影响职业生涯规划的因素很多，有的变化因素是可以预测的，而有的变化因素难以预测。在制订职业生涯规划时，由于对自身及外界环境都不了解，最初确定的职业生涯目标往往都是比较模糊或抽象的，有时甚至是错误的。经过一段时间的工作后，要有意识地回顾自己已经走过的职业生涯旅程，检验自己的职业定位与职业方向是否合适，在此基础上不断对职业生涯规划进行评估与修订。修订的内容主要包括：职业的重新选择，职业生涯路线的选择阶段目标的修正、实施措施与计划的变更等。

二、评估的意义和目的

（一）评估是改进职业生涯规划的重要环节

只有完成了评估，才是一个短期职业生涯目标实现的完整过程。无论短期职业生涯目标的实现是成功还是失败，其经验或教训都可以成为下一个职业生涯目标改进和完善的依据。在实施职业生涯规划的过程中，人们可以自觉地总结经验和教训，评估职业生涯规划，修正对自我的认知，完善个人早期的职业生涯规划，纠正最终职业目标与分阶段职业目标的偏差。

（二）评估是继续完成职业生涯规划的必要前提

职业生涯规划包含着一系列的短期、中期规划，它们彼此之间都不是孤立存在的，任何一个新目标总是以之前完成的目标的效果为背景和基础的。如果前一个目标的问题没有被发现和解决，必然会对新目标造成影响。

（三）评估是激励自己继续前进的动力

评估与修正还可以极大地增强个人实现职业目标的信心。通过评估可以使人们看到一

个短期或中期目标最终的效果，甚至享受到成功的喜悦，从而提高个人的自信心，为完成下一阶段的目标创造良好的心理氛围。

三、评估的程序

（一）重温生涯目标

要经常回顾你的构想和行动规划。有的人虽有计划，但总不将计划放在心上，有事做，却不知道自己努力的方向在哪里。把你的构想和任务方案存入计算机中，或贴在床头等可经常看见的地方，时刻提醒自己。当你做出一个对生活和工作极其重要的决定时，请考虑一下你的构想和行动规划，并确保你正在仔细考虑的决策与你的本意相符。

常常问一问：你正在做的是你最想做的事吗？你真的适合做这个职业吗？你能如期完成既定目标吗？你是否将重心放在了最重要的地方？

（二）分析当前的实际情况与当初目标的吻合情况

（1）判断实际行动效果与期望值的偏差。

（2）探究失败的根本原因。

（三）运用结果修正、完善目标

（1）采取及时、适当的纠正措施。

（2）调整策略，改变行动。

经常自省是必要的，过程监督也十分重要，保证至少每 3 个月检查一次工作进度。有意识地回顾得失，检查、验证前期战略措施的执行效果，可以有针对性地提出解决方案，纠正分阶段目标中出现的偏差。

四、评估要点

评估可以参照各类短期、中期预定目标和实际结果进行。一般来说，任何形式的评估都可以归结为自我素质和现实环境的适应性判断。及时分析自己的现状，特别是针对变化的环境找出偏差，并进行修正。

（一）抓住最重要的内容

如对职业生涯规划的目标、路径、实施策略、规划落实的状况等进行重点评估。

（二）分离出最新的需求

针对变化的内、外部环境，发现最新的趋势和影响。紧跟形势，确定怎样的策略才是最有效且最有智慧的。

（三）找到突破方向

有时候，在某点上取得突破性进展将使新格局发生意想不到的改变。想一想：先前规划中的策略方案，哪一条对目标的达成应该有突破性的影响？达到了吗？为什么没达到？

如何寻求新的突破?

(四) 关注最弱点

管理学中有个著名的木桶理论，即一只沿口不齐的木桶，其容量的大小，不取决于最长的那块木板，而取决于最短的那块木板。在评估、反馈过程中，当然要肯定自己取得的成绩与长处，但更重要的是切合变化的环境，发现自己的素质与策略的“短板”，然后想办法修正，或者把这块短木板换掉，或者接补。唯有如此，我们的职业生涯这只桶才能有更大的容量。一般来说，短木板可能存在下列问题。

1. 观念差距

观念陈旧往往会造成策略的失误，导致行动失败。

2. 知识差距

按照实施策略所积累的知识够不够?是否学错方向了?

3. 能力差距

环境在变化，对人的能力的要求也是不断变化的。前一阶段我们通过种种努力提高了某些能力，现在可能又会出现新差距。另外，前一阶段是否坚持按计划来提高能力?提高了多少?遇到过什么困难?思考这些问题对后一阶段有重要的启发。

4. 心理素质差距

很多时候，我们没有取得预期的进步，并不是规划得不够好，或者措施不够得当，而是心理素质不够好。一个人职业生涯的发展，首先是心理素质的成长过程。

五、进行修正

接下来，就要根据评估的结果进行目标和策略方案的修订。修订的内容包括：职业的重新选择；职业生涯路线的选择；阶段目标的修正；实施措施与行动计划的变更；等等。通过评估、反馈和修正，应该达到下列目的。

(1) 对自己的强项充满自信 (我知道我的强项是什么)。

(2) 对自己的发展机会有清楚的了解 (我知道自己什么地方还有待改进)。

(3) 找出关键的有待改进之处。

(4) 为这些有待改进之处制订详细的行动计划。

(5) 以合适的方式答复给予反馈的人，并表示感谢。

(6) 实施自己的行动计划，确保自己能取得显著的进步和成就。

总之，职业生涯规划是一个动态的过程，有效的职业生涯规划需要不断地反省、修正职业生涯目标，反省策略方案是否恰当、能否适应环境的改变，同时也可以作为下一轮规划的参考依据。

第七章　大学生就业心理

面对就业市场的巨大压力，大学生的内心充满矛盾和困惑，在就业过程中出现了各种各样的心理问题。与此同时，用人单位又非常重视求职者的心理素质，因此，大学生在就业前，不仅要学习广泛的知识，不断提升个人能力，还要有充分的心理准备和正确的认识，并通过积极开展自我调适、提高心理素质、保持健康心态等方式，来促进就业或创业的顺利进行。

第一节　大学生就业心理调适

不少大学生在就业过程中总会产生心理障碍、心理矛盾或心理误区，如果不能有效地处理这些心理问题，就会对求职造成阻碍。因此，大学生应学会在就业过程中进行自我控制和调节，消除心理困扰，维持心理平衡，并寻找最佳的解决途径来实现自己目标。

一、大学生就业的心理障碍

人的心理需要一种微妙的平衡，太过自卑或自信，太过浮躁或优柔寡断都是不健康的。大学生在求职过程中，要面对就业市场的激烈竞争，他们所经历的不仅是严峻的就业考验，还要承受各种心理问题，如焦虑、自卑、怯懦、畏惧、逃避、偏激、抑郁、自负、嫉妒、攀比、依赖、优柔寡断、盲从等。

（一）焦虑

焦虑指一种缺乏明显客观原因的内心不安或无根据的恐惧。在求职过程中，焦虑心理是非常普遍的。从投递简历到笔试、面试，这一系列等待的过程，都很容易让求职者产生焦虑的心理，如焦虑是否会得到这份工作、笔试中是否出现失误等。

一般而言，适当的焦虑可以增强人的进取意识，激发上进心，从而产生求胜的心理。但是如果是过度焦虑，且自身无法化解，就会导致心理障碍，严重时将会影响毕业生求职过程中主观能动性的发挥。

因此，刚毕业的大学生要摆正心态。通常刚毕业时不太可能一步就达到理想状态，要学会接受现实，认清自我，避免陷入焦虑的情绪之中。

（二）自卑

自卑心理在大学生就业过程中也是极为常见的。一些大学生由于客观原因产生了自卑心理，如非名牌大学、冷门专业、家庭经济环境单薄、社会关系贫乏等；有些大学生则是由于主观因素造成自卑心理，如自身素质和就业竞争力过低、性格内向、不善于表达、心理负担重、自我控制能力差等。不管自卑心理是如何产生的，在自卑心理的作用下，大学生常常会精神不振、内心孤寂，从而导致求职屡屡受挫。自卑心理好比是大学生求职道路上的一个绊脚石，它会使大学生择业的标准一降再降，最终可能导致失业。

自卑心理产生的原因是多种多样的，有个人原因、家庭原因、社会原因等，但主要以个人原因居多。大学生应该对自己的能力和未来充满信心，做一个自信的求职者或创业者，给自己和别人带来动力。

（三）怯懦

大学生在求学期间，毕竟以理论学习为主，没有太多的实践技能，而在求职时，因为担心缺乏实际工作经验、说错话给用人单位留下不良印象，而说话音量过小或者干脆不敢说话。

如果一味地谨小慎微，生怕自己的一丁点儿错误影响他人，把自己缩在自己编织的壳里，这种状态只能存在于校园中。一旦大学毕业进入社会，就会面临各种竞争，太过怯懦的性格必将导致竞争的失败。只有正确认识到自己的不足，发现自己的优势，扬长避短，才能为自己的未来争得一席之地。

（四）畏惧

初入社会的毕业生遭遇挫折是在所难免的，有的毕业生在遇到挫折后，能够积极调整心态、重拾信心，再战“沙场”；可有的毕业生在挫折的打击下，往往会一蹶不振，并对求职产生畏惧心理，只要一听到周围的同学谈论找工作的事就头疼，并远远地避开。其实，这是由于求职的失败经历已经在他们的心中烙下了深刻的印记。产生畏惧心理的毕业生会选择逃避失败、逃避就业，以此来减轻挫折对他们的心理打击。事实上，挫折并不可怕，只要毕业生能够转变看待问题的角度，就能够将挫折当作迈向成功之门的考验。

（五）逃避

逃避实际上就是一种抵触心理。大学生因为过惯了校园生活，对父母和学校的依赖性很强，一旦独立面对社会，会发现社会竟然是如此的错综复杂，特别是看到一些社会的阴暗面，自己不想面对时，常常产生逃避心理和抵触情绪。

（六）偏激

大学生在求职过程中，很容易出现偏激心理，固执地认为某种职业发展前景很好，一定要将自己的择业目标定在这一方向，并努力克服重重困难来实现目标，但最后多半都是以失望告终。其实，这都是大学生没有认真去审视自己和审视未来，被一些固有观念或道听途说所影响而导致的。

现在，很多大学生存在某种偏激的思想，认为某种行业出路一定很好，或者某种行业出路一定不好。但是往往会忽视自身的缺点，光靠一腔热血，终会碰壁。要懂得克服自身缺点，汲取别人的成功经验，选择属于自己的人生道路。

（七）抑郁

大学生求职过程中往往会因为屡屡遭受挫折，不被用人单位认可、接受，导致情绪低落、愁眉不展，从而产生抑郁心理。

（八）自负

有的大学生在校是风云人物、学生会干部，再加上自己所学专业比较紧俏，自身条件也很好，有不少用人单位有意签约，因此，容易自信过头，产生骄傲的心理。持这种心理的毕业生，往往自认为高人一等，傲气十足，在求职时，好高骛远，对自己的期望过高，对用人单位横挑鼻子竖挑眼，很难找到令自己满意的工作。

（九）嫉妒

嫉妒在大学生中是比较常见的一种心理，只不过有轻重之别。在求职问题上，看到同学在自己之前找到了比较理想的工作，自己却一无所获，此时，就会产生一种嫉妒心理，心有不甘。嫉妒是一把“双刃剑”，用得好会化作成功的动力，用得不好则会伤人伤己。如果因为遇到自己不能理解或者认为不公平的事情，没有正确处理，就会因妒生恨，惹出祸端。

（十）攀比

一些大学生在求职时，不是从自身实际出发，而是与同学攀比，特别是看到与自己成绩和能力差不多的同学，却找到令人羡慕且收入可观的工作时，觉得自己找不到理想的工作就会很没面子。此时，他们为了获得心理上的平衡，会重新设计自己的求职目标，结果是高不成低不就，错失了一些就业单位，而陷入被动之中。

（十一）依赖

依赖心态往往产生于独立性较差的大学生身上。因为从小学到大学，完全是在父母和亲戚的庇护下生活，还希望通过他们给自己找到一份稳定的工作，不愿意去面对社会的竞争，这是一种不健康的心态。

（十二）优柔寡断

有些大学生虽然心中已有了意向单位，但仍然抱着等一下、看一看的念头，签协议一拖再拖，这就是优柔寡断的心态。

（十三）盲从

大街上经常看到一种现象：不知道什么原因，在某家店门口排起了长龙，自己也边排队边问别人干什么，这就是典型的盲从现象。有的大学生具有较强的依赖性，自主性较差，在找工作时，不先考虑自己的兴趣爱好，而是一味地从众，什么工作热门就去做什么，根本不去思考自己是否有能力胜任、是否有发展空间。

二、大学生就业的心理矛盾

心理矛盾也可理解为心理冲突，它是指两种或两种以上不同方向的动机、欲望、目标及反应同时出现，而引起的紧张心态。职业目标上理想和现实的反差、职业选择上独立性和依赖感的错位等，这些都是大学生就业心理矛盾的具体表现。

（一）理想与现实的矛盾

当代大学生的理想丰富多彩，在就业时总是踌躇满志，准备在社会上拼搏一番，但由于涉世尚浅，对社会了解还不够深，理想往往脱离客观现实，在就业上与社会需要存在着较大差距。一些大学毕业生想留在大都市，追求社会地位高、经济效益好的工作岗位，而不愿意到边远地区或条件较差的地方去工作；一些大学生只看重工资收入，但并未真正思考过自己的理想与现实之间的差距，甚至不了解自己的气质、性格、能力、兴趣适合何种职业，因而产生了理想与现实之间的矛盾。

（二）独立性与依赖性的矛盾

大学生毕业后即将告别学校和老师，踏入社会，成为独立生活的成年人。由于进入了独立生活的空间，其自主意识增强，渴望独自决定自己的选择。然而，意识上的独立并不代表能力上的独立。有些大学生认为学习以外的事情都不需要他们操心，许多事情还要依赖家长、亲朋好友、老师及社会的帮助，对自己喜欢什么样的工作、适合什么单位缺乏主见，对激烈求职竞争中的“双向选择”感到茫然。这种心理上的矛盾，容易使大学生感到无奈和苦恼，从而对生活失去信心。

（三）渴望竞争与缺乏勇气的矛盾

目前，随着就业制度的不断改革，大学生的创业环境也日益完善，大多数毕业生已经意识到，在激烈的市场竞争中，没有强烈的竞争意识，是不可能成功的。然而，当真正面对竞争时，很多大学生又变得畏首畏尾、顾虑重重、缺乏勇气。产生这种现象的真正原因在于其主观能动性不强，缺乏实践的能力和勇气，尤其是在就业过程中面对困难时，如果不善于调整目标和自我，就容易打退堂鼓，从而拱手让出了竞争的权利。

（四）所学专业与未来工作的矛盾

在就业中，不少大学生将“专业要对口”作为就业的重要标准，只要是专业不对口，就认为不适合自己的职业发展。这是不现实的，因为社会中真正意义上完全与所学专业对口的工作岗位并不多，于是就产生了所学专业与未来工作的矛盾。

事实上，在现代市场经济中，产业结构、职业结构是不断变化的，实际工作中更多强调求职者的学习能力、接受新事物的能力、适应环境的能力等，因此，毕业生完全不必为“学不为所用”而苦恼。

（五）多种选择与优柔寡断决策的矛盾

毕业生在就业过程中，常常会遇到多种选择的情况，每一种选择都有诱惑，都不舍得放弃。此时会感到束手无策，举棋不定，迟迟不与用人单位签约，一山望着一山高。这种矛盾的产生是由于大学生不能客观地面对现实，缺乏分析和解决问题的能力，遇到问题分不清主次，因此在矛盾面前顾此失彼、措手不及。

（六）自卑与自傲的矛盾

在就业市场经济中，所有大学生都站在了同一起跑线上。在大城市激烈竞争中的失败，让许多大学生深受打击，由此产生了自卑、消极的心理状态。

如某些医科大学的毕业生，他们宁可承受着巨大的就业竞争压力，也一心要到大城市、大医院里面工作，而不愿意到发展前景好、机会多的小医院、基层岗位工作。在他们的认知里，总以为大医院的发展一定比小医院好。于是自傲与自卑的心理矛盾时刻困扰着这些毕业生，导致其在择业过程中处处受控，错失许多就业良机。

（七）渴望创业与缺乏挫折承受力的矛盾

许多大学生毕业后想干一番大事业，试图在自己的专业领域进行创业，以实现自己的人生价值。但是，不少大学生缺乏艰苦创业的心理准备，害怕受挫，想走捷径来早日实现理想目标。而人生往往是没有捷径的，只有经过艰苦奋斗、努力拼搏，才可能成功。

三、大学生就业的心理误区

大学毕业生在巨大的就业压力下，会产生种种困惑和不适应，甚至产生一些心理误区。所谓的心理误区是指大学生在求职就业过程中，由于受到错误引导，或生活、学习受挫，而产生的有失常态的心理活动。

（一）消极等待

有些毕业生认为自己条件好，对一般单位不屑一顾、挑三拣四，对就业一直采取消极和等待观望的拖延态度，以至于丧失了许多就业良机。

（二）急功近利

急功近利是大学生就业时最常见，也是最难避免的一个心理误区。它是指大学生在就业时一味地追求经济收入丰厚、社会声望较高的职业。同时，产生向往经济发达、生活环境优越地区的心理倾向。大学生就业的这一心理倾向，在外资企业、合资企（事）业单位及北上广地区最为常见。

首先，这些地区的岗位毕竟有限，不可能满足大学生的普遍要求；其次，大学生自身条件各有差异，这些为大学生普遍向往的地区和职业，未必是自己成就一番事业的最佳选择。

（三）情绪波动

大学生在就业过程中，情绪上易出现异常波动，最常见有焦虑、不安，甚至抑郁等消极的情绪状态。

据调查，大学生就业时普遍存在抑郁、焦虑情绪，并且女生的焦虑程度高于男生，抑郁程度则低于男生。造成大学生就业前情绪波动和异常的原因主要是严峻的就业形势、缺乏自信和承受压力的能力、家庭因素等。

（四）怀才不遇

有些大学生自视能力超群，不同凡响，但在就业的道路上处处碰壁，于是开始抱怨自己没有施展才能的机会，整日怨天尤人，闷闷不乐。其实，认为怀才不遇是一种心理误区，俗话说“酒香不怕巷子深”“是金子总会发光的”，只要自己有真才实学，不怕没有人赏识。

实际上在求职时，用人单位不只看毕业生的学历文凭或学习成绩，还要看毕业生是否掌握社会所需要的“才能”。因此，正确的做法是调整自己的心态，重新审视自己，积极采取行动弥补不足，然后成功推销自己。

四、运用多种方法进行自我调适

人的心理活动总是处于“平衡—不平衡”的螺旋式发展进程中，毕业生的心理活动也是如此。当产生各种心理冲突时，毕业生应当正确对待，采用多种方法进行自我调适，不要慌张，也不要被动消极。

（一）自我反省

面对就业中的各种矛盾和问题，大学生首先要正确认识和评价自己，明确自己未来的发展方向，了解自己的性格特点，知道自己的优势与不足，认识到自己最适合从事什么职业。

只有通过理智、冷静的自我思考，才能客观地评价自己，才能在就业中准确定位自己，进行科学的人职比配，为理想的职业目标做好充分的知识、能力和心理准备。

人人都会有各种失败的经历，不要因为一两次的挫折而一蹶不振。只有认真反思后才能获取自信，而只有自信和奋斗才能成就未来。

（二）培养自信

就业过程中屡屡遭遇失败，是大学生自信心减弱、自卑感增强的主要原因之一。而由此产生怯懦、逃避、冷漠的消极想法也不在少数。自信心是前进的动力，也是成功的保障，所以，我们在做心理调适时，培养自己的自信心是极其重要的。

（三）适度宣泄

宣泄法就是将心里的焦虑、烦躁、冲动等不良情绪用对人无害的方式发泄出来，以求得心里舒畅，达到舒缓压力的目的。有一种既简单又有效的办法，就是要到一个空旷的地方，对着远方大声呐喊。当然，最好的办法还是倾诉，向父母或者朋友倾诉自己的忧愁、苦闷，在此过程中可获得更多的感情支持和理解，增强克服困难的信心。

毕业生可以通过跑步、郊游、聊天等方式适度地宣泄自己的情绪，恢复心理平衡；也可以通过写日记的方式，将自己就业过程中积压的不良情绪从笔端流露出来，以达到心理平衡的目的。

（四）正视挫折

对于乐观的人来说，挫折是人生的一场挑战和考验，正视挫折和教训才能使我们成长，使我们变得更成熟、聪明。

大学生在求职期难免会遭遇各种各样的挫折，但这仅仅是人生的一个小插曲，要敢于正视，不因小挫败而失锐气。在面对挫折感觉惊慌失措、怯懦抑郁时，要想办法调整自己的心态，把挫折视为正常现象，并以积极进取的心态认真总结、不断努力、反复尝试，最终实现职业生涯目标。

（五）保持乐观

爱因斯坦曾说过："真正的快乐是对生活的乐观，对工作的愉快，对事业的兴奋。"不论是为人处世，还是工作学习，时刻保持一种乐观的心态，相信事情一定会往好的方面发展。

在生活中，大学生可以多参加一些娱乐活动，多结交一些朋友，不仅能陶冶情操，还能转移就业压力，一举多得。此外，还应积极参加各种公益活动，在帮助他人的同时也能从中得到认可与快乐。总之，大学生的人生才刚刚开始，拥有乐观的心态是最重要的，一定要笑对人生。

（六）学会转移注意力

转移注意力是进行自我心理调适最重要的方法之一。当心理问题出现时，我们可以通过变换环境、参加娱乐活动等方式转移注意力。例如回归大自然，爬山、旅游不仅可以放松身心，开阔眼界，而且能在亲近大自然的过程中受到大自然的启发。

除此之外，我们还可以通过听音乐的方式来转移注意力。每个人的性格、音乐修养和乐曲爱好不同，所以应有针对性地选择不同的乐曲。

（1）心情抑郁时，宜听旋律流畅优美、节奏明快的乐曲，如《百鸟朝凤》。

（2）心情焦虑时，宜听节奏舒缓、风格典雅的乐曲，如《姑苏行》。

（3）处于愤怒的时候，宜听旋律优美、恬静悦耳、节奏婉转的乐曲，如《春江花月夜》《月光》等。

（4）夜晚失眠时，宜听旋律缓慢、清幽典雅的乐曲，如《二泉映月》等。

五、大学生心理调适的作用和方法

（一）心理调适的作用

大学生在求职过程中，不可避免地会遇到困难、挫折和冲突。这些困难、挫折和冲突常常会引起心理障碍或心理疾病，既不利于择业，也不利于身心健康，甚至还会影响整个人生。心理调适的作用在于帮助大学生在遇到困难、挫折和冲突时，能够客观地分析自我与现实，有效排除心理障碍，从而使自己保持一种稳定的心态，达到如愿择业的目的。

（二）心理调适的方法

1. 宣泄法

宣泄法，又称为倾诉法，是指在求职过程中遇到困难、挫折和冲突时，将内心的痛苦倾诉和表达出来，以达到缓解心理压力的一种方法。在求职过程中碰壁时，会导致情绪低落，此时过分地压抑自己的情绪反而不妥，不妨把心中的委屈和不平尽情地倾诉出来。①向家长、教师或朋友及时说出心中的感受。第三方的倾听、劝慰、分析、忠告对当事人情绪的改善能起到立竿见影的效果。②采取写日记的方式把积压在心中的苦恼写出来，或者以写信的方式向好友倾诉自己的苦恼和困惑。③找一个没有人的场所，通过自言自语的方式说出心中一直压抑的想法。④通过打球、爬山、游泳等运动方式进行宣泄，释放心里的消极情绪，以恢复心理平衡。

2. 转移法

求职碰壁，暂时的失利是痛苦的，此时减轻痛苦的有效方法是转移注意力，尽量把注意力放到自己感兴趣、较自信的其他活动中。如果长时间沉迷在择业失败的消极情绪中，对身心健康是非常不利的。此时，你可以：①参加体育活动，如跑步、游泳，或是约几个同学一起打篮球、踢足球，将烦恼抛到脑后；②听音乐，轻松舒缓的音乐可以消除疲劳、调节情绪；③看书、看电影电视、睡觉或其他休闲方式，也可以达到放松身心的目的。

3. 补偿法

当大学生在就业过程中不能达成目标而受到挫折时，可以用另一种目标来代替，通过其他活动来弥补心理创伤，驱散内心的忧愁和痛苦，以增强前进的信心和勇气。例如，没有考上公务员，可以提醒自己还有其他选择，如进企业、学校等。可以说，正是挫折给人们提供了反思的机会，使人们能够重新认识自己、评价自己，从不利中看到对自己有利的因素，扬长避短，从而走向成功。具体做法如下。

（1）当求职失败后，迅速以另一目标来代替原来失败的目标。在进行职业选择时，确定的职位目标不要太狭窄，要像填志愿一样，有第一、第二、第三志愿，这样在碰壁后才能进行下一步的应聘计划。例如，居里夫人在丈夫不幸去世后，想到的是丈夫生前说过的话："无论发生什么事情，人总得工作。"于是她控制住自己内心的悲痛，更加发奋地工作，终于成为两次获得诺贝尔奖的伟大科学家。大学生在一次求职失败后，要能更加积极主动地投入下一次的求职准备。

（2）发掘自己的潜能，克服自身的弱点，实现自己的目标。例如，古希腊曾有一位政治家因发音微弱和轻度口吃，使演讲效果受到影响，他下定决心练习口才。他把小鹅卵石放在嘴里练习讲话，面对大海高声呼喊，最终成为远近闻名的大演说家。求职者对于自己的不足，应当及时弥补，以提高就业竞争力，早日实现职业目标。

4. 松弛练习法

大学生在求职面试前要学会放松身心、舒缓紧张情绪。松弛练习法主要有以下几种。

（1）呼吸放松法。呼吸放松法，又称调息放松法，它简单易学，也非常有效，关键是将“胸式呼吸”变成“腹式呼吸”。具体方法是：在座位上舒服地坐好，身体后靠并伸直双腿，然后开始长长地、慢慢地吸气，气沉丹田时要保持 2 秒钟，再轻轻地、慢慢地将气呼出。每天两次，每次 4~10 分钟。

（2）想象放松法。想象放松法是通过对一些安宁、舒缓、愉悦情景的想象，以达到身心放松的目的。要尽量运用各种感官，观其形、听其声、嗅其味、触其柔。例如，你可以想象你独自在森林中漫步，踩在柔软的草地上，阵阵花香扑面而来，然后舒展全身、慢慢地做深呼吸，感到无比的轻松舒坦。每天可用 5~10 分钟进行练习。

（3）其他方法。例如，音乐放松法、肌肉放松法等。值得注意的是，大学生在求职过程中若自我调节不能发挥作用时，应及时去寻求专业心理咨询人员的帮助，及时排解就业中的心理矛盾和冲突。

5. 角色扮演法

目前，角色扮演法已成为心理学领域公认的应用广泛而有效的方法。它是将自己暂时置身于他人的社会位置，并以其要求的态度和方式行事，以增进人们对他人社会角色和自身原有社会角色理解的一种方法。

角色扮演法是培养耐挫折能力的一种好方法。大学生在面临就业挫折时，在教师的指导下可以扮演一些知名人士，体验一下他们在求职过程中曾经遇到的挫折，就能更好地理解他人面对挫折时的积极态度，体验他人在挫折情境中内心情感的转换。通过角色扮演活动，大学生可以不知不觉地在生动活泼的活动中掌握抗挫折技能，增强自身的耐挫折能力。

6. 自我激励法

自我激励法是指用生活中的哲理、榜样事迹或明智的思想观念来激励自己，同各种消极情绪进行斗争，坚信未来是美好的，勇敢地面对下一次的机会。据网上调查，有些大学生投出的求职简历多达百份，参加面试的次数每人 5 次以上，但能一次成功者很少。因此，求职失败对于大学生来说是一种普遍现象。大学生在求职失败后，不要失去信心，而要冷静思考，寻找对策，把每一次失败看作经验的积累。同时，要不断激励自己，相信“功夫不负有心人”“失败乃成功之母”。

六、建立个性化的心理调适方法

（一）了解自己

了解自己的兴趣、价值观、能力、性格、人格、期望、社会经验、身体素质等。大学生可以用 5W 分析法来了解自己。

（1）Who am I?（我是谁?）它是指对自己有一个全面、客观、清醒的认识，如自己的专业、家庭情况、年龄、性别、性格、动手能力、思考能力等。

（2）What do I want to do?（我想做什么?）它是指清楚自己想要做什么样的职业和过什么样的生活。

（3）What can I do?（我会做什么?）它是指清楚自己能干什么或者在哪些方面有发展潜力。这是对自己能力的考量，个人职业的定位必须以自身的实力、能力作为根基，而职业发展空间则取决于自身潜力的大小。

（4）What does the environmental around support me to do?（我周围的环境支持或允许我做什么?）它是指通过对主观与客观因素进行深入调查，做可行性分析，这些分析既包括经济发展、政策、制度、职业空间、企业发展等客观因素，也包括朋友关系、社会人脉等主观因素。

（5）What is my career and career planning?（我的职业与生涯规划是什么?）它是指确立自己的最终职业目标。对这个问题的回答是建立在前 4 个问题基础之上的。

（二）关于自己的职业定位应注意的问题

（1）讲求务实，不好高骛远。要从自我和环境的客观现实出发，全面权衡和处理个人发展与社会需求的关系、个人和求职单位的关系，兼顾主观和客观、长远利益和眼前利益。

（2）恰当评估。对职业信息，如职业条件、要求、性质与自身条件的匹配情况进行评估和比较，选择更符合自己特长、自己更感兴趣、经过努力能很快胜任且有发展前途的职业。

（3）不苛求完美。不存在十全十美的职业，因此不能过分挑剔，不要过分追求完美，只要主要方面适合自己就可以。

（4）保持弹性。要根据自身或客观环境的变化，及时调整自己的目标。考虑问题要留有余地，让自己进退自如。转换职业时必须遵守人才流动的规则，依法保护自身的权益。

大学生在面对求职压力时，要探索自我、增强自信，积极做好个人职业生涯规划；掌握情绪调节的方法，通过实践提高职业素质；多与同学和朋友交流，提高抗挫折能力，必要时寻求专业人员的帮助；结合自身实际，有针对性地调整自己的就业心态和就业期望值。

第二节　大学生就业与心理素质

就业是大学生走向社会的第一步，也是大学生人生中的一次重要选择。当前严峻的就业形势加重了大学毕业生的就业压力，使大学生的就业心理问题日益凸显。

一、心理素质对大学生就业的影响

一个人的心理素质是在先天素质的基础上，经过后天的环境与教育的影响而逐步形成的。心理素质包括人的认识能力、情感品质、意志、气质和性格等个性品质诸方面。心理素质的水平直接影响人的发展、人的活动效率及人对各种环境的适应能力。因此，心理素质对大学生就业的影响是非常大的。

（一）对确定就业目标的影响

心理素质对大学生确定正确的就业目标起着至关重要的作用。拥有良好心理素质的大学生才能客观、正确地评价自我，并客观分析社会和用人单位需求，从而在求职择业的坐标系中找准自己的位置。

如果心理素质不佳，就会导致自我认识失衡，造成情绪紧张慌乱、意志力下降等一系列心理问题，难以找准职业定位，从而带来就业的困扰。

（二）对就业实现过程的影响

大学生的就业过程，实际上是一个选择与被选择的过程，也是用人单位评判、筛选大学生的过程。大学生在就业过程中将要面临自荐、笔试、面试等一系列的考验，能否顺利地通过这些考验，心理素质起着重要作用。良好的心理素质，可以使大学生在面对困难时，沉着冷静、乐观向上、勇于创新、缜密思考、果断决策。

面对就业，无论成功与否，大学生都应及时地进行自我调整，正确支配自己的感情和行动。特别是在择业失败时，更要有效地克制自己，调整自己的心境，尽快摆脱消极和负面情绪的影响，避免情绪过度波动。

（三）对职业适应的影响

大学生就业走上工作岗位后，角色的转变、工作环境的变化及人际关系的变化，将给大学生带来种种新的考验。

良好的心理素质对职业适应起着促进和保障的作用，可促使职场新人充分发挥自己的聪明才智，挖掘自己的潜力，把握自我、拓展自我，与新的环境保持平衡，尽快适应职业角色，从而找到最能发挥自己才华、实现人生抱负的舞台。

二、心理素质对大学生择业的影响

心理素质对大学生择业的影响主要表现在以下四个方面。

（一）气质对择业的影响

气质是人的典型的、稳定的心理特征。心理学家把气质分为多血质、胆汁质、黏液质及抑郁质四种。不同气质类型的人在生活和工作中标示出不同的心理行动和行为方式。气质没有好坏之分，对人的智力发展和就业高低不起决定性作用，但是对人的择业有一定的影响。

1. 多血质

多血质的人活泼、好动，反应灵敏，喜欢与外人交往；对任何事情都有兴趣，但兴趣广泛容易变化；注意力容易转移，情绪波动大，一旦遇到困难，容易灰心丧气。多血质类型的大学生一般适合从事外交、公关、管理、纺织、服务、医疗、法律、体育等工作，例如，企业家、教师、医生、律师、军人、推销员等。

2. 胆汁质

胆汁质的人精力旺盛、脾气急躁、容易冲动、心境变换剧烈，反应迅速，但缺乏自制力和耐性。胆汁质类型的大学生适合于难度较大、需要随机应变的工作，不适合稳重、细致的工作，一般可以选择演员、外交接待人员、导游、导演、飞行员、宇航员、节目主持人、演讲者等职业。

3. 黏液质

黏液质的人安静稳重、沉默寡言，显得庄重，思维、语言、行动都显得迟缓，情绪兴奋点较低，感情不易外露，注意力不易转移，坚韧、执着、淡漠，自我控制力较强，但是容易因循守旧，不愿意改变旧习惯去适应新环境。黏液质类型的大学生不适合从事那些变化多、需要随机应变的工作，适合做有板有眼、需要忍耐力和持久力的工作，一般可以选择秘书、护士、化验员、资料员、出纳员、保管员、话务员、会计师等职业。

4. 抑郁质

抑郁质的人孤僻、行动迟缓，善于观察到他人不易觉察的细节，情绪体验深刻、细腻、持久，但处事谨慎、性格腼腆，难以承受心理上较大的负担，面对困难总是畏缩不前；优点是兴趣专注、不易转移、善于忍耐。抑郁质类型的大学生不适合那些变化多、需要当机立断的工作，适合耐心细致、脚踏实地的工作，一般可以选择法官、外科医生、档案管理员、打字员、排版员、化验员、雕刻师等职业。

（二）性格对择业的影响

性格是个性心理中表现最明显，也是最重要的心理特征，一个人的心理特征主要从其对事物的态度和习惯化的行为方式表现出来。性格的分类方法很多，常见的是分成内向型和外向型两大类。

1. 内向型性格的特点

慎重、自我克制、乐于独处、反省、固执、深思、孤独、自尊心强、不喜欢与人交往、少言寡语、富有责任感、有耐心、较稳重等。内向型性格的大学生适合的职业有科学研究员、报刊编辑、银行职员、会计、打字员、考古研究员、电话员、档案管理员、地质勘探员、图书管理员等。

2. 外向型性格的特点

大胆、果断、爽快、大方、活泼、乐于与人交往、灵活、随和、坦率、自信、冒失等。外向型性格的大学生适合的职业有政治家、社会活动家、公关人员、律师、商人、商品销售、导游、时装模特等。

大多数人是偏向于某种类型或属于中间类型，在择业时，要善于把自己的性格特点和职业特点结合起来考虑，这有利于更好地发挥个人的性格优势和潜能，从而避免性格的不足对择业产生不良影响。

（三）兴趣爱好对择业的影响

兴趣是最好的老师，它对人的发展有一种神奇的力量。当一个人对某种职业感兴趣时，就会对该种职业活动表现出肯定的态度，并全身心地投入其中，然后最大限度地调动自己的潜能，获得工作的快乐。反之，被强迫做自己不愿意做的工作，对精力和才能都是一种浪费。人的兴趣千差万别，有的人兴趣在于运动，有的人兴趣在于思考，不同的兴趣使人对不同的职业产生不同的态度。兴趣与职业的联系有以下十种倾向。

（1）喜欢做有规律的工作，愿意按常规、有秩序地进行活动的人，可以考虑的工作有图书管理员、档案整理员、打字员、统计员等。

（2）喜欢与人打交道，对信息传播、推销、采访等活动有兴趣的人，可以考虑的工作有推销员、记者、教师、服务员、行政管理人员等。

（3）对分析、推理、测试等活动感兴趣、喜欢做研究的人，可以考虑的工作有工程技术、化学、生物、地质勘探、侦察等。

（4）不喜欢与人交往，愿意做具体事情的人，可以考虑的工作有工程技术建筑、会计等。

（5）喜欢进行操作，动手能力强，对零件、机械感兴趣的人，可以考虑的工作有驾驶员、机械制造等。

（6）喜欢指挥和管理，有组织协调能力，喜欢获得众人尊敬和获得声望的人，可以考虑的工作有行政人员、导演等。

（7）喜欢创造性工作，善于抽象思维，有想象力和创造力的人，可以考虑的工作有科学研究、经济分析、新产品开发等。

（8）乐于帮助人，具有同情心的人，可以考虑的工作有医生、护士、律师、咨询员、福利员、科技推广员等。

（9）对艺术有浓厚兴趣，喜欢完成具体工作，善于欣赏和思考的人，可以考虑的工作有美容美发、装潢设计、园林设计、版面设计等。

（10）对人及人的心理和行为感兴趣，喜欢研究人的问题的人，可以选择考虑的工作有心理咨询师、教师、人力资源等。

在职业选择过程中，能够充分考虑自己的兴趣爱好是十分重要的。当代大学生应当注意培养多方面的兴趣爱好，广泛的兴趣可以促使人们注意和接触多方面的事物，为自己选择职业创造更多有利的条件。

（四）能力倾向对择业的影响

人的能力一般可分为技能（现有的突出能力）和倾向性能力（经过培训可能获得的技能）两种。心理测验表明，人的各种能力是有差异的，有人擅长语言、有人擅长操作、有人擅长实践。倾向性能力与职业选择有如下规律。

（1）数理逻辑能力强，有一定的模仿能力、观察能力和创造能力的人，适合从事理论研究、大学教师、审计、统计等工作。

（2）组织管理能力强的人，适合从事机关公务员、教师、编辑、导演等工作。

（3）记忆能力、模仿能力、操作能力强的人，适合从事建筑、装潢、制造、维修、试验、保管等工作。

（4）思维敏捷、反应迅速、注意力集中的人，适合从事法官、警察、律师、驾驶员等工作。

（5）形象思维能力、表达能力、写作能力、观察能力、社交能力强的人，适合从事教师、记者、翻译、导游、推销员、律师等工作。

（6）具有特殊能力的人要根据其特长选择职业，如舞蹈、杂技、戏曲、美术、音乐等工作。

大学生在选择职业时，不能好高骛远，单从兴趣爱好出发，要实事求是地检测自己的学识水平和职业能力是否适合某项工作。

三、大学生应具备的心理素质

心理素质作为评估人才综合素质的重要一环，越发引起用人单位的关注，而大学生群体作为推动社会进步的核心力量，需要具备良好的心理素质。

（一）积极的学习态度

大学生要充分利用在校期间的学习机会努力学习，并在学好专业技能的同时，加强综合素质的培养。大学生不仅要拥有丰富的知识，还要培养创新思维能力，多参加有意义的活动，开阔自己的眼界，为今后的择业打下坚实的基础。

（二）良好的情绪情感

情绪和情感都是人对客观事物所持的态度，只是情绪更倾向于个体基本需求欲望上的态度，而情感则更倾向于社会需求欲望上的态度。简单地讲，情绪是人的生理反应，主要表现为喜、怒、哀、乐等；情感是人对客观事物是否满足自己的需要而产生的态度，主要表现为爱、恨、幸福、厌恶等。大学生培养良好的情绪情感，有利于在择业过程中发挥自己的特长和优势。

大学生正处于青春期，充满了活力与朝气，但情绪不稳定，容易激动。与中学生相比，大学生已经具有一定的调节和克制自己情绪情感的能力，但较之成年人而言，仍显得动荡多变，极不稳定，这种状态对其择业是很不利的。大学生只有在良好的情绪下才能有效地进行思考和行动，充分发挥自己的才智。

（三）坚强的意志品质

意志是一个人成才的重要心理条件，也是求职择业时必须具备的心理素质，坚强的意志是通向成功大门的钥匙。大学生在就业的过程中，不论是因为主观原因还是客观原因，都会遇到各种各样意想不到的矛盾和困难，如果没有坚强的意志，就会产生心理压力，导致心灰意冷、彷徨苦闷、摇摆不定等情况。大学生可以通过以下几种途径来培养自己的意志品质。

（1）学会在活动中清楚地认识到自己的行为目的和社会意义，自觉克服困难，排除干扰，勇往直前。

（2）学会在活动中适时果断地下决心，提高对事物的判断力和敏感性。

（3）学会在意志行动中正确支配和控制自己的行为和情绪。

（4）面对多种动机时，能够分清轻重缓急，分清主要矛盾和次要矛盾，主动排除干扰，确保达到预期目的。

（5）在行动中要具有不怕困难、不达目的誓不罢休的意志品质。

第三节　大学生初入职场的情商培养

一、学校和职场的差别

大学生告别校园，踏上新的工作岗位，意味着学习、工作、生活环境的转换，也意味着一个正式社会成员的产生，还意味着大学生拥有了一个全新的角色。

在大学生心目中，“母校情结”挥之不去，甚至部分大学生毕业之后仍然徘徊在校园里甘当“校漂族”。但是，学校始终只是一个驿站，所有的大学生终究都要走向职场，成为社会人。学校生活与职场环境有很大差别，正是这些差别使得大学生难以进入“职业人”的状态。

学校与职场的对比如表 7-1 所示。

表 7-1　学校和职场的对比

项目	学校	职场
人际环境	“熟人型”环境，同学与同学、同学与教师之间比较了解，人际关系简单	“陌生型”社会，除了同事之外，还有客户、其他相关社会人等
存在基础	同学之间、师生之间没有直接利益关系，是互助互利的短期结合	以利益往来和利益交换为存在的基础，共同实现组织目标
核心目标	以教育为主要目标，是培养和输送人才的非营利性活动	以创造经济价值为主要目标，开展商业等经济活动
具体要求	以个体学习为主，要求个人成长和取得好的学习成绩	以团队协作为主，要求获得组织业绩增长

二、学生和职业人的差别

（一）学生角色和职业角色

职业角色是指与人们的某种社会地位、身份相一致的一整套权利、义务的规范与行为模式，是人所处的相应社会关系的反映。不同的职业角色，有不同的行为规范和要求与其相对应。

就业前，青年的社会角色常常是学生，社会就会以对学生的要求去衡量和评价其行为；就业后，青年的角色就是各种社会职业人员，社会就会以对职业人员的行为规范和要求去衡量和评价其行为。

（二）学生角色和职业角色的区别

学生角色和职业角色的区别主要体现在以下几方面：任务不同、社会规范不同、社会权利不同、生存环境不同、人际关系不同、时间安排不同。

1. 任务不同

大学生以学习为主要任务，同时还要学会做人、学会做事、学会与人相处，明确自己未来的发展方向，提高自己的能力和素质，为将来更好地适应社会打下良好的基础。职业人的主要任务是依靠自己的本领或技能为雇主（社会或他人）服务，以完成工作来体现。职业人必须适应社会，服从管理，在工作中犯了错误，必须承担损失及相应的社会责任。

2. 社会规范不同

大学生是受教育者，社会对大学生的规范是从培养、教育的角度出发，促进其成为合格的人才。例如，怎样遵守国家的法律法规，遵守学校的规章制度，怎样与人相处，怎样做人、做事等。社会对职业人的规范既具体又严格，违反了就要承担一定的社会责任甚至法律责任。

3. 社会权利不同

大学生的权利主要是依法接受教育，并取得经济生活的保障或资助。职业人的权利则是依法开展工作，并在履行义务的同时取得报酬。

4. 生存环境不同

大学生的生活节奏较慢，有寒暑假，自由支配的时间较长，生活压力也较小。职业人在职场上要面临的是：紧张的工作节奏和加班；没有寒暑假，自由支配的时间少；适应不同地域的生活环境和习惯；由于缺乏实际工作经验，开始工作时往往不能得心应手，感觉工作、生活压力显著增加等。

5. 人际关系不同

大学生的人际关系比较单纯，接触的主要是老师、同学，他们都具有较高的知识水平和文化素养。职场的人际关系相对于学校而言比较复杂，人的素质差异很大。

6. 时间安排不同

大学生的学习时间可以弹性安排，不是每天都排课。职业人有固定的时间安排，如朝九晚五，不能迟到、早退，有时工作任务又急又重，要加班加点。

三、初入职场可能面临的问题及其解决方式

（一）大学生初入职场时可能面临的问题

1. 职业预期与工作现实存在落差

大学生在工作之前，对职场了解较少，常常对职场及自我产生过高的预期，如希望得到较高的薪水和较好的福利待遇，能够得到充分的尊重与老板的重用，能够充分发挥自己的才能、工作环境优越等。然而在现实中，初入职场的大学生很难实现这些预期，所以，现实与理想的落差容易使大学生对现实产生不满，导致对工作的投入不够，总认为下一份工作会更好，频繁跳槽。

2. 知识技能与职场要求不匹配

大学与职场对知识能力的要求不同，大学主要是考核学生对知识的掌握能力，而职场

要求的是对知识和技术的应用能力。如果大学生只掌握了书本知识，则与工作单位的要求是脱节的。

3. 对制度、规范与人际关系的不适应

大学与职场具有完全不同的制度与文化，大学毕业生很容易产生适应障碍。相对而言，大学的氛围比较宽容、民主、平等，而职场有很多制度和规范约束，很多大学毕业生出现对单位的制度和规范不适应。有的学生刚刚进入职场，面对新环境及不太熟悉的同事和领导，不懂得主动与周围同事“破冰”，去融入。还有的学生在与同事、上级的交往中，说话随心所欲，往往“祸”从口出，从而使人际关系陷入困境。

（二）大学生面对初入职场问题的解决对策

大学生面对初入职场的种种问题，掌握解决的对策非常重要，可以从以下几方面着手。

1. 积极调整工作心态

首先，要适当调节心理预期。如果心理预期过高，则会增加内心的失落感，因此，平时要多给自己一些积极的暗示，告诉自己凡事都要循序渐进，不要着急。其次，要放低姿态，从基础工作做起，不断积累工作经验。职场的每一段经历都是很好的学习机会，都会帮助自己积累工作经验，快速成长。最后，正确面对工作中的挫折。遇到挫折时，不能就此放弃，而要用冷静的态度分析失败的原因，要用乐观的心态去面对困难，吸取经验教训，努力争取新的机会。

2. 建立和谐的人际关系

一个人事业上的成功，除了靠专业技能之外，还要靠人际关系和处事技巧。对于初入职场的大学生来说，面对陌生的环境，首先就是要礼貌地与人交往、主动地与人沟通，以缩短与周围同事之间的距离，尽快融入集体和团队中；同时，在沟通时要做到实事求是，真心诚意。

3. 做好职业生涯规划

大学生进入职场后，一定要确定自己的奋斗目标，详细规划自己的职业生涯。有了目标和规划，才会有努力的方向和动力，才不会对自己的未来感到迷茫。在进行职业生涯规划时，切忌好高骛远、不切实际，要客观地衡量自身的能力，制订切实可行的职业生涯规划。

四、职场人际关系管理

（一）做好步入社会的心理准备

大学生要尽快做好步入社会的心理准备，增强自己适应社会的能力，可从以下几方面着手。

1. 正确认识和了解社会现实

在多元文化场域中，各种观念激烈碰撞，必然导致思想倾向、价值观的多元化。因此，大学生必须正视社会现实，在步入社会之前，要有迎接各种挑战的心理准备。只有这样，才不至于踏入社会时茫然而不知所措。

2. 培养自信心，提高自身实力

面对职场生活，不要因环境陌生而感到孤独，不要因条件艰苦而感到失落，不要因单位人才济济而感到恐惧，而要时时保持心理平衡。职场避免不了竞争，竞争的背后往往是实力的较量，即素质、能力、才学、品质等方面的较量。这就需要一如既往地努力学习，提高自身的能力和素质，在充实中求适应、求生存、求发展、求完善。

3. 从基层工作开始

大学生毕业以后，很多人都将从事基层工作。在基层，大量的工作是平凡和琐碎的，往往与大学期间的想法有很大的差距。但任何工作都要从点滴做起、从基础做起，因此，大学生毕业既要有到基层工作、在基层吃苦的思想准备，更要有从基层做起、在基层创出一番事业的愿望和抱负。

（二）克服不良心理

1. 沉默寡言，性格内向

这种性格的人，不愿意主动与人交往，容易给人以高傲、冷漠、难以接近的感觉，所以很难引起别人与你交往的兴趣。这样，你与同事之间的关系就会疏远。因此，要主动与同事交流，做一个自信的人，微笑面对每个人。

2. 多疑，自我保护意识过强

具有这种心理的人，不够成熟，缺乏安全感，常常觉得自己容易受到别人的伤害，而把注意力集中在对外界的防卫上。你不信任别人，别人也难以信任你，没有信任就难以建立良好的人际关系。因此，要多与别人坦诚交流，学会信任别人。

3. 心胸狭隘，嫉妒心重

具有这种心理的人，容不得别人比自己强，当别人比自己强时就心理不平衡。这种不平衡往往反映在言谈举止中，不知不觉中就断送了友谊。因此，要拓宽自己的心胸，不要对别人心存敌意，要与人为善、提高自身修养等。

4. 狂妄自大，瞧不起别人

具有这种心理的人容易引起别人的反感。你对他人尊重、友好，会引起他人的积极情绪，并回报以同样的态度；反之，则会使你与同事之间的距离拉大，不利于职场人际关系的建立。因此，要以谦虚为本，要知道“三人行，必有我师”“人外有人，天外有天”，要尊重别人，这样才能与人和谐相处。

（三）建立良好人际关系的方法

1. 尊重他人

尊重包括尊重自己和尊重他人。尊重自己就是在各种场合自尊自爱，维护自己的人格。尊重他人就是尊重他人的人格、习惯与价值观，承认人际交往双方的平等地位。尊重是相互的，只有尊重他人的人，才能得到他人的尊重，也才能谈得上自尊。人际关系并不像有些人想象的那么复杂，工作中只要做到尊重领导、同事、客户和合作伙伴，就能形成和谐、愉悦的工作氛围，建立和谐的人际关系。

2. 平等待人

人们在职务、能力、才学、气质、性格等方面的差异是客观存在的，但在人格地位上是平等的。在工作单位，应当以平等的态度对待同事，不要以职务的高低、权力的大小来决定对待同事的态度；不要亲近一部分人，故意疏远另一部分人；不要认为某人对自己有用就打得火热，某人暂时无用就避而远之；不要见了领导就低三下四、满脸堆笑，见了同事就置之不理、冷若冰霜；不要拉帮结派，搞小团体，而应该对领导和同事一视同仁，尽力与所有同事发展平等互助的友好关系。

3. 诚实守信

诚实就是真心实意，实事求是，表里如一，不虚情假意，不口是心非，不当面一套背后一套。诚实是做人的基本要求，也是建立良好人际关系的重要条件。守信，就是恪守信用，言行一致，说到做到，不做语言的巨人、行动的侏儒。在人际交往中，只有诚实守信，才能相互理解、接纳、信任，在感情上才能产生共鸣，使交往得到巩固和发展。

4. 律己恕人

律己，就是要严格要求自己，以各种道德规范和行为准则来严格要求自己。恕人，就是宽以待人，宽厚包容。在人际交往中，即使确立了平等友好的关系，也仍存在着矛盾和许多不和谐的地方，这就要求我们要正确对待自己和他人。坚持以严格的规范要求自己，以宽容的态度对待别人，这样才能建立和谐的人际关系。不利于团结的话不说，不利于团结的事不做，不挑拨是非，不猜疑嫉妒，堂堂正正做人，踏踏实实做事。

（四）处理好职场人际关系

任何一个职业人，在工作单位与同事相处的时间往往比与家人在一起的时间还要长；而领导直接管理和评价下属的工作，对下属的职业发展和职位升迁有一定程度的裁决权，所以处理好与领导和同事之间的关系是十分重要的。

1. 与领导相处

不要只为“套近乎”“留好印象”而与之交往，而要以建立正常的工作关系为目的。对领导既要尊重坦诚、实事求是，又要不卑不亢、交往得当。对领导讨好献媚，不但有损人格，而且会引起同事的反感和厌恶；但对领导敬而远之，我行我素，或冷眼相对也是不应该的。在任何时候，都要想到将工作干好，在工作方面与领导达成共识，学会与领导保持同步。工作中，对领导安排的工作要兢兢业业、努力完成，这样才能与领导建立良好的关系。此外，还要注意维护领导的权威，愿意接受领导的批评指正。对同一单位的领导，不要有亲疏远近之分，都应当尊重。

2. 与同事相处

大学生初入职场，在与同事相处过程中，要以诚相待，互相支持，要坦然承认自己的不足，以期得到帮助。在日常工作中，要注意培养自己与同事之间的感情，把自己看成他们中的一员，与他们保持步调一致，多听取和接受他人的意见，时间久了，你就能获得他人的接纳和支持，相处就会融洽起来。同事之间难免会发生一些纠葛、摩擦，甚至冲突，对此要冷静而友善地处理，要敢于承认错误，承担责任，接受批评，切忌尖酸刻薄，背后损人。对同事在工作、生活中遇到困难，应给予同情、关心和行动上的帮助，以促进同事间友好关系的形成。

五、大学生职场情商的培养

大学生在踏入职场的那一刻，就不再是学生了，而是职场新人。作为一名新人，有很多东西需要学习，而首先要学习的就是如何提高情商。情商是一个人感受、理解、控制、运用和表达自己及他人情感的能力，在很大程度上影响着一个人的成功。

（一）职场情商的内涵

情商又称情绪智力，主要是指人在情绪、情感、意志、耐受挫折等方面的品质。心理学家普遍认为，情商水平的高低对一个人能否取得成功有着重要影响，有时其作用甚至要超过智力水平。职场情商，就是一个人掌控自己和他人情绪的能力在职场中的具体表现，其侧重于对自己和他人的工作情绪的了解和把握，以及如何处理好职场中的人际关系。

正所谓"智商决定录用，情商决定晋升"，职场情商是一个职业人士不可或缺的素质，是我们在职场获得成功的关键。在职场中，情商高低有时甚至会左右工作成效，因此，打造职场情商是人们在21世纪不可或缺的必修课。

（二）职场情商的重要性

大家都知道，在职场中有时情商往往比智商还重要。那么，情商在职场中到底有多重要呢？有项调查结果显示，一个人的智商和一个人的情商对他工作上的贡献比为1∶2。从这个方面看，情商的重要性是智商的两倍，而且职位越高，情商与智商的贡献比例就越大，一般是1∶6~1∶4。由此可见，成功人士不一定是高智商，但一定是高情商的。

图7-1可在一定程度上展现情商在职场中的重要性。

图7-1　情商在职场中的重要性

（三）大学生提高职场情商的法则

对于初入职场的大学生来说，由于职场情商的缺乏，在工作中容易犯错误、碰钉子。要想避免这些现象，就需要掌握提高职场情商的一些基本法则，如正确认识自我、学会管理情绪、不怕吃亏、注重细节、学会多赞美别人、谦虚做事、学会沟通等，为今后成为一名成功的职业人做准备。

1. 正确认识自我

职场情商，既然关系到人际关系，就必然存在一个角色定位的问题，即面对什么人、自己又处于什么样的一个位置，这就是通常所说的认识自我。如果对自我认识不清，那么很有可能对人际关系的处理就不到位，对待领导不像对待领导，对待同事不像对待同事，有时甚至会影响到客户对自己单位的形象认知。

2. 学会管理情绪

职场情商中，最重要的就是要学会管理自己的情绪，洞悉人心，并调整自己的心理，张扬好情绪，收敛坏情绪，从而赢得别人的认可和尊重。每一个心智正常的职场人，肯定都不愿意跟别人发生冲突，更不愿意被别人的情绪干扰，所以，职场人都希望自己能跟别人保持良好的人际关系。那些能成大事的人，往往是理智型的，而不是情绪化的。

3. 不怕吃亏

很多人都怕吃亏，尤其是大学生，在面对利益冲突时，往往盲目地以自我为中心，去躲避这种伤害。但是不要忘记，在职场上，虽然存在竞争，但它是一个利益共同体。你吃了一点亏，却能赢得别人的尊重，而这些尊重往往是不能以金钱来衡量的。

4. 注重细节

在人际关系的处理上，细节的处理非常微妙，也非常重要，能体现出一个人职场情商的高低。注重细节，会表现出对他人的一种关心和重视，能增进人和人之间的感情。

5. 学会沟通

几乎所有的招聘广告中都会强调应聘者应具有善于沟通的能力，这也正说明了沟通是职场中必不可少的一部分。很多老板有时候宁可招一个专业技能一般但沟通能力较为出色的员工，也不愿招一个整日独来独往、我行我素的“独行侠”。

能够与客户、同事、领导进行流畅沟通，可以体现一个员工的职场情商，同时，学会沟通也是培养职场情商的重要原则。

6. 善于倾听

在职场上，大学生不仅要学会控制情绪，还要学会倾听。情商高的人，在倾听的时候，不喜欢发表意见，你说，他听，你不说，他在一旁陪着你。针对你所说的一切，他不会打断你说话，哪怕你说的是错误的。他会在你需要听取意见时，说出自己的观点，且不会挑战你的情绪爆发点。

7. 谦虚做事

有些大学生，为了彰显个性和能耐，总喜欢炫耀自己、显摆自己，他们以为这样就能获取别人的尊重，殊不知，这样反而会令人反感。大学生在职场上，要谦虚低调，这也是大学生体现自己良好职场情商的重要表现。

8. 学会多赞美别人

在与同事相处的时候，多发现别人的优点、长处，多赞美别人，这样会让自己与同事相处融洽，会让自己的工作更容易开展。

9. 让别人有舒适感

如果把所有与人际关系相关的知识凝聚为一句话，那就是所有人都希望被重视，都渴望被认可。

因此，当别人犯错时，别急着横加指责，更不要私下讨论；当别人遇到难题时，提供力所能及的帮助会让人心存感激，但不能因此走向极端，试图去讨好任何人。试图讨好所有人，不仅会让自己疲劳，更是一件没有尽头的苦差事。

10. 泰山崩于前而色不变

我们每天都有可能遭遇各种意料之外的事情，不管是在生活上，还是工作中。有的事情常常出乎预料，此时，我们会着急、焦虑、感到无助，甚至想要放弃。但是，请记住，没有一件事重要到如果搞砸了就会到天崩地裂的程度。

当坏事发生时，别忙着“追责”，那只会让自己陷入不良情绪之中，应该先想想如何“善后”，怎样让事情变得没那么糟。当局面好转后，心情也会随之渐渐平静。在职场中，那些不论发生什么情况，总能心平气和、照顾他人情绪、找出解决之道的人，会渐渐赢得别人的尊重和信任。

11. 保持和谐

一个成功的团队，必然是一个和谐的、团结的团队。与领导保持和谐，与同事保持和谐，这些都是支持一个人走向成功的必要条件。而如何妥善处理职场中的各种关系，往往取决于职场情商的高低。有时一个小小的转变，说不定就能让你在职场中找到如沐春风的感觉。

第八章　大学生就业权益

第一节　就业权益

一、就业权益概述

在大学生就业制度已经走向市场化、法治化的今天，大学生在整个求职择业过程中应该增强法律意识，自觉遵守市场规则，并运用法律武器来保护自己的合法权益。要保护好自己的合法权益，大学生必须全面了解自己、用人单位、学校等签约方在就业过程中享有的权利和义务，了解与就业有关的法律法规。

（一）劳动者的一般权益

1. 劳动报酬权

劳动报酬权是指劳动者依照劳动法律关系，履行劳动义务，由用人单位根据按劳分配的原则及劳动力价值支付报酬的权利。《中华人民共和国劳动合同法》（以下简称《劳动合同法》）规定了试用期最低工资标准，保障了毕业生初次就业时在试用期的劳动报酬权；《工资支付暂行规定》规定，因劳动者本人原因给用人单位造成经济损失的，用人单位可按照劳动合同的约定要求其赔偿经济损失，经济损失的赔偿可以从劳动者本人的工资中扣除，但每月扣除的部分不得超过劳动者当月工资的20%；对于劳动者加班情况，应当给予其150%~300%的工资报酬等。这些法律规定保障了劳动者维持生存所必需的劳动报酬权。

2. 休息休假权

休息休假权是指劳动者在法律规定的工作时间以外进行休息和休养的权利。休息休假权保障了劳动者体力的恢复、保持身体健康和利用休息时间享受文化生活等需求。《劳动合同法》规定，用人单位不得强迫或变相强迫劳动者加班；《职工带薪年休假条例》规定，机关、团体、企业、事业单位、民办非企业单位、有雇工的个体工商户等单位的职工连续工作1年以上的，享受带薪年休假。

3. 劳动保护权

劳动保护权，又称为职业安全卫生权，是指劳动者在劳动过程中的安全和健康应该得到用人单位的保障，以防止其发生伤亡事故和职业病的权利。例如，《中华人民共和国劳动法》（以下简称《劳动法》）、《中华人民共和国妇女权益保障法》、《中华人民共和国残疾人保障法》等法律法规规定，用人单位有义务对与其建立劳动关系的劳动者，特别是女性、残疾人劳动者，按照其身体、生理特点，采取有效的安全和健康保障措施。

（二）大学生在择业过程中享有的权益

除了上述作为普通劳动者所享有的一般权利外，大学生在择业与就业过程中还享有以下权益。

1. 接受就业指导权

接受就业指导权，是指大学毕业生有权从学校、社会、国家获得及时、有效的就业指导与就业信息服务。接受就业指导对大学生来说意义重大，就业指导工作会直接影响大学生的就业方向、就业意识、就业技巧等。

《中华人民共和国高等教育法》规定："高等学校应当为毕业生、结业生提供就业指导和服务。"高校除了应将就业指导纳入大学生课程体系外，还应当成立专门的就业服务指导机构，安排专业人员对毕业生进行就业指导，包括向毕业生宣传国家有关就业的方针政策，对毕业生进行择业技巧的指导，引导毕业生根据国家和社会的需要、结合个人实际情况进行择业等，使毕业生通过接受就业指导，能够准确定位并合理择业。由此可见，接受就业指导和服务是大学毕业生的一项重要权益。

2. 就业信息知情权

就业信息知情权，是指大学毕业生拥有及时、全面地获取各种公开就业信息的权利。从广义上来说，就业信息既包括与毕业生求职择业相关的国家有关方针、政策与法规，也包括国家宏观经济发展状况和各个地区与行业的发展情况，还包括用人单位的规模、性质、产品、市场、企业文化、工作环境、学习培训、福利待遇等情况，以及专业需求、上岗条件、未来发展前景等工作岗位的具体信息，这些都是毕业生择业、就业的基础。大学生就业信息知情权包括三方面含义：①信息公开，即就业信息对任何毕业生来说都应该是公开透明的，任何团体、组织和个人都不得隐瞒、截留用人信息或者公布虚假用人信息；②信息及时，即毕业生获取的就业信息必须是及时、有效的，不能将过时的无利用价值的信息传递给毕业生；③信息全面，即毕业生有权获得准确、完整、全面的就业信息，以便对单位、职位情况有更加深入和全面的了解，进而根据自己的实际情况，作出恰当的职业选择。

3. 接受就业推荐权

接受就业推荐权是指高校毕业生拥有被学校如实、公正、及时推荐到用人单位就业的权利。事实证明，学校的推荐往往在很大程度上影响用人单位对毕业生的态度。

毕业生享有的被推荐权包括以下几方面内容。

（1）如实推荐。如实推荐是指高校在对毕业生进行推荐时，应实事求是，根据毕业生本人的实际情况向用人单位进行介绍、推荐，不能故意贬低或随意抬高毕业生的在校表现。

（2）公正推荐。学校对毕业生进行推荐应做到公平、公正，应给每一位毕业生以就业推荐的机会，不能厚此薄彼。

（3）择优推荐。学校应根据毕业生的在校表现，在公正、公开的基础上，还应择优推荐，用人单位在录用毕业生时也应坚持择优标准，真正做到优生优用、人尽其才。

4. 就业选择自主权

就业选择自主权，是指在国家就业方针、政策的指导下，高校毕业生有按照自己的意愿选择职业的权利，包括自由选择是否从事职业劳动，从事何种职业劳动，何时从事职业劳动，在哪一类或哪一个用人单位从事职业劳动等。毕业生的就业选择自主权，否定了行政安置和强制劳动，充分体现了毕业生择业的自主性。

5. 平等就业权

平等就业权，是指根据国家相关法律法规及政策，高校毕业生在择业过程中享有平等的权利，不因民族、种族、性别、信仰、身体条件、社会出身等，受到就业歧视或被排斥、取消、损害其就业机会。这种平等不仅体现在符合招聘条件的毕业生都可以平等地接受学校推荐，参加单位公开招聘，进行公正、平等竞争，而且体现在用人单位在录用毕业生和确定福利待遇时也要公平、公正，一视同仁。

6. 隐私保护权

隐私保护权，是指毕业生在求职择业过程中，不可避免地要将自己的部分信息提供给用人单位，但这些信息仅限于与应聘岗位招聘条件密切相关的范围之内。如果不经毕业生同意，任何单位或个人都不得将毕业生的个人信息随意发布和使用，用人单位更无权以招聘考核为名过问毕业生的各种隐私。

（三）大学生在就业过程中享有的权利

1. 过渡期保障权

过渡期保障权，是指大学毕业生在实习期、试用期、见习期应享有的保障个人各方面利益的权利。由于相关法律法规还不健全，他们在从学校到职场的过渡期的许多权益往往会受到一些用人单位的侵害。

《劳动合同法》首次规定了试用期期限的设定和试用期最低工资水平，这在一定程度上为劳动者试用期的各种权利提供了保障。

2. 就业签约权

就业签约权，是指大学毕业生与用人单位达成就业意向后，需要通过签订就业协议或劳动合同，将双方的劳动关系或已经达成的约定，以书面形式落实下来，并对双方的责任、权益进行明确的书面说明。不签订就业协议或劳动合同，或是协议、合同的内容和条款过于笼统甚至违法违规，都是对大学毕业生就业权益的侵犯。法律更不允许单位或个人采取欺诈或胁迫的方式要求大学毕业生签订就业协议和劳动合同。

3. 违约求偿权

违约求偿权，是指大学毕业生在与用人单位签订就业协议后，如果用人单位无故违约或解约，大学毕业生有权要求用人单位进行相应的赔偿。大学毕业生就业协议一经签订，毕业生、用人单位、学校三方都应严格履行，任何一方不得擅自毁约。如果用人单位无故要求解约，毕业生有权依照《劳动合同法》要求对方履行协议，签订劳动合同；否则，用人单位应承担违约责任，并支付违约金。

二、维护就业权益

增强自我保护意识有助于维护大学生的就业权益。增强自我保护意识主要从增强法律意识、契约意识、维权意识、证据意识、诚信意识等方面入手。

（一）法律意识

市场经济是法治经济，大学毕业生就业也受到法律的保护。因此，大学毕业生必须了解与就业相关的法律法规、政策制度，了解劳动用工的相关规定，逐步增强法律意识，学会使用法律武器来维护自身权益。

（二）契约意识

契约意识包括两方面内容：①通过就业协议来保护自己合法权益的意识；②必须严格遵守就业协议的意识。大学毕业生与用人单位签订的协议是一种合同，是确立双方当事人之间劳动关系的一种契约，具有法律效力。因此，大学毕业生要谨慎签约、积极履约。协议一旦订立，双方都必须遵守，任何一方未经对方同意都不得擅自毁约、违约，否则将受到法律制裁。

（三）维权意识

由于在就业市场中损害大学生合法权益的现象时有发生，因此，具有强烈的维权意识，在碰到问题时能够拿起法律武器保障自己的权利，是大学毕业生实施自我权益保护的实质性一步，是由观念转化成行动的重要一环。大学毕业生只有在掌握法律政策，养成良好法律意识和积极维权意识的情况下，才能平等地与用人单位进行对话，保障自己的权益免遭侵害。

（四）证据意识

大学毕业生在求职就业过程中，应当树立证据意识。

（1）收集证据的意识。在求职时要有意识地要求用人单位出示或提供相关资料，如要求用人单位出示营业执照、要求对方出示表明身份的证件等。

（2）保存证据的意识。要注意保存现有的证据，以便将来在仲裁法庭或进行诉讼时维护权益，如招聘海报、往来传真、邮件等。

（3）运用证据的意识。要有用证据证明事实的意识，知道什么样的事实需要什么样的证据，明确举证责任是在对方还是在己方。

（五）诚信意识

大学毕业生诚信意识的培养和权益的自我保护，主要包括两个方面。①大学毕业生在求职过程中必须如实向用人单位介绍自己的情况，如果故意隐瞒自己情况欺骗用人单位，则可能导致就业协议无效，并承担缔约过失责任；②能够意识到用人单位是否诚信。目前，就业形势严峻，毕业生不敢向用人单位问太多问题、提更多要求，而认为用人单位说的都是对的，单位要求的就应该去做，不知不觉中自己的权益就受到了侵害。

三、社会保险相关知识

（一）社会保险的种类

1. 住房公积金

住房公积金是我国推行的具有保障性、互助性、长期性的，属职工个人所有的，长期住房储金，由职工及所在单位按规定缴存。住房公积金具有固定的用途，包括员工购买、建造、翻建、大修自住房，因此，住房公积金不允许任何单位和个人在住房以外的其他任何用途上使用。住房公积金的月缴存额为职工本人上一年度月平均工资乘职工住房公积金缴存比例；单位为职工缴存的住房公积金的月缴存额为职工本人上一年度月平均工资乘单位住房公积金缴存比例。一般情况下，公积金缴存比例会根据经济发展状况和职工生活水平进行相应调整。

2. 基本养老保险

基本养老保险的缴纳模式为社会统筹与个人账户相结合。基本养老保险的覆盖面已经比较广泛，包括城镇各类企业职工。对于所有城镇企业及企业职工来说，基本养老保险已经成为一项义务，必须定期落实缴费。其中，城镇职工应缴纳的基本养老保险额度不需要个人单独上缴，而是由所在企业从个人工资中代扣并统一上缴。对于企业来说，必须以货币形式足额缴纳基本养老保险。社会上的其他人员，包括个体工商户和自由职业人员，可以按照相关规定制定的缴纳基数和缴纳比例缴纳，缴纳的周期也按月计算。

3. 基本医疗保险

1998 年，《国务院关于建立城镇职工基本医疗保险制度的决定》全面推进了我国医疗保险制度的改革。基本医疗保险制度是社会保障体系的重要组成部分，是由用人单位和职工共同参加的一种社会保险。基本医疗保险实行个人账户与统筹基金相结合的模式，保障广大参保人员的基本医疗需求，主要用于支付一般门诊、急诊、住院等费用。基本医疗保险使参保人员可以自行决定医保定点医院及定点的社区医疗机构，这样群众的就医就有了较为广泛的选择范围，他们可以在就医过程中充分享受自主选择的权利。基本医疗保险费由用人单位和职工共同缴纳，用人单位缴费率应控制在职工工资总额的 6%左右，职工缴费率一般为本人工资收入的 2%。随着经济的发展，用人单位和职工缴费率可做相应调整。

4. 工伤保险

工伤保险，是指劳动者在工作中或在规定的特殊情况下，遭受意外伤害或职业病导致暂时或永久丧失劳动能力及死亡时，劳动者或其遗属从国家和社会获得物质帮助的一种社会保险制度。工伤保险是在国家立法的强制力下建立的，属于国家为广大劳动者承担的社会责任，也是劳动者应当充分享有的一项基本权利。很多职业都存在一定的危险性，因此，非常有必要对劳动者这方面的权益加以保护。工伤保险涵盖所有劳动者，任何人在工作过程中发生的伤害和罹患的职业疾病，都应获得工伤保险提供的保障待遇。

5. 失业保险

失业保险是指国家通过立法强制实行的，由社会集中建立基金，对因失业而暂时中断生活来源的劳动者提供物质帮助的制度。它是社会保障体系的重要组成部分，是社会保险的主要项目之一。失业保险是指劳动者由于非本人原因暂时失去工作，致使工资收入中断而失去维持生计的来源，并在重新寻找新的就业机会时，从国家或社会获得物质帮助以保障基本生活的一种社会保险制度。

6. 生育保险

国家通过立法设立生育保险，为怀孕和分娩的女性劳动者在暂时中断劳动时，提供医疗服务、生育津贴和产假。在这种保险制度中，国家和社会对生育的职工给予必要的经济补偿和医疗服务，保障女性职工因生育而暂时丧失劳动能力时拥有基本经济收入和医疗保障，帮助她们恢复劳动能力，重返工作岗位。这项制度充分体现了国家和社会为孕育生命女性在特殊阶段给予的帮助、扶持和爱护。我国生育保险待遇主要包括两项：①生育津贴，用于保障女职工产假期间的基本生活需要；②生育医疗待遇，用于保障女职工怀孕、分娩期间以及职工实施节育手术时的基本医疗需要。

（二）社会保险的作用

社会保险是现代社会经济生活的重要方面，是一项重要的社会政策。它既是劳动者享有的维持基本生活的权利，也是政府应承担的义务，对保障人民基本生活、维护社会稳定、促进经济发展起着重要作用。其作用主要表现在：能够保障人民生活基本需要，维护社会稳定，起到社会“安全网”和“稳定器”的作用。

1. 社会保险能发挥社会稳定器的作用

社会成员难免会遇到衰老、伤病等情况，这是在任何时代和任何社会制度下都无法避免的客观现象。社会保险就是当社会成员遇到这种情况时给予适当的补偿，以保障其基本生活水平，从而防止不安定因素的出现。

2. 社会保险有利于保障社会劳动力再生产的顺利进行

劳动者在劳动过程中必然会遇到各种意外事件，造成劳动力再生产过程的停顿。社会保险就是劳动者在遇到上述风险事故时给予必要的经济补偿和生活保障。

3. 社会保险有利于实现社会公平

人们在文化水平、劳动能力等方面的差异，会造成收入上的差距。社会保险可以通过强制征收保险费，对收入较低或失去收入来源的劳动者给予补助，提高其生活水平，并在一定程度上实现社会的公平分配。

4. 社会保险有利于推动社会进步

保险具有互助性的特点，社会保险更能体现互助合作、同舟共济的精神。

第二节　求职陷阱

一、常见的求职陷阱

大学毕业生在就业过程中，会面临各种竞争和挑战，同时由于就业形势严峻、就业困难，大学毕业生在就业过程中可能会遇到各种各样的求职陷阱。

（一）虚假招聘

有些用人单位在招聘会上为了招到条件好的毕业生，便会夸大或隐瞒自己的真实情况。例如，有些用人单位故意扩大单位规模和岗位数量，进行虚假宣传；有些用人单位把招聘职位写得冠冕堂皇，不是“经理”就是“总监”，实际上却是“办事员”“业务员”；有些用人单位没有招聘计划，只是为了做广告，在媒体上发布招聘消息，把招聘当成了形象宣传；有些用人单位借招聘之名，获取毕业生的联系方式并进行诈骗活动等。

（二）收费陷阱

在就业市场中，一些用人单位利用大学毕业生求职迫切的心理，巧立名目向大学毕业生收取各种不合理费用，如风险抵押金、违约金、培训费、服装费等。有些用人单位开出诱人条件，如留在某大中城市工作、能解决这些大中城市的户口等，在面试时，用人单位表示为了增加双方的信任，大学生在工作之前必须交纳一定的押金。等大学生交完押金并工作一段时间后，用人单位就表示聘用之初说定的工作岗位要调整，可能需要将入职的毕业生派到其他部门，如果不愿意去，就以不服从单位安排为由不退其押金。

《劳动合同法》规定：“用人单位招用劳动者，不得扣押劳动者的居民身份证和其他证件，不得要求劳动者提供担保或者以其他名义向劳动者收取财物。”

（三）试用期陷阱

劳动合同的试用期，是指用人单位和劳动者为了相互了解而选择、约定的考察期。在这段时间，用人单位考察劳动者的工作能力，劳动者也考察用人单位的情况，是双方互相试用的过程。但是，一部分用人单位却利用试用期大做文章，主要表现在：①试用期过长或与签订的劳动合同期限不符；②要求毕业生在试用期内承担违约责任；③在试用期内无正当理由辞退毕业生；④以见习期代替试用期；⑤续签劳动合同时重复约定试用期；⑥将试用期从劳动合同期限中剥离；⑦仅仅订立一份试用期合同；⑧试用期工资低于当地的最低工资标准；⑨试用期内单位不缴纳社会保险费等。

由于试用期的工资、福利待遇和正式录用后差异较大，而招聘费用又微乎其微，一些用人单位抓住大学毕业生急于找工作的心理，通过这种无休止的“试用”来获取大学毕业生廉价的劳动力。

（四）传销陷阱

传销是指多层次直销和层压式推销的合称。传销属于一种经济犯罪行为，国家严令禁止。非法传销者首选对象常常是急于找工作的打工者，特别是刚刚毕业的大学生，他们先是以帮忙找工作为由，以高薪为诱饵，欺骗求职者去进行非法传销活动。求职者一旦进入陷阱，其人身自由便被限制，被迫从事传销活动，要么上交入门费，要么花钱购买传销产品作为入门条件。传销组织者还采取扣留身份证、控制通信工具、监视等手段不让受骗者离开，强迫他们联系亲友前来，或者寄钱寄物从中牟利。

（五）就业协议陷阱

就业协议是明确毕业生、用人单位在毕业生就业择业过程中权利和义务的书面协议。就业协议一经签订，对双方都具有约束力。按照有关规定，就业协议不能代替劳动合同或聘用合同，这样就可能在毕业生和用人单位之间产生纠纷。常见的毕业生签订就业协议过程中遇到的陷阱主要包括：用人单位不与毕业生签订就业协议书；用人单位不按期根据就业协议书的约定与毕业生签订书面劳动合同；用人单位在就业协议中做出了某些承诺但未将这些承诺写入合同；用人单位与毕业生签订“霸王合同”。就业协议书是转递毕业生人事关系的依据，如果不签订该协议，毕业生的人事档案、户籍等人事关系就无法转入工作单位及其所在城市。这些关系的办理涉及毕业生的切身利益，如办理社会保险、购买经济适用房、评职称等。因此，用人单位不与毕业生签订就业协议书，对毕业生的工作、生活、职业发展都是非常不利的。毕业生应主动要求用人单位解决这些问题，并可通过当地的人才交流中心协助办理人事档案、户口等关系的接收。

（六）智力陷阱

有些用人单位按程序假装对应聘毕业生进行笔试，再进行面试。在笔试、面试时，把本单位遇到的问题以考察的形式要求应聘者作答或设计，待毕业生利用专业优势完成后，再找各种理由推辞，结果无一人被录用，而用人单位却将应聘者的劳动果实据为己有，使毕业生陷入智力陷阱。

二、求职陷阱的应对措施

在就业市场中，大学生是一个弱势群体。由于对就业法规、就业市场不了解，加之自身素质的缺乏，毕业生在找工作的过程中容易遭遇各种各样的求职陷阱。因此，在就业过程中，毕业生有必要采取一定的措施来防范和应对求职陷阱。

（一）仔细甄别各类就业信息，有效识别求职陷阱

毕业生对来自不同渠道的招聘信息，要有一定的真伪辨别能力，有效识别就业信息陷阱。一般来自学校就业网站和校园招聘会的信息是最可信任的，但学校就业部门毕竟只能起一道“防火墙”的作用，要真正辨别真假，还要自己多了解；对信息量最大的网络招聘不能轻信，真正比较权威的网站应该是与政府人事部门、教育部门有链接的官方网站；对

社会上举办的招聘会不能“漫天撒网”，应该有所选择，否则会有让自己的简历落入非法中介机构的风险；在得到应聘机会时，要注意从多方面了解用人单位是否合法规范，比如可以从市场监督管理局的网站查找该单位的信息，从已就业的学长那里了解该单位的声誉，在参加面试时观察该单位的工作氛围、人员素质等。

（二）了解就业政策和法律法规，提高自身法律意识

毕业生应了解目前国家的有关方针、政策和法律法规，熟悉毕业生在就业过程中的权利和义务。如果在就业过程中因所谓的公司规定或部门规定与国家政策法规有抵触而侵犯了自己的权益，则可依据法规办事，维护自己的合法权益。一般来说，《普通高等学校毕业生就业工作暂行规定》《劳动法》《劳动合同法》《中华人民共和国公务员法》以及高校所在省（自治区、直辖市）就业政策、地方性法规等，毕业生都应该有所了解。

（三）端正就业态度，平等地与用人单位交往

尽管面临严峻的就业形势，但毕业生在求职中不能低三下四、任人摆布，更不应怨天尤人、听天由命。毕业生应积极主动，有尊严、有信心地与用人单位进行平等的交往。求职与招聘是一个双向选择的过程，双方是平等的，在求职过程中，毕业生一定要尽可能地了解用人单位情况，特别是对自己所关心的薪酬标准、岗位安排、社会保险、试用期等具体问题和自己不清楚的地方一定要问明白，尽量减少承诺中的“不确定成分”。

（四）慎重签订就业协议书，注意约定条款的合理性

就业协议书是学校、毕业生、用人单位三方的协议书，应该是国家教育行政主管部门规定的统一格式的文本，属于意向性协议。应该注意的是，就业协议书虽然不是劳动合同，但也牵涉违约金的问题，所以，签订就业协议书前要三思而行。在签订就业协议书之前，毕业生除了要了解和掌握国家的就业政策和规定、明确就业单位的具体工作部门和工作岗位、全面了解用人单位外，还应该进一步明确双方的权利和义务，注意约定条款的合理性。有些用人单位与毕业生签订就业协议书时会附加补充协议或增加某些条款，进一步明确用人单位与毕业生之间的权利和义务，毕业生在签订这些条款时，一定要仔细研究，力求了解条款的内容和含义，以免日后发生争议。

另外，毕业生在签订就业协议书时，也要注意其与劳动合同的衔接，应尽量将劳动合同的内容体现在就业协议的约定条款中，并明确表示在今后订立劳动合同时予以确认。在无事先约定的情况下，毕业生对劳动合同的有关内容因与用人单位达不成一致意见而不愿到该单位工作时，就要承担违约责任。

第三节　就业协议书与劳动合同的签订

一、就业协议书的内容与签订

（一）就业协议书的内容

协议是指当事人之间确立、变更、终止民事权利、义务关系的法律行为。就业协议书是高校毕业生与用人单位确立劳动关系的法律依据，是明确毕业生、用人单位和学校三者在毕业生就业工作中权利和义务的书面表现形式，又称三方协议。

高校毕业生在与用人单位签订就业协议书时，必须使用教育部提供的就业协议书统一样本，这样做的目的在于统一和规范毕业生与用人单位签订就业协议书的行为。现行的就业协议书内容主要包括三部分：毕业生基本情况及意见、用人单位基本情况及意见、学校意见。

（二）就业协议书的签订

1. 就业协议书的签订原则

就业协议书的签订原则，是指双方在订立就业协议书时必须遵循的基本准则。

（1）主体合法原则。签订就业协议书的当事人必须具备合法的主体资格。

毕业生：取得毕业资格，如学生在派遣时未取得毕业资格，用人单位可以不予接收，也无须承担法律责任。

用人单位：具有从事各项经营或管理活动的能力。单位应有录用毕业生计划和录用自主权，否则毕业生可以解除协议，无须承担违约责任。

（2）平等协商原则。双方法律地位平等，不得将一方的意志强加于另一方。学校不得采取行政手段要求毕业生到指定单位就业，用人单位不应要求毕业生交纳过高数额的保证金。

2. 就业协议书签订步骤

（1）毕业生领取就业协议书。

（2）毕业生和用人单位经充分协商达成一致意见后，双方在就业协议书上签字盖章。

（3）毕业生所在学院审核。

（4）高校就业指导中心汇总审核就业协议书，并签字盖章。

（三）签订就业协议书的注意事项

就业协议书一式 4 份，用人单位保留 1 份，毕业生保留 1 份，学校（院）保留 2 份。毕业生签完就业协议书后，应及时将就业协议书上交学校（院）审核，以保障自身权益。

（1）认真审查就业协议书的内容。审查就业协议书的内容是否合法，双方的权利义务是否平等，补充协议的内容是否合理等。

（2）写清补充协议内容。原协议书中未能体现的具体权利和义务用补充协议形式表达出来，补充协议书与主协议书具有同等法律效力。就业协议书协议内容至少应具备以下条款才能具有法律效力：服务期、工作岗位、工资报酬、福利待遇、协议变更和终止条款、违约责任。

（3）单位主体资格是否合格。用人单位必须具有主体资格。毕业生在签约前，一定要先审查用人单位的主体资格。

（4）写明违约责任。在协议内容中，应详细表述双方的违约情形及违约后应负的责任，还应写明当事人违约后通过何种方式、何种途径来承担责任。

（5）审查用人单位及上级主管机关签署的具体意见。用人单位及上级主管机关签署试用合同的意见应具体、准确，应与就业协议书的内容相一致。

（6）协议的形式要合法。毕业生要签名并写清签字时间，用人单位及其上级主管部门必须加盖单位公章并注明时间。签字后，需将就业协议书交给高校就业指导中心履行。

二、劳动合同的内容与签订

（一）劳动合同的内容

劳动合同是指劳动者与用人单位确立劳动关系、明确双方权利和义务的书面协议。根据《劳动合同法》第十七条规定，劳动合同应当包括以下内容。

（1）用人单位的名称、住所和法定代表人或者主要负责人。

（2）劳动者的姓名、住址和居民身份证或者其他有效证件号码。

（3）劳动合同期限。

（4）工作内容和工作地点。

（5）工作时间和休息休假。

（6）劳动报酬。

（7）社会保险。

（8）劳动保护、劳动条件和职业危害防护。

（9）法律法规规定应当纳入劳动合同的其他事项。

（二）劳动合同的签订

1. 劳动合同签订的原则

劳动合同签订的原则，是指在劳动合同订立过程中双方当事人应当遵循的法律准则。《劳动合同法》第三条规定：“订立劳动合同，应当遵循合法、公平、平等自愿、协商一致、诚实信用的原则。”

2. 签订劳动合同的注意事项

具体注意事项如表 8-1 所示。

表 8–1　签订劳动合同的注意事项

法律规定	潜在问题	处理方式
建立劳动关系一定订立书面劳动合同	有的用人单位为了逃避义务，往往不与毕业生签订劳动合同。日后发生纠纷，吃亏的往往是毕业生	毕业生可向当地劳动行政部门投诉，要求纠正用人单位的违法行为
劳动合同期限 3 个月以上不满 1 年的，试用期不能超过 1 个月；劳动合同期限 1 年以上不满 3 年的，试用期不能超过 2 个月；3 年以上固定期限和无固定期限的劳动合同，试用期不得超过 6 个月	用人单位在试用期内不与毕业生签订劳动合同，一旦试用期满，就找种种借口辞退	毕业生与用人单位签订劳动合同的时间应在试用前，而不是试用合格后
应以书面形式写明以下条款：劳动合同期限；工作内容；劳动保护和劳动条件；劳动报酬标准；劳动纪律；劳动合同终止的条件；违反劳动合同的责任	有些企业与毕业生签订合同时，事先不经过双方协商，仅从企业单方面的利益出发，制定了有倾向性的不平等合同条款，如随意延长劳动时间又不付加班工资，或限制女工享受特殊劳动保护的权利等	凡是与法律法规相违背的条款都属无效，如毕业生已签订该类合同，可对违法条款不予执行或要求纠正
	有的企业不以书面形式与毕业生订立劳动合同，只是口头约定工资、工时等权利义务的内容，一旦发生纠纷，双方各执一词，毕业生往往有口难辩	按照法律规定签订正式书面合同

三、违约责任与劳动争议

大学毕业生希望在职业岗位上与用人单位彼此信任，为了共同的事业和目标而合作努力，但就业协议书和劳动合同就是为违约责任与劳动争议问题准备的，尽管大学毕业生不愿意在职场上走这一步，但它确有可能发生。因此，大学生应该对劳动合同中规定的责任和义务有一个清晰的认识，了解法律法规的相关规定，只有这样，才能防患于未然。

（一）违约责任

1. 就业协议书的违约

就业协议书对于三方权利的界定，一般理解为：根据国家毕业生就业政策，毕业生、用人单位、学校在就业协议书上签字、盖章后，协议书即生效，对三方都具有约束力，各方都应该遵守协议、履行协议。如果三方中有一方反悔，即视为违约，而且必须向另外两方承担违约责任。学校作为大学毕业生和用人单位的见证方，一般不涉及违约，事实上可能会出现违约问题的多是毕业生或用人单位。一般情况下，毕业生和用人单位会出现的违约情况大致可以分为以下几种。

（1）毕业生违约情况。毕业生的违约情况包括：同时与多家单位签约，再定取舍；先确定一个用人单位垫底，一旦找到更理想的用人单位，则抛弃前者；向用人单位提供不真实的选择情况；其他违约行为。

（2）用人单位的违约情况。用人单位的违约情况包括：拒收毕业生；提供不真实的情况和虚假材料，误导毕业生与之签约等。

（3）其他违约行为。其他违约行为包括：为约束毕业生而收取一些不合理费用；违反行政法规、规章，不执行有关规定；侵害毕业生的合法权益等。

按照规定，就业协议书一经毕业生、用人单位、学校签署即具有法律效力，任何一方不得擅自解除，否则违约方应向权利受损方支付协议条款所规定的违约金。从实际情况来看，就业违约多为毕业生违约。如果毕业生违约，除了本人应承担违约责任、支付违约金外，还会造成其他不良后果，如诚信危机，用人单位、学校甚至其他毕业生都会受到不良影响。因此，希望毕业生在签署就业协议书前要慎重考虑，明确自己签署协议后应负的责任，然后再签订。

当毕业生到用人单位报到后，三方协议即告终止，此时用人单位会与毕业生签订一份正式的劳动合同，其中约定了劳动者的试用期限、服务期限、工资待遇及其他福利等事项。签订劳动合同之后，双方即正式确定了劳动关系。

2. 劳动合同的违约

用人单位制定的劳动规章制度违反法律法规规定的（如以低于当地最低工资标准支付劳动者工资的），由劳动行政部门给予警告，并责令改正；对劳动者造成损害的，应承担赔偿责任；拒不支付加班工资报酬的，由劳动行政部给予警告，责令限期改正，并应依法给予经济补偿。

用人单位未向劳动者提供必要的劳动防护用品，造成劳动者劳保待遇损失的，要按照国家规定补足劳动者的劳保津贴和用品。用人单位造成劳动者工伤和医疗待遇损失的，除按国家规定提供应有的待遇外，还应支付劳动者医疗费用一定比例的赔偿金。

用人单位严重违反劳动合同规定的劳动安全和劳动卫生条件而造成重大事故，使劳动者的生命、财产受到损失的，要依法追究单位责任人的行政责任；触犯刑法的，要依法追究刑事责任。

3. 试用期内违约

劳动合同中约定的试用期是工作的第一个阶段，需要熟悉、学习、适应的工作内容很多，这也是双方最容易出现纠纷的阶段。下面将试用期比较容易出现的劳动纠纷作简单的归纳。

（1）试用期时限。试用期是用人单位和劳动者建立劳动关系后，为相互了解、选择而约定的不超过6个月的考察期。按照《劳动法》的规定，劳动合同可以约定不超过6个月的试用期。劳动合同期限在6个月以下的，试用期不得超过15日；劳动合同期限在6个月以上1年以下的，试用期不得超过30日；劳动合同期限在1年以上2年以下的，试用期不得超过60日；劳动合同期限在2年以上的，试用期不得超过6个月。

（2）试用期辞职。根据《劳动法》的规定，劳动者在试用期内可以随时通知用人单位解除劳动合同（无须提前通知）。有些用人单位在劳动合同中约定，劳动者在试用期解除合同需承担违约责任，这实际上限制了劳动者的解除权。因此，这种约定是侵害劳动者合法权利的行为，对于这种约定条款，法律一般确认为无效。

（3）试用期辞退。根据《劳动法》第二十五条规定，劳动者在试用期间被证明不符合录用条件的，用人单位可以解除劳动合同。法律规定得很清楚，用人单位可解除劳动合同的条件是其必须举证证明劳动者在试用期不符合录用条件。毕业生应当明确，用人单位要求解除劳动合同时，举证责任在用人单位，劳动者无须提供自己符合录用条件的证明。

4. 服务期违约

用人单位为劳动者提供专项培训费用，对其进行专业技术培训的，可以与该劳动者订立协议，约定服务期。劳动者违反服务期约定的，应当按照约定向用人单位支付违约金，违约金的数额不得超过用人单位提供的培训费用。用人单位要求劳动者支付的违约金不得超过服务期尚未履行部分所应分摊的培训费用。

5. 竞业限制违约

竞业限制的人员限于用人单位的高级管理人员、高级技术人员和其他负有保密义务的人员。竞业限制的范围、地域、期限由用人单位与劳动者约定，竞业限制的约定不得违反法律法规的规定。

在解除或者终止劳动合同后，竞业限制期限不得超过两年。

（二）劳动争议

1. 劳动争议的概念

劳动争议，又称为劳动纠纷，是指劳动者与其所在单位之间因劳动关系中的权利义务而发生的纠纷。

2. 劳动争议的范围

劳动争议的范围，在不同的国家有不同的规定。在我国，根据《中华人民共和国劳动争议调解仲裁法》第二条规定，劳动争议的范围如下。

（1）因确认劳动关系发生的争议。

（2）因订立、履行、变更、解除和终止劳动合同发生的争议。

（3）因除名、辞退和辞职、离职发生的争议。

（4）因工作时间、休息休假、社会保险、福利、培训以及劳动保护发生的争议。

（5）因劳动报酬、工伤医疗费、经济补偿或者赔偿金等发生的争议。

(6) 法律法规规定的其他劳动争议。

3. 劳动争议处理程序

我国处理劳动争议的程序分为协商、调解、仲裁、诉讼四个阶段。

(1) 劳动争议发生后，当事人双方在自愿平等的基础上进行协商，协商之后达成和解协议。协商不是当事人处理劳动争议的必需程序，但是这种形式简单方便，既不伤感情，又利于团结，因此，国家提倡和鼓励这种形式。

(2) 当事人协商不成或未经协商，都可以向劳动争议调解委员会等申请调解。劳动争议调解委员会可以设在用人单位内部，也可以由各地方的工会负责组织。它应当由职工代表、用人单位代表和工会代表组成。劳动争议的调解应当遵循当事人双方自愿的原则。需要注意的是，调解委员会只能起调解作用，它本身无决定权，不能强迫双方接受自己的意见，也无权做出对双方具有法律约束力的决定。但是如果双方经调解达成调解协议的，调解委员会应当制作调解协议书，对于协议书，双方当事人应当自觉履行。

(3) 劳动争议发生后 60 日内，当事人任何一方都可以直接向劳动仲裁委员会申请仲裁，或是调解不成，也可以申请仲裁。仲裁委员会对受理的劳动争议，在查明事实的基础上先行调解，调解若达成协议应当制作调解书；经调解无效或调解书送达前一方反悔的，应当及时进行仲裁，并制作仲裁决定书。当事人一方或双方对仲裁裁决不服的，可以自收到仲裁裁决书之日起 15 日内向人民法院提出诉讼，逾期不起诉，裁决即发生法律效力。已生效的裁决，与人民法院判决的效力等同。当事人如果不履行裁决书所规定的义务，另一方当事人可以申请人民法院强制执行。

(4) 诉讼程序是解决劳动争议的最终途径。未经劳动仲裁委员会仲裁的劳动争议，当事人不得向人民法院起诉。如果诉讼当事人不服劳动仲裁委员会作出的裁决，可自收到仲裁裁决书之日起 15 日内向人民法院提起诉讼，人民法院将依法进行审理，作出裁决。

第九章　大学生就业途径

大学生就业的途径很多，既可通过市场就业，又可通过公务员考试，还可以通过自主创业等途径。其中，市场就业是目前高校毕业生就业的一条主要途径。因此，在进入就业市场前，大学生要了解相关的就业政策和用人单位的招聘程序，同时提升自己的职业技能，提高竞争力，做好就业前的准备。

第一节　大学生就业途径

随着“国家统一分配工作”退出历史的舞台，“自主择业，双向选择”已成为就业市场的主流，大学生的就业途径由单一化走向多样化。下面分别介绍现在大学生就业的主要途径。

一、自主择业

自主择业供需见面会（双选会）是毕业生择业的重要方式。每年 3~4 月、11~12 月各高等院校会陆续举办用人单位和毕业生供需见面会，毕业生和用人单位经过双向选择后，签订《就业协议书》；或者毕业生直接进入用人单位实习，待正式毕业后，正式签订劳动合同，成为该单位的正式员工。

二、公务员考试

我国国家机关行政人员实行公务员制度，国家每年都会招考公务员，因此报考国家公务员也成为部分大学生就业的渠道之一。国家行政机关录用公务员，采取公开考试、严格考察、平等竞争、择优录取的办法。国家公务员录用考试包括笔试和面试两个环节，考试的内容根据公务员应具备的基本能力和不同职位类别分别设置。一般考试内容包括公共科目和专业科目，其中公共科目包含《行政职业能力测验》和《申论》，专业科目依据不同职位类别分别设置。随着就业形势的严峻，以及公务员工作的相对稳定，当前，参加公务员考试的大学生越来越多，竞争也越来越激烈，甚至出现数千名考生竞争一个岗位的现象。

三、延时就业

延时就业指大学生在毕业时，暂时未找到满意的工作，或由于其他原因暂缓找工作或先回家庭所在地，然后再就业的就业方式。对最终需要踏上工作岗位的大学生来说，可以延时就业，但不能一直延时。对于大学生来说，未及时就业，容易给别人留下“就业期望值过高”或者“自身素质不强”的印象。有的大学生在择业过程中存在“等”“靠”思想，导致“延时就业”。

四、自主创业

自主创业指大学生毕业后不是“寻求”工作，而是选择自己或与他人合作创办公司。自主创业已成为目前大学毕业生一种新的就业途径。它将大学生从一个雇员提升到雇主的位置，同时也对大学生的知识、能力和综合素质等方面提出了更高的要求。相对来说，要实现自主创业，大学生应首先要有正确的自我认知，并培养科学规划、团队管理、谈判、处理突发事件、学习、社会交往等多种能力。为支持大学生自主创业，各级政府出台了很多优惠政策，涉及融资、税收、创业培训、创业指导等诸多方面。根据国家有关规定，应届大学毕业生创业可享受免费风险评估、免费政策培训、小额担保贷款及部分税费减免等优惠政策。

五、升学深造

升学深造主要包括参加研究生考试、普通高校专升本考试、成人高考、对口升学考试、高等教育自学考试等。大学生通过深造，一方面可以提高自身学历层次；另一方面也能缓解就业压力。但是无论是就业还是升学，都要理性选择，不可目标过高。每个大学生的学习、身体、经济等方面的条件都是不同的，关键是要结合自己的情况，以及未来职业规划，做出适合自己的选择。不管选择就业还是升学，都必须摆正位置，调整心态，只有这样才有利于自身的发展。

六、国家项目就业

国家项目就业指大学生通过参加国家、地方就业项目来完成就业的一种方式，如大学生志愿服务西部计划、“三支一扶”计划、选聘毕业生到村任职等。这些项目不仅可以解决毕业生的就业难题，而且可以让“高知阶层”深入农村，成为发展边远地区、缩小城乡差别和区域差别、促进社会全面协调发展的长远战略。

（一）大学生志愿服务西部计划

从 2003 年开始，按照公开招募、自愿报名、组织选拔、集中派遣的方式，国家每年招募一定数量的普通高等学校应届毕业生，到西部地区从事 1~3 年的教育、卫生、农技、扶贫及青年中心建设和管理等方面的志愿服务工作。志愿者服务期满后，鼓励其扎根基层，或者自主择业和流动就业。参加的志愿者完成工作后能享受到很多政策的优惠。

（1）服务期间，中央财政给予必要的生活补贴（含交通补贴和人身意外伤害、住院医疗保险）。

(2) 服务期间，计算工龄，党团关系转至服务单位。本人要求户口和档案保留在学校的，服务期间，可挂职或专职担任所在乡镇团委副书记、学校及其他服务单位的管理职务，在此期间，档案管理机构对保管其档案免收服务费用。本人要求将户口转回入学前户籍所在地的，公安机关按照规定为其办理注户手续，人事、教育部门所属人才交流机构负责办理相关手续，人事部门所属人才交流服务机构免费提供人事代理服务。服务期满落实工作单位后，公安机关按有关规定办理户口迁移手续。

(3) 服务期满考核合格，在服务期满后3年内报考硕士研究生的，可享受初试总分加10分的政策，同等条件下招生单位优先录取。在报考时须出具全国大学生志愿服务西部计划项目管理办公室统一制作颁发的《大学生志愿服务西部计划志愿服务证》《志愿服务鉴定书》和服务单位证明。

(4) 服务期至少满1年且考核合格的，可以应届高校毕业生身份报考公务员。报考中央机关和东、中部地区公务员的，同等条件下，优先录取；报考西部地区公务员的，笔试总分加5分，同等条件下优先录取。

(5) 服务期为1年，服务期满考核合格的，授予中国青年志愿者铜奖奖章；服务期为2年，服务期满考核合格的，授予中国青年志愿者银奖奖章，表现优秀的授予中国青年志愿者金奖奖章。表现特别优秀的推荐参加中国青年志愿五四奖章、中国十大杰出青年、中国十大杰出青年志愿者、国际青少年消除贫困奖等评选。

（二）“三支一扶”计划

2006年，国家启动高校毕业生“三支一扶”计划，即支教、支农、支医和扶贫工作计划。每年选派部分高校毕业生到基层从事支教等服务，服务期一般为两年。近年，报名参加“三支一扶”计划的高校毕业生人数呈逐年上升趋势，部分岗位竞争激烈。该计划的招募原则和程序如下。

1. 汇总计划

每年4月底，省级工作协调管理办公室收集汇总乡镇一级教育、农业、卫生、扶贫等基层岗位需求信息，并上报全国“三支一扶”工作协调管理办公室，同时面向社会公开发布。

2. 组织招募

每年5月底前，各地根据下达的招募计划，采取考核或考试的方式进行招募。

3. 人选确定

经审核、体检确定人选后，省级工作协调管理办公室要“三支一扶”大学生签署(高校毕业生“三支一扶”计划申请书) 并于每年6月将“三支一扶”大学生名单上报全国“三支一扶”工作协调管理办公室备案。

4. 培训上岗

各地要组织“三支一扶”大学生进行上岗前的集中培训，培训内容主要是党和国家有关基层特别是农业、教育、卫生、扶贫方面的方针政策，本地区基层工作现状，服务单位和岗位的基本情况，乡镇共青团有关工作等。每年7月底“三支一扶”大学生到服务单位报到，同时，他们可以享受以下优惠政策。

（1）各级人事、教育、财政、农业、卫生、扶贫、团委等部门要积极制定优惠政策，鼓励服务期满的“三支一扶”大学生扎根基层。原服务单位有职位空缺需补充人员时，应优先考虑接收服务期满考核合格的“三支一扶”大学生。县、乡各类事业单位，有职位空缺需补充人员时，也应拿出一定职位专门吸纳这部分毕业生。毕业生服务期满自主创业的，可享受行政事业性收费减免、小额担保贷款和贴息等有关政策。应届毕业生自愿到国家需要的艰苦地区、艰苦行业基层工作，服务达到国家规定年限，并符合相应条件的，可享受国家助学贷款代偿政策，具体办法另行制定。

（2）服务期满考核合格的“三支一扶”大学生，报考党政机关公务员的，可以通过适当增加及其他优惠政策，优先录用。到西部地区和艰苦边远地区服务2年以上，服务期满后3年内报考硕士研究生的，初试总分加10分，同等条件下优先录取。对于已被录取为研究生的应届高校毕业生参加“三支一扶”项目的，学校应为其保留学籍。

（3）各级人事、教育、农业、卫生、扶贫等部门要制定切实有效的措施，采取多种手段，充分挖掘本系统就业岗位，积极吸纳“三支一扶”大学生进入本系统工作。各级人事部门要为“三支一扶”大学生建立专门的人才库，广泛收集各类用人单位的岗位需求信息，动员各类用人单位接收“三支一扶”大学生，有针对性地提供就业指导和推荐，帮助其落实就业单位。

（4）服务期满考核合格的“三支一扶”大学生，根据本人意愿可以回到原籍或到其他地区工作，凡落实接收单位的，接收单位所在地区应准予落户。进入国有企事业单位的，由接收单位按照所任职务比照同等条件人员确定其职务工资标准，其服务期限计算为工龄；在今后晋升中高级职称时，同等条件下优先评定。

（三）选聘毕业生到村任职

选聘高校毕业生到村任职工作对象为30岁以下应届和往届毕业的全日制普通高校专科以上学历的毕业生，重点是应届毕业和毕业1~2年的本科生、研究生，原则上为中共党员，非中共党员的优秀团干部、优秀学生干部也可以选聘。除了国家和地方的政策支持外，各高校和社会各方面，也为参加项目的高校毕业生的工作、生活、学习、就业和创业提供广泛的帮助和支持。

通过项目实现就业，不但成为大学生就业的重要途径，而且也是目前青年学生成长、成才的重要渠道之一。

七、灵活就业

灵活就业包括自由职业、意向就业、自主创业等，如作家、自由撰稿人、翻译工作者、某些艺术工作者等。与传统的就业模式相比，灵活就业具有灵活性强、自由度大、适用范围广、劳动关系比较松散等特点。灵活就业在一定程度上不同于正规的全日制工作，当事人与用人单位之间也没有稳定的劳动法律关系，它的工作内容与收入相对不稳定。同时，由于这类工作的“非强制性”，也要求当事人有很强的自觉性。

八、出国留学与就业

出国包含留学与就业。出国留学，指大学毕业生毕业后去其他国家继续学习。要想出国留学，必须参加对应的出国留学考试，如托福、雅思、美国大学入学考试（ACT）等，考试通过后申请就读国外的大学与专业。出国留学不仅对于当事人的家庭经济条件是一个考验，而且是对个人生活、生存能力的一种考验。出国就业，一般指劳务出口国（输出国）向劳务进口国（输入国）提供劳动力或者服务。劳务输入国主要以发达国家为多，如美国、德国、法国、瑞士、加拿大等；劳务输出国以发展中国家居多，如巴基斯坦、印度、菲律宾等。一般情况下，大学生可以从电视、报纸、网络等媒体获得各种招收出国劳务人员的信息。申请出国就业（出国劳务）必须具备以下条件。

（1）符合进口国需要的专业技术技能。

（2）良好的道德修养，遵守进口国的法律和劳动纪律。

（3）健康的身体，能够适应进口国的气候条件和劳动环境。

（4）必要的语言能力，尤其是直接和对方打交道的外语水平。

第二节　大学生求职方式

毕业生最常见的求职方式就是自荐。自荐方式包括参加人才招聘会、网上求职、亲自登门自荐等。除此之外，还有实习就业、他人推荐、中介服务等常用方式。

一、实习就业

实习是大学生走向工作岗位的重要阶段，也是毕业生求职的有效途径之一。实践、实习阶段的工作，既可以让用人单位了解毕业生，毕业生也可以较详细地了解用人单位的生产、经营、福利待遇等情况。通过一段时间的相互了解，建立联系，可为以后的求职择业打下良好的基础。因此，毕业生在选择实习岗位时，注意要以谋求职业为目标，利用实习加深对所学知识的理解，从而提高技能。即使实习期满后不能被录用，但由于有了这段实习经历，在求职的竞争中也会处于优势地位。

二、他人推荐

他人推荐也是一种比较常见的求职方式，可以扩大职业选择余地。他人推荐最直接的办法是求助熟悉的人，如学长、老师、同乡等。由于与对口用人单位的领导或业务骨干有较为密切的联系，他们的推荐容易引起用人单位领导的重视和信任。那么，应该如何请熟人推荐呢？

（一）推荐人和自己的关系

假如推荐人是自己的大学同学或者是一位跟家人关系较好的朋友，那么，你可要谨慎行事。虽然有个好朋友或者家人能帮你做个人担保是很好的，但人事经理更在乎的是你的职业技能。如果你找的推荐人连你在做什么工作都说不出来，这种推荐就会变得非常“鸡肋”。最好的推荐者应该是了解你目前的职业发展和成就的那个人。

（二）推荐人目前所在职位

如果你的梦想工作是销售，而你的推荐人却在公司里的技术部门任职。在小公司里，这层关系或许已经足以保证你能参加面试了，但不能总指望他。最好的推荐人，应该是对空缺职位需要的人才有足够了解的人。

（三）正式提出请求

当已经确认和自己联系的人是个很不错的推荐人之后，最好以书面的形式正式提出推荐请求。这样，才能让推荐人有足够的时间，充分考虑是否方便在回应你的要求前做些介绍。而且也能给推荐人一个机会，快速地研究一下有关的工作需求和人事经理的相关信息。

（四）等待回复

当要求别人推荐自己时，还要问推荐人是否方便替你做推荐。虽然你也想开门见山地得到对方的支持，但一个模棱两可、态度模糊的推荐人，甚至比完全没有推荐人更糟糕。

（五）提前约见

即使推荐人已经同意把你介绍给人事经理，你还是应该提前约他见一次面，这样你就可以给他提供一些你自己的相关信息，如描述一下你所学专业、本人技能特长等，让推荐人更深入地了解你。

通过向推荐人提供他所需的信息后，你不但能提高得到面试机会的可能性，而且他推荐你的时候，也会显得更了解你。

（六）表示感谢

在你还不知道你是否能得到面试机会之前，就要给你的推荐人发一条感谢的信息。你要让他知道，不管结果如何，你都非常感谢他付出的时间和精力。即使这次这个职位并不适合你，你的感谢也会让对方在下次有合适的工作时，第一时间想到你。

三、网络应聘

互联网时代，利用网络招聘平台求职是一种常见的求职方式，大学生不仅可以在网络招聘平台上查看招聘信息，主动联系企业求职，而且可以在招聘平台上登记自己的简历信息，留下自己的联系方式，有意向的企业将主动联系求职者。有的网络招聘平台专门为毕业生开辟就业服务专区，可以进行就业推荐、毕业生展示或刊登求职广告，这给毕业生求职又提供了一种选择。毕业生在求职过程中应结合自身的特点，选择更为适用的求职方式，从而达到事半功倍的效果。

四、电话求职

寻求一些自己比较心仪的公司，然后打电话咨询，这也是一种比较主动的求职方式，会让对方觉得你很迫切地在找工作，或许会考虑给你个机会试试。如果公司正好急需这个岗位的工作人员，而你的专业又刚好对口，那么你将很容易获得面试机会。

五、人才委托

人才委托推荐是现代人事工作的重要内容，是一种新型的服务方式，适用于用人单位和各类人才的双向选择，特别有利于提高中、高级人才的择业成功率。求职应聘者可通过委托的方式向具有资质的人才服务机构提供有效的证件和业绩材料，明确择业方向和职位要求，提出相应薪酬和工作环境要求。人才服务机构一旦接受委托，就会在约定的期限内，完成向用人单位的推荐，并使求职者得到专门组织的面试机会。这种委托推荐方式能给求职者提供更多的便利。

第十章　大学生自主创业

第一节　创新创业的内涵

一、创业的内涵

目前，我们正处在“大众创业、万众创新”的时代，国家大力支持大学生创业，也为大学生创业提供了很多优惠政策。但是创业对个人来说是一项系统工程，它是多方面知识、能力和其他资源的统筹规划及综合运用。对于一个想创业的大学生来说，首先要弄清楚什么是创业。

“创业”一词最早见于《孟子·梁惠王下》：“君子创业垂统，为可继也。”其意思是“创立基业，传之子孙”。诸葛亮《出师表》中也提到过“创业”：“先帝创业未半，而中道崩殂。”在中国传统文化中，“创业”一词与“守成”相对应。《辞海》对“创业”的定义为“创立基业”，指开拓、创立个人、集体、国家和社会的各项事业以及所取得的成就。这个词强调了开端和开创的艰辛和困难，突出过程的开拓和创新意义，侧重于在前人的基础上有新的成就和贡献。在西方发达国家，这个概念的意向比较集中，所指关系比较明晰，其与经济事务息息相关。罗伯特·荣斯戴特认为：“创业是一个创造并增长财富的动态过程。”弗里·蒂蒙斯认为：“创业是一种思考、推理的行为方式，这种行为方式是机会驱动、注重方法和与领导相平衡。创业导致价值的产生、增加、实现和更新，不只是为所有者，也为所有的参与者和利益相关者。”美国巴布森商学院和英国伦敦商学院联合发起，加拿大、法国、德国、意大利、日本、丹麦、芬兰、以色列等 10 个国家的研究者应邀参加的“全球创业监测”项目把创业定义为：“依靠个人、团队或一个现有企业，来建立一个新企业的过程，如自我创业、一个新的业务组织或一个现有企业的扩张。”

总结国内外学者的研究成果，创业的概念分为两个层次：狭义的创业和广义的创业。狭义的创业指“创办新企业的生产经营活动”；广义的创业指“社会生活的各个领域里人们开创新事业的实践活动”。

综合各种观点，我们将创业定义为：承担风险的创业者通过寻找和把握商业机会、投入已有的技能知识、配置相关资源创建新企业，为消费者提供产品和服务，为个人和社会创造价值和财富的过程。创业是创业者对自己拥有的资源，或通过努力对能够拥有的资源进行优化整合，从而创造出更大经济价值或社会价值的过程。

对于大学生而言，创业是就业的另一种形式，是大学生毕业后不通过传统的就业渠道谋取职业，而是依靠自身的学识智慧、科技发明、专利成果等资源，通过独立或与他人合作开办公司、创办企业等形式开创自己的事业。创业，对于在校大学生或是刚刚走出校门的大学毕业生来说，既新鲜，又充满困难和风险。相关调查数据显示，大学生创业的成功率在1%左右，可见大学生创业的难度有多大。那么，既然创业成功率这么低、创业这么难，为什么还鼓励大学生去创业和学习创业课程呢？大学生创业的意义是什么呢？

创业的过程，是一个锤炼意志品质的过程。我们在追求目标的过程中战胜困难、超越自我，这种创业的经历就是一种财富，往往会带来意想不到的收获。我们鼓励大学生创业，学习创业知识，一方面是希望创业成功带来经济收益，另一方面是即使创业失败了，也希望大学生能带着创业的意识走向职场，为最终高质量的就业拓展新的途径和思路。

二、大学生创业的意义

（一）大学生创业对社会的意义

1. 大学生创业是社会经济发展的原动力

全球创业观察项目曾将国家或地区的全员创业活动指数与国内生产总值（GDP）增长率进行时间序列回归分析，统计结果显示：创业活动与经济增长情况正相关，创业活动活跃的国家或地区，经济增长速度快。尽管有的国家创业活动不太活跃，而经济增长仍然很快，但是并没有出现一个国家创业活动活跃但经济增长速度低的情况。在中国，创业活跃的地区也是经济增长快的地区，如北京、上海、广东，而创业活动不活跃的地区，也是经济增长不快的地区。在美国，小企业占企业总数的9%，产值占CDP的40%，美国95%以上的财富是由比尔·盖茨等新一代创业英雄们创造的。创业繁荣了市场，丰富了人们的生活，提高了生活质量。大量的新创中小企业，利用其灵活的机制，通过“多品种”“小批量”等个性化服务，参与垄断行业和新兴产业领域的竞争，保证了市场活力。

2. 大学生创业是科技创新的加速仪

创业的核心是创新，创新是创业的主要驱动力量。创业是新理论、新技术、新知识、新制度的孵化器，也是新理论、新技术、新知识、新制度形成现实生产力的转化器。美国95%的根本性创新是由小企业完成的，小企业和创业者每年创造了70%以上的新产品和服务。在美国，小型创业公司的研发工作比大型公司更有成果，更显得生机勃勃。小型公司每花1美元在研发上，可产生2倍于大型公司的革新项目，与那些员工超过万人的超级公司相比，小型公司创造的革新项目是它们的24倍。就我国来说，当前经济结构调整的重点是发展高新技术产业和进行传统产业的升级改造，而创业往往伴随着新科技、新产品、新工艺、新方法进入市场，科研成果转化型的创业企业往往伴随着新的技术或者工艺的产生与发展，这对我国科技水平和综合国力的提高有着巨大的促进作用。

3. 大学生创业是社会就业的扩容器

在发达国家，就业机会大多由创业型中小企业所创造，尤其是在大企业进行裁员时，中小企业在稳定就业方面就起着更加重要的作用。20 世纪 90 年代，美国经历了显著的经济转型，尽管大企业裁撤了数百万个工作岗位，但失业率却降至历史低点，这主要是创业者创建新企业的结果。1980 年以来，美国已经创造了 3400 多万个新的就业机会，但世界 500 强企业同期却减少了 500 多万个就业岗位。目前，美国有 1000 多万人是“自我雇用”的，大约每 8 个成人中就有 1 个。随着我国经济体制和政治体制改革的不断深入，国有单位和城镇集体单位的就业空间明显缩小，而民营经济就业空间持续增长。持续、高效、大量地吸纳就业，依然是民营经济对国民经济发展的重要贡献之一。中小企业在推动经济发展、稳定就业市场方面表现突出，目前国家对其的扶持力度逐渐加大。党的十九大报告提出，着力构建市场机制有效、微观主体有活力、宏观调控有度的经济体制，不断增强我国经济创新力和竞争力。全党要关心和爱护青年，为他们实现人生出彩搭建舞台。同时，还勉励广大青年要坚定理想信念，志存高远，脚踏实地，勇做时代的弄潮儿，在实现中国梦的生动实践中放飞青春梦想，在为人民利益的不懈奋斗中书写人生华章。

4. 大学生创业是实现人生价值、展现个性的机会

首先，大学生通过自主创业，可以把兴趣与职业紧密结合，以实现人生价值。大学毕业生择业与社会供职不同，他可以做自己最感兴趣、最愿意做和自己认为最值得做的事情。大量毕业生在自己创办的事业里“海阔凭鱼跃，天高任鸟飞”，最大限度地发挥才能，实现自己的人生价值。而且，创业为大学生提供了施展个人才能的机会。大学生完全可以在自主创业活动中发挥自己的才华和个性，实现自己的人生目标。

5. 大学生创业促使全新成才观形成

习惯思维告诉我们，大学生的路应该这样走：安安心心读书，大学毕业后，找一家中意的单位谋求发展。大多数大学生根本就没有想到自己去开公司，原本的计划就是在单位里一步步发展、一步步升迁。大学生创业概念的出现，对传统的成才观来说是猛烈的冲击。在新的社会环境中，大学生未来的选择多元化，他们将重新设计自己的成才道路，并为成才做好准备。可以这样说，最终选择自主创业的学生永远是少数，但是这少数创业者涌现在大批有着创业准备的群体中。大学生创业将使大学生树立起创业意识，这比创业本身意义更重大。因为在创业意识的推动下，大学生将更重视自身素质的完善和提高，而大学生群体整体素质的提高有利于更优秀、更成熟的创业者的诞生。

6. 有助于为国家造就一批年轻的企业管理人才

大学生创业的艰苦过程，不仅磨炼了他们的意志品质，还培养了他们的市场观念，训练了他们的决策管理能力，有助于为国家造就一批年轻的企业管理人才。

（二）大学生创业对个人的意义

阿里巴巴创始人马云说：“我知道自己还能干多少年，我还能做什么事情，我把后半辈子开开心心地过。后面的每年、每天要过得很快乐，我不希望我离开这个世界的时候，有些事情我想到可以做，却没去做。”当我国的高等教育已经普及，随着高校扩招、大学生批量出炉，人才的过量供给和社会就业岗位的有限必然会产生矛盾。有人依然锁定找工

作的老路，有人自主创业制造饭碗，当创业的浪潮掀起，你，将何去何从？

这里涉及创业与人生发展的话题。我们往往羡慕创业名家头上的光环和他们积累的财富，同时在自己创业失利时暗自神伤，自怨自艾。其实，每一个创业成功者的身后，都有一段曲折的创业历程，每一个创业者都不是我们想象中的那么一帆风顺。创业不寻常，创业者一如蛹虫，在破茧而出之前，总会经过痛苦的挣扎才能化为美丽的蝴蝶。创业可以改变人生，创业可以点亮人生，创业可以辉煌人生。通过创业，能够有效实现人生价值，把握人生航向。

首先，创业可以充分发挥自我才能。许多上班族之所以感到厌倦，积极性不高，主要原因是个人的创意得不到肯定，个人的才能无法充分发挥，工作缺乏成就感。而创业则完全可以摆脱原有的种种羁绊，充分施展个人的才华，发挥最大潜能，提高个人价值。

其次，创业可以积累财富，拥有自主人生。成功创业能够改变工薪阶层的困境，可以为寻找出路的大学生另辟蹊径。无论出于何种动机和意愿，开创一份完全属于自己的事业，既能满足自我需求，实现自我价值，又能为社会提供一系列的就业机会，终究是一件造福当下，甚至惠及未来的好事情。不仅如此，创业者还可以摆脱上班的约束，使自己的人生价值得到更完美的体现。

最后，创业可以享受过程，激励人生。在创业过程中，创业者可以感受到无穷的变化、遇到无数的挑战和机遇，这本身就是一件令人兴奋的事。更重要的是，在这个过程中，创业者可以不断积累经验，为日后的成功和长足发展筑就根基。创业还能够使个人有足够的机会和潜力去回馈社会、造福一方，从而获得极高的成就感。创业更意味着可以做自己喜欢的事并从中获得乐趣，能够激励自己不懈怠、不骄傲，一路踏实地走下去。

三、创业精神与创业素质

（一）创业精神

创业精神，又称为企业家精神，它是创业者在市场竞争中不断开拓进取、创造新价值的精神。创业精神是社会所必需的一种创新精神，并且正是因为拥有了这种创新精神才会推动社会的发展。创业是一个创新的过程，在这个过程中，新产品或新服务被确认、被创造，最后被开发出来产生新的财富创造能力。也就是说，创业精神的本质在于创新，在于为消费者创造出新的满足、新的价值。创业精神是创业者在创业过程中重要行为特征的高度凝练，主要表现在以下几方面。

1. 创新精神

创业者不仅仅是指在经济活动中从事创新活动的人，无论他是做什么工作的，无论他是工人、农民或者学生，只要他在创新，那么就可以称为创业者。这种对于创业者的理解虽然有些夸大，但这正是德鲁克所强调的创新的意义。

2. 冒险精神

在创新过程中不可避免地要遇到挑战和承担风险，所以创新精神的内涵中必然包括承担风险和挑战不确定性的冒险精神。

3. 合作精神

单枪匹马可以成就一番事业，但是团结任何有利于成功的力量，成功的概率会更大。在创业精神中，个人英雄主义并不能占主导地位，反而团队意识、合作精神是其价值核心。团队合作的过程中也是符合人们所说的创业者通过组合不同的要素形成一个新的生产关系，从而达到价值创造的过程。将不同的人组合到一起，开发其各自的优势资源，从而达到利益最大化的合作过程，就是合作精神的重要体现。

4. 社会责任

伟大的创业者不只是为了实现个人的财富梦想而创业的，他们还为了帮助他人实现梦想而努力。创业精神中也包括创业者必须承担社会责任并拥有甘于奉献的精神。随着“80后”“90后”创业人士的涌现，年青一代创业最重要的变化就是他们对精神层面的追求更为纯粹，社会责任成为他们构建新的商业模式时主动考虑的重要组成部分。

（二）创业素质

创业是一项非常复杂的系统工程，涉及内容非常广。大学生在创业过程中，应该具备以下创业素质。

1. 创业知识

这里的创业知识是指一系列的知识，包括商业机会、消费者、市场竞争、企业管理、技术等。创办一个企业，如果只了解商业知识，而没有进行全方位的调研，学习相关的创业知识，是很难创业成功的。

2. 创业技能

这里的技能是指应用知识的能力。这个技能可以是技术技能，也可以是管理技能。例如，在技术上的工程、计算、木工、机械等，在管理上的市场营销、财务管理、组织、计划等。在创业过程中，如果没有技能，那么即使具备知识也没有应用价值。

3. 创业特质

特质是个人特有的品质和特征组成的集合。美国国际开发署研究总结出了成功创业者的 14 个特质：积极主动、执着、关心质量、注重效率、有独创的解决问题的方法、预测风险、有说服力、发现和利用机会、亲自寻找信息、履行合同、系统的计划、有自信心、有决断力、使用有影响的策略。这是成功创业者需要具备的特质。大学生创业，如果具备知识、技能、特质这三方面的素质和能力，那么在创业过程中就比较容易控制风险，遇到困难能够克服，成功的概率就会增加。

第二节　大学生创业概述

一、组建创业团队

创业团队是指在创业初期（包括企业成立之前和成立早期）由一群才能互补、责任共担、愿为共同的创业目标而奋斗，并能做到利益让渡的人所组成的特殊群体。在创业这条路上，寻找一流的创业伙伴、组建一支优秀的创业团队并不是一件容易的事。很多创业失败的案例告诉我们，并非一群掌握着先进技术或高学历的人聚在一起就能组建一支成功的创业团队。实践证明，组建创业团队的理念和方法并没有定式，但大多遵循以下共同的原则和程序。

（一）组建创业团队的原则

组建创业团队有一定的原则，可以归纳为以下 4 点。

1. 人数合理

一般情况下，创业团队的人数最初控制在 3~6 人最为合适，如果团队的人数少，则团队的群体效应就发挥不出来；如果团队的人数多，则团队的思想不容易统一。因此，只有人数合理，才便于领导，便于将任务进行分工协调，从而提高办事效率。

2. 技能互补

团队中应有各种类型人才，如管理型人才、营销型人才、技术型人才等。

3. 目标统一

目标在团队组建过程中是有效的激励因素，既能帮助团队看清未来的发展方向，又能激励团队克服困难，取得创业成功。

4. 动态开放

创业过程是一个充满不确定因素的过程。团队中可能因为能力、观念等而不断有人会离开，也会有新的人加入。在组建创业团队时，应注意保持团队的动态性和开放性，使真正匹配的人才被吸纳到创业团队中来。

（二）组建创业团队的程序

组建创业团队的程序如下。

1. 明确创业目标

创业团队的总目标就是通过完成创业阶段的各项工作，实现企业的从无到有、从起步到成熟。总目标确定之后，再将总目标加以分解，设定若干可行的、阶段性的子目标。

2. 制订创业计划

创业计划是以团队为整体来考虑的计划，它确定了在不同的创业阶段需要完成的阶段性目标，再通过逐步实现这些阶段性目标来最终实现创业的总目标。

3. 招募合适的人员

招募合适的人员应考虑两个方面。①互补性，即其能否与其他成员在能力或技术上形成互补。这种互补性的形成，既有助于强化团队成员间彼此的合作，又能保证整个团队的战斗力，从而更好地发挥团队的作用。②规模适度，适度的团队规模是保证团队高效运转的重要条件。

4. 职权划分

为了保证团队成员执行创业计划，顺利开展各项工作，必须预先在团队内部进行职权划分，即确定每个团队成员所要担负的职责及所享有的权限。

5. 构建创业团队的制度体系

这种制度体系主要体现了创业团队对成员的控制和激励能力，其包括团队的各种约束制度和各种激励制度。

6. 团队的调整融合

完美的创业团队并非在创业开始时就能建立起来，很多时候是在企业创立一定时间后，随着企业的发展逐步形成的。在团队运作过程中，人员匹配、制度设计、职权划分等方面的不合理之处会逐渐暴露出来，这时需要对团队进行调整融合。由于问题的暴露需要一个过程，团队的调整融合也应是一个动态持续的过程。

二、大学生创业的模式

就创业而言，没有哪一种固定的模式可以保证创业者一定能够成功，创业者需要根据自身的实际情况选择适当的创业模式。大学生创业模式主要有以下几种。

（一）互联网创业

互联网的出现开启了一个崭新的信息时代，这个时代在改变人们生活与行为方式的同时，也提供了一种全新的创业方式。目前，互联网创业有很多形式：网上开店、创办网站、App 软件开发、网上自由职业、微商等。互联网创业模式的优点是门槛低、成本少、风险低、方式灵活，比较适合刚刚进行创业的大学生。不过，对于初次尝试互联网创业的大学生而言，建议要先进行多方面的调研，如在网上开店时要选择既适合自己产品特点，又具有较高访问量的电子商务平台，如淘宝、拼多多、阿里巴巴、京东等知名商务网站，它们拥有较完善的交易系统、交易规则、支付方式等。依托这些平台，成功的概率会大大增加。

（二）实体创业

实体创业是指通过注册公司，开展主营业务，并有固定经营场所的创业活动。在实体创业中，以加盟、连锁创业为主。对于大学生创业者而言，不妨尝试加盟创业模式。与个人创业相比，加盟创业能够为大学生创业者提供已有的品牌、规范的运营模式和健全的市场机制等一系列成熟的经营模式。它分享品牌资源、分享经营诀窍、分享资源支持的特点可以降低创业风险。

（三）个人独资或合伙制

个人独资或合伙制是最常见的大学生创业模式，是指大学生个人或者几个人创办的“工作室型”的小企业。“工作室型”创业要求创业者拥有较新的创意或具备较强的专业技能。因为大部分工作室都是以技术为产品，如录音工作室、广告设计工作室、摄影工作室等。

（四）知识型创业

知识型创业是指大学生将自己拥有的专长或技术发明转化为直接的生产力，通过“知本+资本”的方式发展成企业。“知本”是指大学生创业者具备某一专业、技术特长，或成功研制一项新产品、新工艺；“资本”是指投资者的风险投资。知识型创业主要集中于电子信息、生物技术、高科技农业等技术含量高、知识密集型的行业。

（五）模拟孵化

对于想创业又缺乏资源的大学生而言，可以考虑模拟孵化模式，如参加创业大赛或者进入创业孵化基地，它们可以提供锻炼的机会和展示的舞台。大学生可以通过这类平台熟悉创业程序、储备创业知识和经验，通过详细的商业计划书，吸引风险投资。

总之，不同的创业模式对创业者素质和条件的要求是不同的。准确判断自己的优势和劣势，选择最适合自己的创业模式，可以避开很多障碍，少走很多弯路，更容易取得创业成功。

三、大学生创业的步骤

创业是一个过程，机会的识别与开发是创业的核心要素之一。创业过程由创业者、机会识别、机会开发及创业结果组成。在创业过程中，创业者是核心要素，其决定了机会的识别与开发。图 10-1 所示为创业步骤的概念模型。

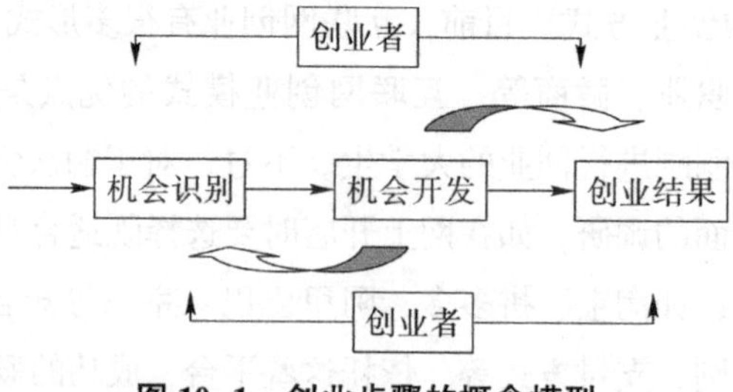

图 10-1　创业步骤的概念模型

大学生创业的步骤如下。

1. 创业机会的识别

识别创业机会是创业过程的第一步。市场机会有很多，但是如何去寻找和识别真正有价值的创业机会，是创业最关键的问题。识别创业机会有以下几种常用方法。

（1）通过系统分析发现机会。我们所处的环境不断在变化，如宏观环境中的政治、法律、经济环境等，微观环境中的顾客、竞争对手、供应商等，从环境变化中去发现创业机会，这也是机会发现的一般规律。阿里巴巴创始人马云，第一次接触互联网是去美国西雅图看一个朋友，在朋友的计算机搜索引擎上输入单词“bear”这个词时，结果只找到了美国和德国的品牌，于是他萌生了利用互联网帮助中国企业走向世界的想法。1999 年，他在杭州创建了阿里巴巴。马云准确识别出了市场机会，并抓住了中国互联网发展和技术变化的机遇，创造了一个从无到有的商界神话。

（2）通过问题分析和顾客建议发现机会。问题分析就是要找出顾客需求和他们所面临的问题，这些问题可能很明确，也可能很模糊。问题分析需要全面了解顾客需求，以及可能用来满足这些需求的手段。顾客的建议多种多样，很多创业机会都是从顾客的建议和反馈中寻找出来的。

（3）通过创造获得机会。通过创造获得机会适用于新技术行业。如果你发现了一个普遍的问题，用新技术去解决这个问题，将小问题解决到极致就是最好的创业机会。例如，“互联网+”、云计算、人工智能、区块链、AI、大数据等，带来大量的技术研发、技术应用和技术生态的创业机会。这种创业机会难度较大、风险更高，但如果能取得成功，它的回报也会更大。对于创业机会，有些人能够识别出来，但却不能自己把握，如果自己缺乏相应的必备条件和因素，盲目行动带来的后果往往是血本无归。大公司对机会的识别可以借助周密的调查研究，但大学生创业往往依据的是自己的工作经验和创意想法、朋友的建议等。

大学生创业者识别创业机会时，首先要看自己是否具备开发创业机会的条件，也就是说要注重自己与创业机会的匹配度，然后要对创业机会的价值作出判断和市场测试，这样识别出的创业机会才是可行的。

2. 企业的创建

创业者在完成创业环境分析、发现创业机会、确定事业内容之后，就可以创建企业了。企业的创建需要进行大量的准备工作，其中创业计划、创业融资和注册登记尤为关键。一个别出心裁的创意、一个稍纵即逝的点子、一件意想不到的突发事件都有可能成为创业的契机，但创业的关键是看这些“创意”“点子”“事件”能否形成一个周密的创业计划。创业计划是对创建企业基本思想的阐述及相关事项的具体安排，通常以商业计划书的形式呈现。创业计划不仅是创业者对创业思想及具体事宜的归纳和整理，还是风险投资者选择创业项目的依据，直接影响新创企业的融资。尽管可供选择的融资渠道和融资方式有很多，但获得资金上的支持绝不是一件容易的事情，资金往往成为新创企业的“瓶颈”。因此，融资在企业的创建过程中至关重要。当创业者完成创业计划并获得融资之后，就可以按照法定的程序进行注册登记。该部分包括确定企业的组织形式、设计企业名称、向市场监督管理部门提出企业登记注册申请、领取企业法人营业执照等内容。

3. 管理体系的形成

完成注册登记意味着新创企业在法律上得到认可，宣告企业法人的正式成立。通常，新创企业在创立之初受业务量、资金、场地、人员等客观条件的限制，不可能像大企业那样拥有系统的管理机构，各个部门的职能划分并不严格，创业者团队的分工也不明确。但是，随着业务量的上升和人员的增加，形成系统的管理体系就成为当务之急。管理体系的形成是企业成长的一个重要前提。尽管不同规模、不同行业的企业情况有所不同，但是管理体系应该包括会计控制、营销管理、人力资源管理和技术管理等内容。由于新创企业规模小、资金实力薄弱、营运资金周转量低，所以加强内部会计控制对新创企业的成长至关重要。会计控制不仅要求创业者具备基本的会计知识，还要求财会人员具有良好的业务素质与职业道德，并在企业内部建立严格规范的内部会计。新创企业的成长离不开市场对企业所提供产品或服务的认可。相较成熟企业而言，新创企业在行业内属于后发者，因此能否在短期内通过营销管理在市场上占有一席之地直接关系到创业的成败。寻找目标市场、产品的研制与开发、确定价格和销售渠道、整合销售手段等构成营销管理的主要内容。

在各类经营资源中，人力资源是唯一具有能动性的资源，因此，新创企业的成长离不开人力资源管理，重点在于如何维持和发展创业团队。如果创业团队能够团结一致、锐意进取，就能够为企业的成长提供良好的人才保证；反之，如果创业团队缺乏凝聚力，势必会引起管理的混乱，导致团队成员各自为政、分道扬镳。新创企业的一个重要特点在于技术创新，因此技术管理成为管理体系中不可缺少的环节。新创企业为了能够形成和维持核心竞争力，有必要强化技术管理，技术管理内容包括科研团队的形成、科研经费的取得、科学技术情报的获取等。

4. 新创企业的发展

新创企业在市场上的地位相对稳定后，可能会因为市场需求的变化或者竞争对手的超越，逐渐丧失在技术、服务、管理等方面的优势，难有更大的市场突破。于是，寻求新的发展空间就成为发展的必由之路。新创企业的扩张既包括开拓新的市场（包括地区市场、国内市场和国际市场），也包括业务的多元化；既包括企业规模的扩大，也包括管理水平的提升。新创企业扩张的方式也是多种多样的，既可以通过企业内创业来实现，也可以通过并购获得技术和资源、突破市场的壁垒来实现。企业之间的竞争可以分为许多层次，如价格、产品、技术、品牌、知识及企业文化等。可以说，企业走向成熟的标志是能够形成一定的品牌，在品牌、知识和企业文化等方面形成竞争优势，而不是单纯依靠价格、产品和技术来赢得市场。

第三节　创业计划书的撰写

一、创业计划书的构成

创业计划书通常包括封面、保密要求、目录、摘要、正文、附录几部分。

（一）封面

封面可以放一张企业的项目或产品彩图，但需留出足够的版面排列以下内容：创业计划书编号、公司名称、项目名称、地址、电话、传真、电子邮件、联系人、公司主页、日期等。

（二）保密要求

保密要求可以放在封面，也可以放在次页，主要是要求投资方项目经理妥善保管创业计划书，未经融资企业同意，不得向第三方公开创业计划书涉及的商业秘密。

（三）目录

目录标明各部分内容及页码，要注意确认目录页码与内容的一致性。

（四）摘要

摘要是对整个创业计划书的概括，目的在于用最简练的语言将创业计划书的核心、要点、特色展现出来，吸引阅读者仔细读完全部文本，因此一定要简练，一般要求在两页纸内完成。摘要十分重要，它是投资者首先要看的内容，因此必须能让投资者有兴趣并渴望得到更多信息，给投资者留下深刻的印象。摘要应从正文中摘录出投资者最关心的问题，包括公司内部的基本情况、公司的能力及局限性、公司的竞争对手、营销和财务战略、公司的管理队伍等情况。

（五）正文

正文是创业计划书的主体部分，要分别从公司的基本情况，经营管理团队，产品、技术或服务，技术研究与开发，行业及市场预测，市场营销策略，产品制造，经营管理，融资计划，财务预测，风险控制等方面对投资者关心的问题进行介绍，要求既要有丰富的数据资料，使人信服，又要突出重点、实事求是。

（六）附录

附录是对正文中涉及的相关数据、资料的补充，作为备查。

二、创业计划书的写作

创业计划书的内容与写作要点如下。

（一）摘要

摘要是为了吸引战略合伙人或风险投资人注意而将创业计划书的核心提炼出来制作而成的，它是整个创业计划书的精华，涵盖创业计划书的要点。一般要在后面所有内容编制完毕后，再把主要结论性内容摘录于此，以求一目了然，在短时间内给投资者留下深刻印象。摘要如同推销产品的广告，编制人要反复推敲，力求精益求精、形式完美、语句清晰流畅而富有感染力，特别要详细说明自身企业的不足之处及企业获得成功的市场因素。

（二）企业介绍

企业介绍是向战略合伙人或风险投资人介绍融资企业或项目的基本情况。如果企业处于种子期或创建期，现在只有一个美妙的商业创意，那么应重点介绍创业者的成长经历、求学过程，并突出其性格、兴趣爱好与特长、创业者的追求、独立创业的原因及创意如何产生等。如果企业处于成长期，应简明扼要地介绍公司过去的发展历史、现在的状况以及未来的规划。具体而言，包括公司概述、公司名称、地址、联系方法、公司的业务状况、公司的发展历程、对公司未来发展的详尽规划、本公司与众不同的竞争优势、公司的法律地位、公司的公共关系、公司的知识产权、公司的财务管理、公司的纳税情况等。在描述公司的发展历程时，正反两方面的经验都要写，特别是对以往的失误，不要回避。对失误进行客观的描述、中肯的分析，反而能够赢得投资者的信任。

（三）管理团队介绍

管理团队介绍是投资者非常看重的部分。这部分主要是向投资者展现企业管理团队的结构、管理水平和能力、职业道德与素质，使投资者了解管理团队的能力，增强投资的信心。

这部分主要介绍管理团队、技术团队、营销团队的工作简历、取得的业绩，尤其是与目前从事工作有关的经历。另外，可以着重介绍企业目前的管理模式，如果无特色，也可以不介绍，或者归入劣势部分。在编写过程中，必须对公司管理的主要情况做一个全面的介绍，包括公司的主要股东及他们的股权结构、董事和其他一些高级职员、关键雇员以及公司管理人员的职权分配和薪金情况，必要时还要介绍他们的经历和个人背景。企业的管理人员应该是互补型的，而且要具有团队精神。企业必须具有负责产品设计与开发、市场营销、生产作业管理、企业理财等方面的专门人才。

此外，这部分还应对公司的组织结构作简要介绍，包括公司的组织结构图、各部门的功能与责任、各部门的负责人及主要成员、公司的薪酬体系等。应让投资者认识到，创业者具有与众不同的凝聚力和团结战斗精神，管理团队人才济济且结构合理，在产品设计与开发、财务管理、市场营销等方面均具有独当一面的人才，足以保证公司以后成长发展的需要。

（四）产品、技术或服务介绍

在进行投资项目评估时，投资人最关心的问题之一就是企业的产品、技术或服务能否以及能在多大程度上解决现实生活中的问题，或者企业的产品、技术或服务能否帮助顾客节约开支、增加收入，这是市场销售业绩的基础。产品、技术或服务介绍一般包括以下内容：产品的名称、特性及性能用途、产品处于生命周期的哪一阶段、市场竞争力如何、产品的研究和开发过程、产品的技术改进、更新换代或新产品研发计划及相应的成本、产品的市场前景预测、产品的品牌和专利。这一部分要对产品、技术或服务作详细的说明，说明既要准确，也要通俗易懂，让不是专业人员的投资者也能明白。一般地，产品介绍要附上产品原型、照片或其他介绍。

此外，对于一些以技术研发为重点的高新技术企业来说，还要对相关技术及企业的研发情况进行分析，包括企业技术来源、技术原理、技术先进性、技术可靠性，企业的技术研发力量和未来的技术发展趋势，企业研究开发新产品的成本预算及时间进度，技术的专利申请、权属及保护情况，技术发展后劲和技术储备等，以使投资者对企业的技术研发队伍的实力、企业未来竞争发展对技术研发的需要有所了解。

（五）行业分析与市场预测

行业分析主要介绍行业发展趋势、行业发展中存在的问题、国家有关政策、市场容量、市场竞争情况、行业主要盈利模式、市场策略等。市场预测主要对企业所在行业的基本情况、企业的产品或服务的现有市场情况、未来市场前景等进行分析和预测，使投资者对企业的产品或服务的市场销售状况有所了解。这是投资者关注的重点问题之一。

（六）市场营销策略

创业者要了解不同营销渠道的利弊，要明确哪些企业主管部门负责销售，主要使用哪些促销工具，以及促销目标的实现和具体经费的支出等。一般来说，中小企业可以选择的市场营销策略主要有以下几种。

1. 集中性营销策略

该策略是企业只为单一的、特别的细分市场提供一种类型的产品（如制造汽车配件），适用于财力有限的小公司，或者是为某种特殊类型的顾客提供服务方面确有一技之长的组织。

2. 差异性营销策略

该策略是为不同的市场设计和提供不同类型的产品，通常被实力雄厚的大公司所采用。

3. 无差异性营销策略

该策略是只向市场提供单一品种的产品，希望它能引起市场上全部顾客的兴趣。当人们的需求比较简单，或者并不被人们认为很重要时，该策略较为适用。

（七）生产计划

生产计划旨在使投资者了解产品的生产经营状况。这部分应尽可能把新产品的生产制造及经营过程展示给投资者。生产计划主要包括以下内容。

（1）公司现有的生产技术能力，企业生产制造所需的厂房、设备情况。

（2）质量控制和改进能力。

（3）新产品的生产经营计划，改进或将要购置的生产设备及其成本。

（4）现有的生产工艺流程，生产周期标准的制订及生产作业计划的编制。

（5）物资需求计划及其保证措施，供货者的前置期和资源的需求量。

（6）劳动力和雇员的有关情况。

同时，为了增大企业的评估价值，创业者应尽量使生产制造计划详细、可靠。

（八）财务分析与预测

财务分析与预测包括公司过去若干年的财务状况分析、今后三年的发展预测，以及详细的投资计划，旨在使投资者据此判断企业未来的财务状况，进而判断其投资能否获得理想的回报，因而它是决定投资决策的关键因素之一。财务预测的依据和前提假设是投资者判断企业财务预测准确性和财务管理水平的标尺，也是投资者关注的焦点。其主要依据和前提假设是企业的经营计划、市场分析。由于财务分析预测在公司经营管理中的重要地位，企业需要花费较多的精力来作具体分析，必要时最好与专家顾问进行商讨。对于中小企业来说，财务预测既要为投资者描绘出美好的合作前景，又要使这种前景建立于坚实的基础之上，否则会令投资者怀疑企业管理者的诚信或财务分析、预测及管理能力。

（九）融资计划

融资计划主要根据企业的经营计划提出企业资金需求数量，融资的方式、工具，投资者的权益、财务收益及其资金安全保证，投资退出方式等。它是资金供求双方共同合作前景的计划分析。融资计划主要包括以下内容。

（1）融资数额是多少？已经获得了哪些投资？希望向战略合伙人或风险投资人融资多少？计划采取哪种方式融资，是以贷款、出售债券的形式筹集，还是以出售普通股、优先股的形式筹集？

（2）公司未来的资本结构如何安排？公司的全部债务情况如何？

（3）公司融资所提供的抵押或者质押的担保文件，包括以什么物品进行抵押或者质押，什么人或者机构提供担保。

（4）投资收益和未来再投资的安排如何？

（5）如果以股权形式投资，双方对公司股权、控制权、所有权的比例如何安排？

（6）投资者介入公司后，公司的经营管理体制如何设定？

（7）投资资金如何运作？投资的预期回报是多少？投资者如何监督、控制企业运作？

（8）对于吸引风险投资的，风险投资的退出途径和方式是什么，是企业回购、股份转让，还是企业上市？

融资计划是融资协议的主要内容，企业既要对融资需求、用途提出令人信服的理由，又要有令人心动的投资回报和投资条件，还要注意维护企业自身的利益。与投资方合作的模式有多种，因此还需设计几种备选方案，给出不同盈利模式下的资金需要量及资金投向。

（十）风险分析

风险分析主要是向投资者分析企业可能面临的各种风险，风险的大小，以及融资者将采取何种措施来降低或防范风险、增加收益等。风险分析主要包括以下内容。

（1）企业自身各方面的限制，如资源限制、管理经验的限制和生产条件的限制等。

（2）创业者自身的不足，包括技术上的、经验上的或者管理能力上的欠缺等。

（3）市场的不确定性。

（4）技术产品开发的不确定性。

（5）财务收益的不确定性。

(6) 针对企业存在的每一种风险，企业进行风险控制与防范的对策或措施。对于企业可能面临的各种风险，融资者最好采取客观、实事求是的态度，不能因为其产生的可能性小而忽略不计，也不能为了增大获得投资的机会而故意缩小、隐瞒风险因素，而应该对企业所面临的各种风险认真加以分析，并针对每一种可能发生的风险作出相应的防范措施，这样才能取得投资者的信任，也有利于引入投资后双方的合作。

（十一）附件和备查资料

附件主要是对创业计划书中涉及的一些问题的细节和相关的证书、图表进行描述或证明，如企业的营业执照、公司章程、验资审计报告、税务登记证、高新技术企业（项目）证书、专利证书、鉴定报告、市场调查数据、主要供货商及经销商名单、主要客户名单、场地租用证明、公司及其产品的介绍、宣传资料、工艺流程图、各种财务报表及财务预估表、专业术语说明等。它与创业计划书的主体部分一起装订成册。备查资料只需列出清单，待投资方有明确投资意向时查询。

第四节　大学生创业过程中常见问题及对策

一、大学生创业过程中应注意的常见问题

（一）眼高手低，盲目跟风

这是许多大学生创业的“通病”。比尔·盖茨的神话使 IT 业、高科技产业成为大学生眼中的创业金矿，以致不少大学生不屑于从事服务业或技术含量较低的行业。其实，高科技创业项目往往需要一大笔启动资金，创业风险和压力都非常大，大学生期望值过高，对行业缺乏深度审视，对市场缺乏深刻了解，很容易失败。另外，大学生创业者在确定经营方向时爱盲目跟风，哪行赚钱做哪行，总认为这样能减少投资风险，少走弯路。然而，市场运作有其自然周期，当市场过于饱和时，利润空间就会缩小。

（二）经验匮乏，纸上谈兵

缺乏经验是目前大学生创业中普遍存在的问题。不少大学生创业者不习惯对其产品或项目做市场调查，而是进行理想化的推断。例如，如果有 1 万人需要我们的产品，每件售价 10 元，我们就有 10 万元的收入，这种想当然的想法显然是站不住脚的。同时，没有切实可行的创业计划，缺乏从职业角度整合资源、实施管理的能力，这是大学生创业失败的另一个重要原因。

（三）感情用事，刚愎自用

创业团队的成员大多是自己熟悉的人，在创业初期，大学生由于社会与人生经验不足，常常感情用事，对于企业中出现的经营方向问题、用人问题、财务问题等大都以忍让、和解的方式处理，而忽视了必备的契约签订和严格的约束制度。同时，大学生又正值

盛年，自信心较强，在创业中容易出现刚愎自用的问题。随着企业的成长和发展，这种工作关系引发的矛盾和问题会逐渐显露，不仅不利于企业的快速发展，而且可能导致企业步履维艰。

（四）贪大求全，灵活性不足

企业在创建以后，很多创业者出现了过分追求成长速度的问题，尤其是当企业效益逐渐显现后，创业者只看到眼前利益，一味地扩大经营规模，而不考虑随之而来的资金吃紧、原材料供应不上、人员紧张、销售不畅等一系列问题，这无异于揠苗助长。一旦出现问题，若不能及时调整、改变策略，企业的破产则将为时不远。

（五）缺少创新，知识产权意识淡薄

大学生创业大多立足于技术项目，因此，创业项目是否具有创新性，就成为大学生创业能否成功的首要条件。以往不少大学生创业失败，其中一个重要原因就是忽视技术创新，拿不出有自主知识产权的创造发明，或是有了发明却缺乏自我保护意识，没有及时申请知识产权。

（六）缺乏信用，随意毁约

大学生创业，要讲求商业信用。有的大学生创业失败的原因就是缺乏商业信用，稍有不满就肆意毁约，这种不负责任的态度，直接导致信用危机。

（七）心理脆弱，意志不坚

有的大学生心理承受能力较差，对创业中的各种困难估计不足，一次营销决策失误、一次小型财务危机抑或一次上门推销失败，都会让他们在心理上受到挫折，感到创业的艰难，进而影响他们的创业激情。

（八）管理混乱，安排失当

大学生第一次创业，没有工作经验，对于企业运营知之甚少，且创业团队也是在短时间内组成，没有磨合，不懂得怎样合理利用时间，管理混乱。

二、大学生创业过程中常见问题的应对策略

（1）创业需要理智而不是冲动，需要冷静而不是狂热。选择好创业项目是创业成功的关键。大学生创业者首先要调整好心态，客观分析自身的创业条件，冷静分析创业环境，切忌盲目跟风、过于自负，一定要选择自己最熟悉、最擅长、最有经验、资源最丰富的行业来做。对选择的创业项目要多提问题：是否有市场发展价值？前期投资是否太多？何时可收回成本？等等。第一步走稳了再走第二步。

（2）大学生创业不能“纸上谈兵”，在创业初期一定要做好市场调研，一些可行性研究也可以委托专业机构来进行，在了解市场的基础上，制订详细、周密的创业计划。同时，应具备一定的企业管理及市场运营知识。即使是两三人的“办公室式”的小企业，也

要有明确的财务、人事制度，有条件的话，可聘请有管理经验的会计师把关。

（3）在强调团队合作的今天，团队精神是大学生创业者不可缺少的素质。因此，大学生在创业过程中，要头脑清醒，既要明白创办企业事事要有章法，不能感情用事，又要摆正自己在团队中的位置，虚心接受其他成员的不同意见，取长补短，积聚创业实力，只有这样才能使企业步入正轨，健康发展。

（4）没有长远战略规划的企业是做不长久的。对于小企业来说，稳健发展要比成长更重要。如果每年能有盈利，更要放眼长远，妥善处理好资金预算、市场预测，以及材料、人员等相关要素的协调管理问题。若出现问题，要善于总结和吸取教训，作出适当调整，为将来积蓄力量。同时，要明确一个可持续发展的创业计划，扎扎实实，按部就班，逐步把企业做大做强。

（5）大学生创业应选择自主知识产权明确的项目，并根据市场动态做好产品的创新工作。同时，应加强自我保护，及时申请专利，使企业有序、稳步地发展。

（6）当今市场经济已进入诚信时代，作为一种特殊的资本形态，诚信日益成为企业的立足之本与发展源泉。大学生既然选择了创业之路，就要遵守商业信用，把信用放在第一位，以此赢得客户的信赖，这样才能使企业得到长久的发展。

（7）成功与失败往往只有一步之遥，创业过程中遇到各种问题与麻烦，是十分正常的现象。大学生要正确看待，不要遇到挫折就放弃，要有良好的心理承受能力和坚强的毅力，要经得起打击。同时，要分析失败的原因，找到自己的弱点与不足，并加以改正，企业自然就会焕发新的活力。

（8）创办企业必须精打细算，时间安排要合理。在创业初期，资金较为紧张，对各项开销都要精打细算，节约成本，增加收入。同时，要有长时间工作的心理准备，对每天的工作情况、进度要做出总结，对第二天的工作要做出计划，这样工作起来才能井然有序。

参考文献

[1] 白喜文，张艳英．大学生职业生涯规划与就业指导［M］．北京：中国国际广播出版社，2023.
[2] 贲珊，丁姿．大学生职业生涯发展与就业指导［M］．天津：天津科学技术出版社，2024.
[3] 樊小青，周祉艺，张琦．大学生职业生涯规划与就业指导［M］．北京：人民邮电出版社，2024.
[4] 方佳．大学生职业生涯规划与就业指导课程的教学改革与创新［J］．科学咨询，2023（13）：259—261.
[5] 方志勇，邵天舒，金伟林，等．职业规划与创业就业指导［M］．北京：经济科学出版社，2021.
[6] 关斐．大学生职业生涯规划和就业指导研究［M］．北京：中国书籍出版社，2025.
[7] 郭庆，任杰，徐珮杰．大学生职业生涯规划与就业指导［M］．重庆：重庆大学出版社，2023.
[8] 郭政．思想政治教育在大学生职业规划中的应用研究［D］．武汉：长江大学，2023.
[9] 耿培．现代大学生职业生涯规划与就业指导创新探索［M］．北京：中国书籍出版社，2025.
[10] 韩丽东．大学生职业规划学习资源推荐平台设计与应用研究［D］．昆明：云南师范大学，2022.
[11] 郝小会，崔艳艳．大学生职业生涯与就业指导［M］．成都：西南财经大学出版社，2024.
[12] 何二毛，冯霞．大学生职业规划与创业导航［M］．北京：科学出版社，2021.
[13] 金立波，尹海燕，陈瑾．大学生职业生涯规划与就业指导［M］．长春：吉林大学出版社，2023.
[14] 李丹．大学生职业生涯规划与就业指导［M］．成都：电子科技大学出版社，2023.
[15] 李华炜，张振，张瑞瑞．大学生职业生涯规划与就业指导［M］．哈尔滨：哈尔滨工程大学出版社，2024.
[16] 李天霞，钟莹，陈承欢．大学生职业生涯发展与就业指导［M］．北京：电子工业出版社，2024.
[17] 梁晓明．大学生职业生涯规划与就业指导［M］．广州：暨南大学出版社，2024.
[18] 刘玉升．大学生职业生涯规划［M］．苏州：苏州大学出版社，2021.

[19] 马浩然．大学生职业生涯规划与就业指导研究［M］．北京：北京工业大学出版社，2023.
[20] 马顺圣，陈亚鸿，沈新华．高职学生职业发展与就业指导［M］．南京：南京大学出版社，2025.
[21] 缪雄平．大学生职业生涯规划与就业指导［M］．大连：大连理工大学出版社，2024.
[22] 阮雪刚，沈菁．大学生职业生涯规划与就业指导［M］．北京：电子工业出版社．2024.
[23] 冉景亮，王静．大学生职业生涯规划与就业指导［M］．重庆：重庆大学出版社，2024.
[24] 沙楠．大学生职业规划与就业指导［M］．北京：北京理工大学出版社，2021.
[25] 陶德胜，周萍．大学生职业生涯规划与就业创业指导［M］．4 版．苏州：苏州大学出版社，2023.
[26] 万春鹏，周珊珊．大学生职业生涯规划与就业指导［M］．北京：航空工业出版社，2023.
[27] 王丽萍．大学生职业规划与就业创业指导［M］．上海：上海交通大学出版社，2019.
[28] 文武．大学生职业生涯规划与就业指导［M］．上海：上海交通大学出版社，2023.
[29] 吴敏，周启航，陈巧巧．大学生职业生涯规划与就业指导［M］．北京：高等教育出版社，2024.
[30] 吴媛媛．大学生职业生涯规划与就业指导［M］．北京：中国商务出版社，2023.
[31] 修新路，赵海楠．财经类大学生职业生涯规划与就业指导［M］．西安：西安交通大学出版社，2023.
[32] 相非，刘朝辉，吴限．大学生职业生涯规划与就业指导［M］．北京：线装书局，2024.
[33] 徐伟，张晔庚．大学生职业生涯规划与就业创业指导［M］．北京：北京理工大学出版社，2023.
[34] 许新建，朱庆国，赖德川．大学生职业生涯规划与就业指导［M］．北京：北京邮电大学出版社．2023.
[35] 鄢万春，吴玲．大学生职业规划与人生发展［M］．成都：西南交通大学出版社，2019.
[36] 杨凯丽．大学生职业生涯规划与就业指导［M］．哈尔滨：哈尔滨出版社，2025.
[37] 张龙成，张立敏，翟瑞谦，等．大学生职业规划与学业管理指南［M］．天津：天津大学出版社，2018.
[38] 张素红，崔斌，秦峰．大学生职业规划与就业创业指导［M］．2 版．上海：上海交通大学出版社，2025.
[39] 周奕，关育涛，李丽华．大学生职业生涯规划与就业指导［M］．北京：中国商业出版社，2024.